FACULTÉ DE DROIT DE PARIS

THÈSE POUR LE DOCTORAT

DROIT ROMAIN

# LES COMICES ÉLECTORAUX

## SOUS LA RÉPUBLIQUE ROMAINE

DROIT FRANÇAIS

# DE LA CAPACITÉ ÉLECTORALE

*L'acte public sur les matières ci-dessus sera soutenu le mardi 20 mai 1884, à neuf heures*

PAR

## Émile MORLOT

AUDITEUR AU CONSEIL D'ÉTAT
ÉLÈVE DIPLÔMÉ DE L'ÉCOLE DES SCIENCES POLITIQUES

PRÉSIDENT . . . M. JALABERT

SUFFRAGANTS . .
MM. VUATRIN
GARSONNET
MICHEL (HENRY)
JOBBÉ-DUVAL

PARIS

IMPRIMERIE E. CAPIOMONT ET V. RENAULT
6, RUE DES POITEVINS, 6

1884

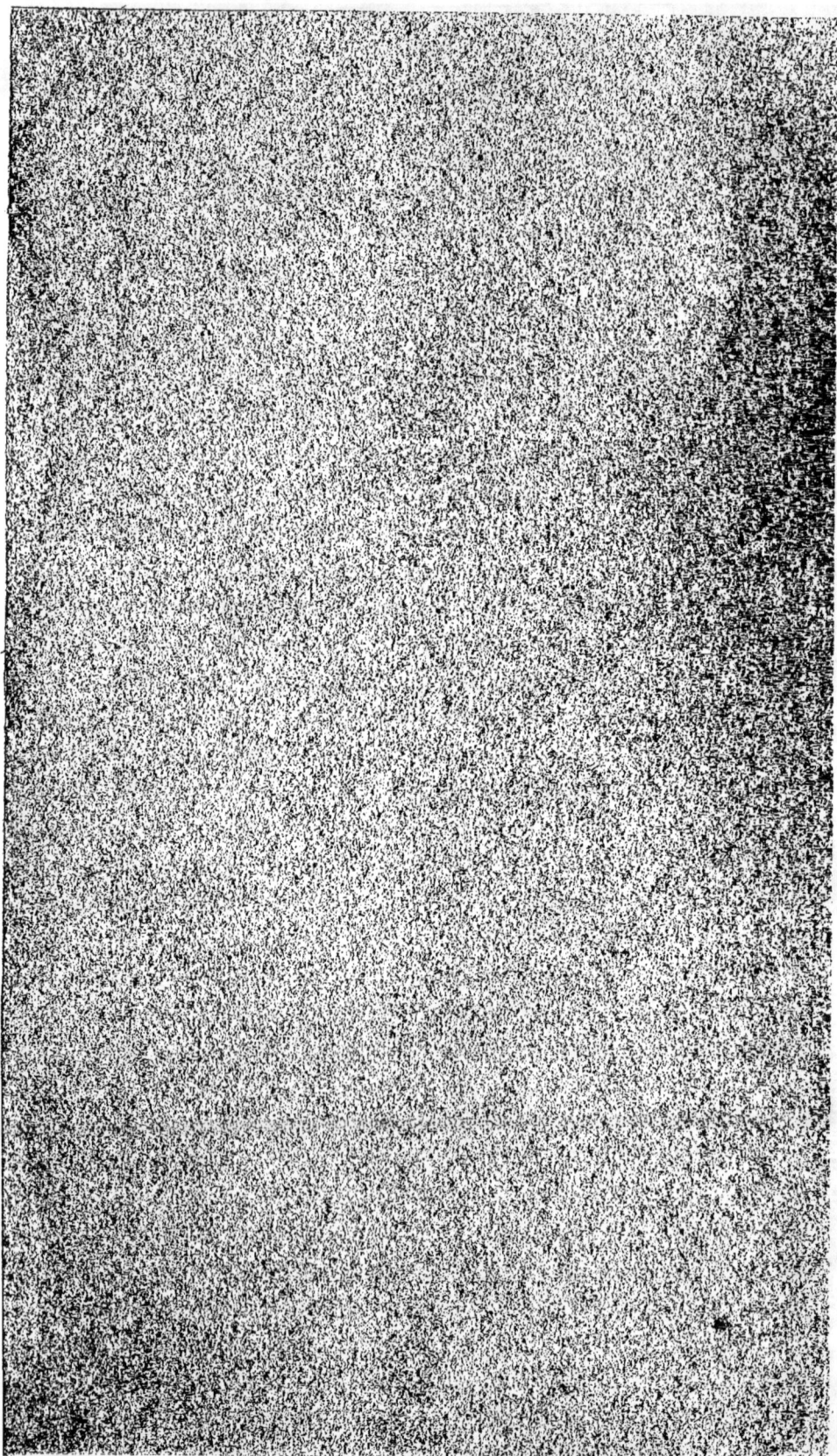

FACULTÉ DE DROIT DE PARIS

## THÈSE POUR LE DOCTORAT

### DROIT ROMAIN

# LES COMICES ÉLECTORAUX

## SOUS LA RÉPUBLIQUE ROMAINE

### DROIT FRANÇAIS

# DE LA CAPACITÉ ÉLECTORALE

*L'acte public sur les matières ci-dessus sera soutenu le mardi*
*20 mai 1884, à neuf heures*

PAR

## Émile MORLOT

AUDITEUR AU CONSEIL D'ÉTAT
ÉLÈVE DIPLOMÉ DE L'ÉCOLE DES SCIENCES POLITIQUES

PRÉSIDENT :  M. JALABERT.

SUFFRAGANTS :  MM. VUATRIN.
GARSONNET.
MICHEL (HENRY).
JOBBÉ-DUVAL.

## PARIS

IMPRIMERIE E. CAPIOMONT ET V. RENAULT

6, RUE DES POITEVINS, 6

1884

A LA MÉMOIRE

DE MON EXCELLENT PÈRE

# PREMIÈRE PARTIE

DROIT ROMAIN

# LES COMICES ÉLECTORAUX

## SOUS LA RÉPUBLIQUE ROMAINE

## CHAPITRE PREMIER

### LES ORIGINES DE LA CITÉ

Les monuments originaux, qui pourraient nous permettre d'étudier avec certitude les commencements de Rome, sont pour ainsi dire entièrement disparus. Les ouvrages des anciens, qui sont arrivés jusqu'à nous, ne sont eux-mêmes que des œuvres de seconde main. Les incertitudes et les contradictions des auteurs sur les institutions de la vieille Rome ne doivent pas surprendre si l'on réfléchit que Cicéron, Tite-Live ou Denys d'Halicarnasse écrivaient sept ou huit siècles après la fondation de la ville. En dehors de Cicéron, qui n'étudie pas précisément les origines de Rome, de Tite-Live, qui les fait disparaître sous un monceau de légendes, de Denys, qui semble ne voir dans les Romains que des Grecs d'un genre particulier, on ne trouve guère, pour se guider dans les recherches historiques, que des passages de savants ou de littérateurs qui, comme Varron ou Pline l'Ancien, ne semblent pas se piquer d'un grand scrupule historique; les monuments archéologiques et épigraphiques sont fort rares et la méthode la moins incertaine paraît encore être l'induction se basant sur des

observations philologiques. Aussi s'explique-t-on facilement les
obscurités qui règnent sur les origines de la cité romaine et les
hypothèses nombreuses proposées pour satisfaire la curiosité
des historiens, hypothèses dans lesquelles l'imagination semble
avoir une part aussi large que la science.

En dehors de l'impossibilité où nous sommes de résoudre de
pareilles questions, il n'y a pas grand intérêt à rechercher si
Rome fut la première ville bâtie sur le Palatin ou si de plus an-
tiques cités s'élevèrent sur les bords du Tibre, si l'unité politique
des habitants des deux rives du fleuve a toujours existé ou si le
Palatin et le Janicule au contraire étaient habités par des tribus
différentes qui ne se fusionnèrent que plus tard. Les uns disent
oui, les autres non, et les plus sages sont peut-être ceux qui renoncent à trouver une solution.

Un seul point du récit de Tite-Live paraît acquis aujourd'hui,
c'est que le peuple romain est le résultat de la fusion de trois tribus de souches différentes, les *Titii*, les *Ramnenses* et les *Luceres*.
Les premiers étaient des Sabins, les seconds des Latins ; quant
aux *Luceres* on ne connaît pas bien leur origine. On a voulu en
faire des Étrusques ; il n'y a aucune raison de le croire et en
leur assignant cette nationalité, on semble surtout obéir à un
amour de la symétrie qui veut donner à chaque tribu une origine particulière, cette erreur se rattache d'ailleurs à cette autre
que les *Luceres* ne sont venus s'adjoindre aux Romains qu'à l'é-
poque de Tarquin l'Ancien, roi de nationalité étrusque. Il est vrai
qu'une augmentation notable de la population eut lieu sous son
règne, mais elle n'est pas due à l'incorporation des *Luceres* qui
faisaient partie de la cité bien avant Tarquin et probablement
dès le commencement. Nous trouvons en effet à toute époque une
division tripartite qui ne peut s'expliquer que par la triple origine des éléments de la cité. Quant à la nationalité des *Luceres*,
rien n'empêche de croire, avec Mommsen, qu'elle était Sabine et
la date de leur incorporation à l'État romain doit être postérieure à la fusion des deux premières tribus qui conservèrent

toujours sur la troisième une certaine préséance, mais de peu de
temps pour la raison que nous venons de dire.

Quant à l'organisation politique de la cité, elle paraît avoir été
la suivante : la population est répartie, d'après son origine, entre
les trois tribus dont chacune occupe une partie géographique-
ment déterminée du territoire. Chaque tribu est divisée en dix
curies ; la curie doit avoir le même caractère que la tribu, aussi
doit-elle être une subdivision géographique de la tribu, en même
temps que sa subdivision au point de vue de la race. Chaque
curie forme l'unité pour le recrutement de l'armée ; elle fournit
cent *pedites* et dix *equites,* ce qui donne une armée de trois
mille fantassins et de trois cents cavaliers ; chacune des tribus
fournit deux tribuns pour le commandement de cette armée.
Quelle fut l'importance primitive de la tribu dans la division politique, nous ne le savons pas, néanmoins elle a dû être assez considérable ; peut-être même chaque tribu garda-t-elle au début son
autonomie, mais la fusion ne tarda pas à se faire sous la pression
des dangers extérieurs. Toutefois la division en tribus de race
subsista au moins jusqu'à Tarquin puisque c'est seulement à cette
époque que furent remaniées et augmentées les trois tribus dont
les nouveaux membres portèrent les noms de *Ramnenses, Ti-*
*tienses* et *Luceres posteriores.* Ce doublement des citoyens eut
pour conséquence la création de trois nouvelles centuries de chevaliers qui, avec les trois déjà existantes, formèrent les six centuries prérogatives qui, sous la République, eurent le privilège
de voter les premières aux comices centuriates.

La curie à son tour était-elle subdivisée? Denys d'Halicarnasse
l'affirme et raconte que chaque curie était partagée en dix dé-
curies [1]. Mais cette autorité seule nous paraît insuffisante pour
créer tout d'une pièce une division que rien ne fait soupçonner
ni dans les autres textes, ni dans les monuments, ni dans la langue.
Il est vrai que l'on a voulu expliquer ce silence en identifiant la

1. Den., *Antiq. Rom.* II, 7.

décurie avec la *gens;* mais cela nous semble bien hasardé. La *gens*, quelle que soit sa nature, est un groupe naturel et non un groupe politique comme la curie et comme devrait être la décurie de Denys. Il est, de plus, invraisemblable qu'il y ait eu exactement trois cents *gentes* au début et alors même qu'il en serait ainsi, cela ne signifierait rien, puisque le nombre des *gentes* n'est pas fixe et que nous voyons Tullus Hostilius en créer de nouvelles [1].

En résumé la décurie nous paraît n'avoir jamais existé. La cité fut formée de la réunion de trois tribus d'origine distincte, qui, pour leurs besoins militaires, politiques et religieux, se divisèrent en groupes qui n'eurent aucun caractère naturel, mais qui formèrent des unités militaires, politiques et religieuses répondant aux sentiments de pieuse terreur, aux idées d'égalité civique et aux dangers extérieurs de la nouvelle cité. Quant aux groupes naturels, dont la réunion formait une tribu, ce n'était autre chose que les *gentes*.

Qu'est-ce que les *gens?* C'est certainement l'une des questions qui partagent le plus les historiens et les jurisconsultes. Nombre d'auteurs anciens en parlent mais sans jamais nous expliquer sa nature. Le passage de Gaïus, qui pourrait nous éclairer sur ce point, n'a pu malheureusement être restitué, de sorte que nous n'avons guère que le texte de la loi des XII Tables déférant aux *gentiles*, l'hérédité légitime et la curatelle des fous et des prodigues et les définitions données par les auteurs classiques, notamment celle de Cicéron. Cette définition est donnée par l'orateur comme un modèle du genre, et, malgré cela, chose bizarre, nous n'arrivons point à savoir la portée de la chose définie. Cette définition est ainsi conçue : « *Gentiles sunt qui inter se eodem nomine sunt. Non est satis. Qui ab ingenuis oriundi sunt. Ne id quidem satis est. Quorum majorum nemo servitutem servivit. Abest etiam nunc. Qui capite non sunt*

1. T.-Liv., 1, 30.

*minuti. Hoc fortasse satis est* [1]. » Par conséquent font partie
de la même *gens* tous les individus qui portent le même nom,
qui ne comptent parmi leurs ancêtres que des ingénus, qui n'ont
jamais subi de *capitis deminutio.* Cette définition n'a contenté
pour ainsi dire aucun des jurisconsultes ni des historiens modernes.
Aussi les systèmes sur la nature de la *gens*, sont-ils fort nombreux.

Un système fort à la mode de l'autre côté du Rhin, tient absolument à identifier les *gens* avec la décurie de Denys. Cette opinion me paraît d'autant plus risquée, que je ne puis croire à
l'existence de la décurie ; en outre, il nous faudrait admettre que
la *gens* est une division artificielle, ce qui est absolument contredit par les textes, ou bien, ce qui est tout à fait invraisemblable, que chaque tribu comprît précisément cent familles
naturelles. Je crois qu'il n'y a aucune relation à établir entre la
curie, division politique, et la *gens*, groupe naturel. On ne peut
sérieusement contester ce dernier point, car tous les *gentiles*
portent le même nom et tous descendent d'un auteur commun.
Si la définition de Cicéron n'est pas très explicite sur ce point,
celle de Festus ne permet pas d'en douter : « *Gentilis dicitur
et ex eodem genere ortu et is qui simili nomine appella-
tur.* »

Une autre opinion ne voit dans les *gentiles* que des agnats
éloignés. Pour les uns, ce sont les agnats au delà du dixième
degré, pour les autres, ce sont des agnats qui ne peuvent prouver
leur degré d'agnation. J'avoue que je comprends mal pourquoi
une difficulté plus ou moins grande dans la preuve viendrait
changer la valeur du lien de parenté. Dans ces systèmes, on confond la gentilité avec l'agnation. On se base sur les textes relatifs
à la gentilité qui, dit-on, ne font pas obstacles à cette interprétation. Assurément et le motif est facile à saisir : les droits des
agnats sont bien plus larges que ceux des *gentiles* et les com-

---

1. Cic. *Top.* 6.

prennent tous, par conséquent, de ce côté, en faisant des *gentiles*
des agnats éloignés, on ne doit se heurter à aucune difficulté.
Quant à la définition des *gentiles*, il est bien certain qu'elle peut
s'appliquer aux agnats, mais elle ne les définit pas suffisamment.
Pour être l'agnat d'un individu, il fallait quelque chose de plus,
ou, du moins, autre chose que pour être son *gentilis* et il semble
un peu puéril de dire que cette différence consistait précisément
dans la preuve de l'agnation. Peut-être pourrait-on, à la rigueur,
admettre ce système, si l'agnation exigeait nécessairement toutes
les conditions requises pour la gentilité, mais il y en a deux qui
ne rentrent point dans la définition de l'agnation, ce sont l'origine ingénue et l'ingénuité des ascendants. Les descendants
d'affranchis peuvent avoir une famille civile, aussi bien que les
ingénus. Cette famille peut durer longtemps et s'épanouir par de
nombreux rameaux sans que le lien d'agnation soit jamais rompu,
il arrivera, aussi bien que dans une famille patricienne, que la
preuve du degré d'agnation deviendra impossible. Nous nous
trouverons ainsi en présence d'agnats ne pouvant prouver leur
degré d'agnation. Seront-ils des gentils? Non, certainement, la
définition de Cicéron s'y oppose; que devient alors le système
que nous combattons?

Dans cette matière si controversée, il est une opinion assez
répandue en France qui nous semble se rapprocher de la vérité,
beaucoup plus que la précédente, sans néanmoins y arriver
absolument. Dans ce système, la gentilité suppose deux familles
civiles, l'une qui ne compte dans la série de ses auteurs que des
ingénus, l'autre issue d'un affranchi de la première famille. Dans
cette situation les membres de la famille ingénue seraient les
*gentiles* des membres de la famille de l'affranchi. La *gentilitas*
ne serait donc autre chose que le *jus patronatus* se perpétuant
amoindri entre la famille du patron et les descendants de l'affranchi. Nous repoussons cette opinion parce que nous pensons
que la première condition d'un système quelconque sur la gentilité est de respecter la définition de Cicéron. Or celui-ci y

ajoute quelque chose et la contredit tout à la fois. Cicéron ne
parle pas en effet de ces droits qui appartiendraient à une famille
contre une autre, et il dit formellement que la gentilité est
réciproque, ce qui détruit complètement la base même du système.

Si nous comparons la définition de l'agnation avec celle de la
gentilité, nous voyons que les agnats, comme les gentils, ont la
communauté du nom et probablement aussi la communauté
d'origine [1], et que ni les uns ni les autres ne sont sortis de la
famille par suite d'une *capitis deminutio*. Les *gentiles* ont de
plus ce caractère d'être ingénus et de descendre d'ancêtres ingénus ; de sorte que l'on pourrait en conclure que la gentilité serait
l'agnation des familles d'origine libre ou plutôt que la *gens* serait
la famille d'origine libre, et l'agnation la famille descendant d'un
client ou d'un affranchi.

Ce système explique très bien l'origine des *gentes* plébéiennes.
Au début toutes les *gentes* sont patriciennes parce que tous les
hommes libres de la cité sont patriciens, et que, par cette expression créée plus tard, il faut entendre alors tous les citoyens.
Lorsque la cité fut formée, elle ne s'ouvrit qu'à bon escient aux
nouveaux venus. Le patriciat devint un corps presque fermé et
tous les hommes libres, qui vinrent à Rome et ne s'attachèrent
pas à la clientèle d'une *gens* patricienne, fondèrent une famille
qui fut une gens plébéienne. En fait cela devait être assez rare,
car pour créer une famille nouvelle il fallait non seulement
n'avoir pas besoin de protection dans la ville nouvelle où l'on
arrivait, mais encore posséder un foyer pour sacrifier aux dieux
de la maison, et n'être pas obligé d'être impie en ne priant point,
ou sacrilège en priant des dieux domestiques étrangers. Ce sentiment de la religion domestique explique le petit nombre des
*gentes* plébéiennes qui se sont formées et surtout il explique

---

1. La communauté d'origine n'est pas indiquée avec précision dans le texte de
Cicéron, mais elle l'est formellement dans Festus (v° *Gentilis*) et dans Varron,
(*De ling. lat.* VIII, 4).

pourquoi la plupart de ces *gentes* ne sont pas d'origine romaine. Ce furent des familles entières qui se transportèrent sur le territoire romain avec leurs dieux et qui n'eurent pas besoin de recourir au foyer d'autrui, c'est-à-dire à la clientèle d'une maison patricienne. D'ailleurs on ne voit guère entrer de *gentes* plébéiennes sur la scène historique que vers la fin du quatrième siècle avant Jésus-Christ. Il est possible qu'à cette époque le caractère primitif de la *gens* fut modifié. A mesure que la plèbe se transformait, qu'elle acquérait les droits du patriciat, elle se modelait un peu à son image et prenait ses mœurs. Il paraît donc probable que bien avant la fin de la République la *gens* avait perdu le caractère juridique qu'elle avait eu et que par ce mot, désormais sans valeur légale, l'usage social désignait simplement une famille puissante.

Ce système rend encore bien compte de l'hérédité dévolue aux *gentiles*. Lorsque tous les agnats sont épuisés, ce qui doit arriver rarement, la famille est absolument éteinte, ses biens font retour à la *gens* qui, anciennement, a eu en sa puissance comme client ou comme esclave l'individu d'où est sortie la famille qui vient de disparaître. Quant à la charge de la curatelle des fous et des prodigues, et probablement de la tutelle des femmes et des impubères, qui, à défaut d'agnats, incombait aux *gentiles*, elle n'a rien qui puisse nous surprendre. Il était, en effet, dans l'esprit du droit romain de faire de la tutelle et de la curatelle, les charges corrélatives à l'espoir de la succession.

Il est bien certain qu'il n'y a rien dans la définition de la gentilité qui répugne à ce système auquel on sera peut-être tenté de faire les objections suivantes :

*a*) La loi des XII Tables défère la succession aux *gentiles* à défaut d'agnats ! Nous voyons bien comment, dans cette opinion, est réglée la succession d'une famille d'origine non ingénue qui s'éteint, mais qu'arrive-t-il si la famille qui disparaît est une *gens* ? Comment est réglée sa succession ? Il y a là véritablement une difficulté dont la solution est sans doute dans les mœurs

romaines qui ne permettaient pas à un honnête homme de mourir
intestat. Les décemvirs avaient oublié dans les dix premières
tables de proscrire le *connubium* entre les deux ordres, tellement une semblable alliance leur paraissait inconcevable ; cette
lacune ne fut comblée que dans les deux tables complémentaires.
C'est probablement pour un motif semblable que l'on n'a pas
prévu l'hypothèse de l'extinction d'une *gens* ; à l'époque de la loi
des XII tables, cela eût encore été un fait monstrueux et tellement réprouvé par les mœurs religieuses, qu'il était absolument
inutile de le prévoir. Une famille, qui n'est pas une *gens*, peut
s'éteindre parce qu'il n'est pas prouvé qu'elle eût des dieux domestiques aussi difficiles qu'une *gens* patricienne ; aussi la loi
réglemente l'hypothèse. Mais une *gens* ne peut s'éteindre parce
qu'elle trouve toujours un moyen facile de se continuer par
l'adrogation qui est seulement possible pour les patriciens, puisque
seuls ils ont l'entrée des comices curiates ; quant aux plébéiens,
s'ils le désirent, ils trouvent le remède au même danger dans
l'adoption à laquelle d'ailleurs les patriciens peuvent aussi recourir. Ce profond sentiment religieux disparut sans doute peu
à peu, et l'on put voir s'éteindre d'anciennes *gentes* ; mais à ce
moment il était inutile que la loi civile intervînt pour régler leur
succession, le préteur y avait pourvu en créant la *bonorum
possessio unde cognati*.

*b*) La seconde objection possible est la suivante : on ne trouve
pas dans les textes le règlement de la dévolution des succesions
aux *gentiles*, comme on le trouve pour les agnats. En admettant
que l'ordre de dévolution fût le même chez les *gentiles* et chez les
agnats, pourquoi parle-t-on toujours des agnats et jamais des
*gentiles* ? Les agnats répondrons-nous, étaient plus nombreux
que les *gentiles* et il était plus simple de désigner par le nom
de la classe la plus nombreuse tous ceux qui se trouvaient dans
la même situation juridique. D'autant plus que cette expression
était fort régulière, car les membres de la *gens* étaient agnats
entre eux, tandis que des individus agnats entre eux n'étaient

point des *gentiles* s'ils n'appartenaient point à une *gens*. Et tout
cela suppose que nous admettons le texte rapporté de la loi des
XII Tables « *Si adgnatus nec escit, gentilis familiam nancitor* »
comme étant bien le texte original, car on ne pourrait tirer aucun
argument sérieux des textes de l'époque de l'empire où la gentilité n'est plus qu'un souvenir et où l'on désigne tous les membres
d'une même famille civile, qu'ils appartiennent ou non à une
*gens*, sous la commune expression d'agnats.

c) Enfin l'on pourrait nous faire cette troisième objection que
nous excluons la clientèle de la *gens*. Nous sommes en effet d'avis
que le client ne faisait pas partie intrinsèque de la *gens* à laquelle
il appartenait, malgré les passages assez nombreux de Tite-Live
qui semblent dire le contraire. C'est ce que nous allons établir en
parlant de la clientèle.

En résumé, au commencement de la société romaine, les *gentiles* sont ceux que plus tard dans les familles de souche non ingénue on appellera les agnats, expression qui, à la fin, désignera
tous les membres d'une même famille civile, quelle que soit son
origine.

Quant aux personnes qui font partie de ces *gentes*, réparties entre les différentes curies des tribus, elles sont toutes
citoyennes. L'agrégation à une *gens* équivaut à la possession du
droit de cité, qui ne saurait appartenir à un individu étranger à
toutes les *gentes*. L'admission d'une famille au nombre des *gentes romanæ* équivaut pour tous ses membres à la concession du
droit de cité. Quant aux autres habitants qui postérieurement
sont venus se fixer à Rome, ils ne sont pas citoyens et ils resteront
dans cette situation jusqu'au jour où Servius Tullius en leur donnant une organisation politique, les fera entrer dans l'État. C'est
alors seulement que la distinction entre les deux ordres s'établira
nettement et légalement. Les premiers citoyens seront les patriciens, les citoyens de l'époque de Servius seront les plébéiens.
Nous allons le démontrer en recherchant les origines de la
plèbe.

En dehors des citoyens, c'est-à-dire des membres des *gentes* patriciennes, on trouve à Rome deux catégories d'habitants, les clients et les plébéiens. Quelques auteurs pensent que les clients et les plébéiens sont les mêmes individus désignés sous un nom différent, suivant la relation sous laquelle on les envisage. Les clients, pour ces savants, semblent être les plébéiens dans les rapports privés vis-à-vis des patrons, de même que les plébéiens ne sont que les clients dans la vie publique. D'autres font une hypothèse analogue en supposant que les plébéiens sont simplement les clients des anciennes familles patriciennes lorsque le lien de la clientèle commence à se relâcher. La plèbe aurait ainsi son origine dans la clientèle. Ces sytèmes me paraissent difficiles à défendre en face de la solide démonstration de Niebuhr ; la plèbe paraît en effet être aussi distincte de la clientèle par son origine que par sa nature.

. L'opposition entre la plèbe et la clientèle se rencontre à chaque instant dans les auteurs classiques. Toujours, dans l'histoire des luttes plébéiennes, on oppose la plèbe aux patriciens et à leurs clients qui, dans le vieux langage romain, formaient le peuple, *populus*. On rencontre très souvent le mot « *populus* » employé de concert avec le mot « *plebs* » uni à lui par la conjonction « *que* » pour désigner l'ensemble du peuple [1]. Les historiens anciens ne confondent jamais ces deux classes entre elles et ils étaient mieux placés que nous pour faire la distinction. Sans elle d'ailleurs la lutte des patriciens contre les plébéiens deviendrait inexplicable. Il est inadmissible que les patrons aient fait subir à leurs clients les traitements barbares infligés par les créanciers patriciens à leurs débiteurs plébéiens. Les devoirs du patron passaient avant tout, et celui, qui eût enfermé son client dans l'*ergastulum* des débiteurs pour l'y maltraiter, eût manqué à une obligation sacrée et fût devenu *sacer*. Ce serait mal connaître le sentiment profond de religiosité qui animait les vieux Romains

---

1. Voy. M. Fustel de Coulange, *la Cité antique* liv. IV, ch. II , les exemples cités en note.

de penser qu'ils fussent capables de transgresser les lois de la religion du foyer. Il ne peut donc y avoir aucun doute sur la non-identité des clients et des plébéiens ; nous devons surtout rechercher quelle pouvait être la différence séparant ces deux classes.

Sur l'origine de la clientèle, les avis sont d'autant plus partagés que les auteurs anciens expliquent plus facilement cette institution par un acte de la puissance royale [1]. Une telle explication ne saurait évidemment nous suffire. Les différentes opinions en présence peuvent se ramener à deux groupes.

Dans le premier, qui comprend les opinions de Niebuhr, de Gottling, de Becker et de G. Humbert [2], les clients sont les indigènes habitant avant la conquête l'emplacement où fut Rome et réduits par les conquérants en une sorte de servitude qui n'est pas l'esclavage et qui crée cependant des obligations envers le maître ; ce sont les habitants à qui on a enlevé leurs biens et qui, « dénués de propriété foncière, dit Maynz [3], n'existent dans la cité que par la protection d'un membre du *populus* sous le patronat duquel ils s'étaient mis. Telle était nécessairement la condition des vaincus dépouillés par la conquête et des étrangers attirés à Rome par l'asile. »

Dans une seconde opinion admise par Mommsen, Willems et Fustel de Coulange, la clientèle dérive simplement de l'affranchissement. « Les clients, dit Mommsen, sont tous ceux qui n'ayant pas le droit de cité ne jouissent à Rome que d'une liberté tempérée par le protectorat d'un citoyen père de famille. Les clients sont ou des transfuges venus de l'étranger et reçus par les Romains qui leur prêtent assistance ou d'anciens serviteurs en faveur desquels le maître abdique ses droits en leur concédant la liberté

1. Cic., *De Rep.* II, 9 — Plut. Romulus, 13 — Denys, II, 9 — Fest. v°*Patrocinia*.

2. Voy. v° *cliens* dans le *Dictionnaire des Antiquités Grecques et Romaines* publié par MM. Daremberg et Saglio.

3. *Cours de Droit Romain* t. Ier.

matérielle [1]. » L'individu dans cette situation n'était ni un esclave, puisqu'il jouissait de la liberté qui manquait à un esclave, ni un hôte, puisqu'il était soumis à des obligations dont était exempt l'*hospes*.

Ces deux opinions sont fort sérieuses et peut-être n'est-il pas impossible de les concilier. Il paraît, dit-on, invraisemblable que l'origine de la clientèle se trouve dans le lieu unissant les vainqueurs aux vaincus. En effet, en admettant même qu'il eût existé des habitants sur la colline, où fut Rome, avant l'arrivée des Ramnes, ce qui n'est pas prouvé, il serait impossible que les vainqueurs se fussent liés aux vaincus par un lien créant des obligations réciproques comme la clientèle ; ces obligations imposaient un respect immense ; elles étaient sanctionnées par la religion déclarant sacrilège celui qui y manquait et mettant sur le même pied l'outrage du père au fils et l'injustice du patron envers le client. Jamais il n'eût été dans l'esprit de l'époque de faire la part si belle aux vaincus ; il était beaucoup plus simple de les réduire en esclavage. Ces esclaves furent plus tard affranchis et devinrent des clients.

Ce système paraîtrait absolument irréfutable si l'on pouvait établir deux choses : d'abord que la réduction en esclavage fut toujours le sort réservé aux vaincus à cette époque et en second lieu que la clientèle est une institution d'origine essentiellement romaine. Ce dernier point ne peut sérieusement se soutenir. Sans rechercher jusqu'à quel point l'Italie est redevable de cette institution à la Grèce, il est bien certain que la clientèle est une institution italienne qui existait en dehors de Rome avant qu'elle fût fondée et qu'on pratiquait depuis longtemps chez les peuples Sabins, Étrusques, Samnites et Campaniens [2]. Quant au sort qui attendait les vaincus, il ne paraît pas que ce fut toujours l'esclavage et ce que Tite-Live raconte viendrait au besoin le démontrer. Les peuples battus par Rome au commencement de

1. Mommsen, *Hist. rom.*, liv. Ier, ch. IV, (t. I).
2. Tit.-L., II, 16 ; V. 1 ; XXXIII, 2, 7. — Denys, II, 46 ; v. 40 ; X, 14.

2

son existence, sont généralement transportés dans la ville pour y augmenter la population et on semble les laisser dans une liberté entière. Cette modération s'explique autant par le besoin des fondateurs de Rome de former un noyau de population que par le souvenir des relations qu'ils avaient eues avec ces peuples voisins. C'était, en effet, des populations de même nationalité avec plusieurs desquelles on avait été lié par des traités ; la plupart des Romains avait contracté l'*hospitium* avec des membres de ces nations et à une époque où les sentiments religieux étaient si profonds, le lien de l'*hospitium* ne pouvait se rompre au point de réduire l'ancien hôte à la situation d'esclave. Ces raisons sont d'autant plus fortes que l'on remonte plus haut dans l'histoire de la cité primitive. Il est donc probable que les trois peuplades, d'où est sortie la nation romaine, connaissaient la clientèle, comme tous les Italiens, avant de venir s'établir sur les bords du Tibre. Les *gentes* amenèrent avec elles tous leurs clients ; quant aux habitants du pays conquis, si toutefois il y en avait, ils avaient sans doute avec leurs vainqueurs les relations qui existaient entre tous ces peuples très voisins. Par suite il est bien possible que ceux qui dépouillèrent les vaincus de leurs biens, de leur foyer, de leurs dieux, aient consenti à les traiter comme la foule des clients qu'ils amenaient avec eux et qu'ils se soient liés par les devoirs de la clientèle à des gens dont peut-être ils avaient été les hôtes. En résumé nous voulons retenir deux choses : d'abord que la clientèle est antérieure à la fondation de Rome, en second lieu que les *gentes* originaires ont émigré avec leurs clients dont le nombre a pu être augmenté des autochtones des pays qu'elles venaient occuper.

Est-ce à dire que la clientèle ainsi formée ne se développa et ne se maintint que par la procréation de ceux qui en faisaient partie ? Je ne le pense pas ; elle dut nécessairement s'augmenter de deux espèces d'individus. La première était celle des immigrants étrangers qui, arrivant isolés dans une cité nouvelle, préféraient changer leur indépendance précaire contre la situation

plus sûre d'un client. Dans cet état il se liait envers une *gens*
par un contrat de clientèle, contrat dont nous ne connaissons pas
les formes, mais dont l'existence est certaine. Il devenait presque membre de la famille et acquérait le droit de prier à son
foyer et de prendre part à sa religion domestique.

La seconde cause du développement de la clientèle dans les
premiers siècles de Rome est l'affranchissement des esclaves. Les
esclaves n'étaient pas très nombreux, mais chaque famille en
avait un certain nombre qui, avec les champs et les bétails, formait la « *familia* » de la *gens*. Lorsque le maître renonçait à
son droit de propriété sur son esclave, celui-ci avait tout intérêt
à rester dans la clientèle de son patron, si toutefois ce n'était pas
la conséquence forcée ou la condition même de son affranchissement. On objecte à cela que le sort des affranchis était beaucoup
plus rigoureux que celui des clients. C'est incontestable, si l'on
se place sous la République ; mais, à l'époque où nous sommes, le
*jus libertinatis* n'existe pas ; les formes légales de l'affranchissement ne sont pas encore créées puisqu'elles n'apparaissent que
sous Servius Tullius ; l'affranchissement n'est donc alors autre
chose que la liberté de fait laissée à l'esclave, et son sort est celui
que veut lui faire son patron. J'estime donc qu'à ce moment il
n'y a aucune différence entre le client et l'affranchi, et que tous
deux sont dans une situation identique. Que cette origine de la
clientèle disparut avec l'institution de l'affranchissement légal,
c'est possible, mais il n'en faut pas moins la compter au nombre
des causes du développement de la clientèle pendant les deux
premiers siècles. D'ailleurs le motif pour lequel on voudrait faire
disparaître cette cause, n'est pas parfaitement exact. On prétend
que les affranchis d'une famille doivent être distingués de ses
clients parce que leur situation est autre. Nous venons de réfuter
ce point, au moins pour la période qui s'étend jusqu'à Servius,
mais fût-il vrai, le *manumissor* aurait encore intérêt à placer ses
affranchis au nombre de ses clients, car les *jura patronatus* ne
durent que deux générations y compris celle de l'affranchi et la

postérité du fils de l'affranchi se trouve libre à l'égard du patron, tandis que, au contraire, si l'affranchi a été mis dans la clientèle, ses descendants restent les clients du patron. Il est donc probable que l'affranchissement est resté une cause de développement de la clientèle, même après l'institution des formes légales, avec cette différence que pendant deux générations ces clients étaient soumis à des obligations particulières.

En résumé, la clientèle est une institution italique antérieure à la fondation de Rome, où elle fut apportée par les tribus qui vinrent s'y établir. Elle s'y développa naturellement, tant par les affranchissements d'esclaves que par les contrats de clientèle en vertu desquels les immigrants se liaient à une *gens* qui leur assurait sa protection dans la cité, et leur accordait une place au foyer, autel de la religion domestique. Telle fut la clientèle sous la constitution patricienne des premiers temps de Rome; elle subsista sans aucune altération jusqu'à Servius Tullius; à cette époque, par suite de l'entrée des plébéiens dans la cité, elle commença à se transformer en une institution ayant pour objet de mettre les petites gens sous la protection des personnages importants, mais elle n'eut plus le même caractère politique puisqu'on pût faire partie de la cité sans entrer dans une clientèle. La plèbe, qui toujours distincte de la clientèle, lui était inférieure sous les premiers rois, passa avant elle après Servius, en attendant qu'elle acquière l'égalité civile et l'égalité politique, en s'élevant elle-même au niveau du patriciat.

Sur les origines de la plèbe, les opinions présentent la plus grande diversité. Néanmoins la majorité des historiens semble se rallier au système que Niebuhr a si fortement établi. Selon lui, les plébéiens furent les citoyens des cités latines voisines de Rome, soumises par elle et dont les habitants furent transportés sur son territoire. On leur laissa la liberté et le *jus commercii*, mais on ne les admit point au droit de cité. Tel fut le sort des habitants d'Antemnia, de Crustuminum et des Cæciniens battus par **Romulus** et transportés à Rome, des Albains forcés de s'établir sur le mont Cœlius sous Tullus Hostilius [1]. Toute cette population établie autour de Rome devint la plèbe rurale d'où sont sortis ces rudes et infatigables soldats qui assurèrent la suprématie de la ville sur l'ancien monde.

La plèbe, au moins dans les premiers temps, ne faisait pas partie du peuple romain. Les vieilles formules font toujours la distinction de la plèbe et du peuple qui ne comprend que les patriciens et leurs clients. Si les écrivains de la fin de la République ne tiennent pas compte de cette différence, c'est qu'à leur époque cette distinction n'existait plus; ils l'oublient parce que la *plebs* était entrée depuis longtemps dans le *populus;* mais jusqu'à Servius la plèbe reste absolument étrangère à la cité. Non seulement elle est en dehors de son organisation politique et religieuse, mais elle est aussi en dehors de ses murs; les plébéiens ne sont pas établis dans l'enceinte sacrée de Romulus, dans la *pomœrium* sur le Palatin, ils sont relégués sur le mont Cœlius et dans l'espace qui s'étend entre le Capitole et l'Aventin.

Le nombre des plébéiens alla rapidement s'augmentant à mesure des conquêtes nouvelles. Déjà considérable sous Tullus Hostilius, il s'accrut dans des proportions importantes sous Ancus par la conquête des quatre villes latines : Politorium, Ficane, Tellènes et Medullia [2], dont les habitants furent transportés à Rome sur l'Aventin. C'est sous le règne d'Ancus que Niebuhr place l'origine de la plèbe; il appuie son opinion sur la restitution faite par Scaliger d'un vers de Catulle évidemment incorrect sur le manuscrit, quoique la leçon du philologue français soit généralement contestée et repoussée. Il est certain que la population de Rome s'accrut beaucoup sous Ancus, mais il faudrait d'autres arguments que ceux tirés d'un texte incorrect pour nous faire admettre que la population plébéienne n'appa-

1. T.-Liv., I, 11, 30. — Denys, II, 35, 36, 50, 62, 76, III, 29, 37. — Val. Max, III, 4, 1.
2. T.-Liv., I, 33.

raît qu'à cette époque, alors que l'événement, qui est supposé lui
donner naissance, s'est déjà plusieurs fois produit antérieurement.

Quoique complètement exclus de la cité, les plébéiens, grâce à
leur nombre, durent bientôt acquérir une certaine importance.
En dehors des translations de populations entières, qui, à l'exception de quelques familles patriciennes et sacerdotales que s'adjoignit le patriciat romain, entrèrent tous dans la plèbe, celle-ci
voyait son importance numérique s'augmenter de nombreux
étrangers qui affluaient à Rome comme en un lieu que sa situation
rendait propre au commerce. Les mécontents de la Sabine, de
l'Étrurie et du Latium y trouvaient un refuge; tout cela entrait
dans la plèbe. Le client, qui réussissait à s'échapper de la
*gens*, devenait un plébéien. Le patricien, qui se mésalliait ou
qui commettait une de ces fautes entraînant déchéance, tombait
dans la classe inférieure; tout bâtard était repoussé par la religion des familles pures et relégué dans la plèbe.

Cette importance numérique devint telle, qu'un siècle après
la fondation de Rome les rois cherchent dans cette classe,
n'appartenant pas à la cité, un appui dans la lutte qu'ils soutiennent contre l'aristocratie et sa jalouse autorité. Ils cherchent
à se concilier ces parias politiques par des concessions de biens.
Tullus Hostilius abandonne aux pauvres plébéiens les terres du
domaine royal et va habiter au milieu d'eux. Ancus lui-même
croit devoir leur faire des distributions de terre. Ces concessions
étaient cependant bien inutiles pour s'assurer le concours des
plébéiens, car si les rois étaient hostiles à une aristocratie qui
voulait les tenir en tutelle, les plébéiens ne pouvaient être favorables à cette même aristocratie qui les excluait rigoureusement
de la cité. Le patriciat était l'ennemi commun contre lequel une
alliance devait nécessairement se faire.

Le premier résultat de cette tacite alliance fut que les rois
cherchèrent à faire entrer la plèbe dans la cité. Tarquin l'Ancien, le premier, tenta de faire l'assimilation et de réagir contre

l'étroite oligarchie des familles patriciennes. Il ne réussit pas complètement, mais il entama néanmoins la vieille constitution en faisant admettre dans les rangs du patriciat cent cinquante ou cent familles plébéiennes dont les chefs entrèrent au Sénat. L'orgueil des vieux patriciens n'admit pas ces nouveaux venus sur un pied d'égalité, et ces nouvelles *gentes* formèrent les *gentes minores* par opposition aux *gentes majores*, c'est-à-dire aux anciens patriciens. Ce fut toute la réforme de Tarquin qui ne put aller au delà et modifier autre chose, ni les curies dont on se contenta de doubler le nombre des membres, ni les tribus auxquelles les les nouvelles *gentes* furent rattachées et formèrent les *Ramnes*, les *Titiès* et les *Luceres posteriores*. Cependant chaque tribu fournit désormais deux centuries de chevaliers, et ces six centuries occupèrent toujours une place importante dans l'histoire de la République romaine.

Par un autre procédé, le successeur de Tarquin arriva au résultat qu'avait poursuivi vainement celui-ci. Au lieu d'attaquer la constitution patricienne, il en édifia une autre à côté dont le jeu devait bientôt rendre inutile celle des premiers siècles. Mais avant d'étudier cette révolution, il nous faut voir quelles étaient l'organisation et l'importance de l'assemblée du peuple sous les premiers rois.

# CHAPITRE II

La représentation politique fut toujours inconnue à Rome et le goût du gouvernement direct se trouva aussi bien chez les patriciens que chez les plébéiens tant que le soin des affaires publiques fut le principal souci des citoyens. Tous les membres de la cité doivent prendre part à l'administration de ses intérêts, et c'est précisément pour ne pas étendre aux plébéiens ce principe qu'ils avaient admis pour eux, que les patriciens luttèrent si énergiquement contre l'introduction dans l'État des nouveaux venus. Il semble que ce soit le spectacle des divers états du peuple romain, qui ait inspiré à Rousseau ces paroles : « Quand les citoyens aiment mieux servir de leur bourse que de leur personne, l'État est déjà près de sa ruine. Faut-il marcher au combat, ils payent des troupes et restent chez eux ; faut-il aller au conseil, ils nomment des députés et restent chez eux. A force de paresse et d'argent, ils ont enfin des soldats pour asservir la patrie et des représentants pour la vendre. » Si la représentation politique fut à peu près inconnue à Rome, jamais asservissement ne fut plus complet que celui de ce grand peuple à la fin de la République, et au commencement de l'Empire. Cependant, pendant les six premiers siècles de leur existence, les Romains eurent la passion de l'égalité et à aucune autre époque de l'histoire le principe de la souveraineté du peuple ne fut mieux établi, ni plus fidèlement observé qu'aux premiers temps de Rome.

Niebuhr a parfaitement mis en lumière l'idée de la souveraineté populaire dans les institutions primitives de Rome. L'égalité politique de tous les citoyens qui fut le point de départ de la société romaine fut aussi son point d'arrivée, tant que la cité eut des citoyens. Rompue par l'arrivée des plébéiens, cette égalité fut longtemps sans se rétablir et cette conquête est toute l'histoire intérieure de Rome pendant les trois premiers siècles de la République. Les plébéiens arrivèrent à cette égalité, fin de leurs longues luttes, non pas en abaissant le patriciat jusqu'à eux, mais en s'élevant jusqu'à lui.

Nous avons vu comment était organisée la cité sous les premiers rois. Chaque tribu était formée d'un certain nombre de *gentes* dont tous les membres étaient citoyens. En dehors, étaient les clients qui se rattachaient aux *gentes,* mais sans être pour cela citoyens, et la plèbe qui restait complètement étrangère. Les *gentes* des tribus étaient réparties en trente curies formant la division administrative, religieuse et militaire du peuple. La constitution avait trois organes : le roi, le Sénat et les comices par curies. L'influence principale appartenait aux curies se réunissant dans leurs comices et exerçant par ce moyen la souveraineté.

Quels étaient les individus appelés à voter dans ces comices? Nous répondons, tous les citoyens, puisque tous les citoyens avaient des droits égaux. Mais il n'y avait de citoyens que les patriciens. Cependant comme, en fin de compte, le *populus* comprenait les patriciens et les clients, on peut soutenir que ces derniers avaient une part quelconque dans les comices. On a même prétendu que les plébéiens n'étaient pas exclus des comices par curies. Nous allons examiner la valeur de ces assertions.

Que dans les siècles historiques, les curies aient été ouvertes aux plébéiens, c'est une opinion qui peut se défendre. Tite-Live raconte en effet qu'un plébéien, C. Maximilien Vitulus, ayant

posé sa candidature pour la charge de grand curion, fut élu par
le peuple malgré les protestations des patriciens, prétendant que
cette candidature était illégale[1]. Pour que l'élection ait eu lieu
malgré les patriciens, il faut nécessairement que les plébéiens
aient eu entrée aux comices. On peut de plus en conclure que
pour avoir le *jus honorum* dans les assemblées curiates, il fallait
y avoir le *jus suffragii*. C'est la conclusion à laquelle arrive
Mommsen : « On peut concevoir, dit-il, que les plébeiens aient pu
participer aux fêtes de la curie sans avoir le vote, mais comment
dans ce cas auraient-ils été éligibles aux fonctions sacerdotales—
celui qui a le *jus honorum* n'a-t-il pas nécessairement le *jus suffragii*[2]? » D'ailleurs, selon lui, les preuves abondent à l'appui de
sa thèse et il les énumère :

*a*) D'après les annalistes, dès le temps de Romulus, les plébéiens
et les patriciens votaient ensemble dans les curies. L'effet de la
constitution de Servius ne fut pas de donner le droit de suffrage
à ceux qui ne l'avaient pas, mais de changer l'ordre du vote.
Jamais les comices par curies n'ont été purement patriciens.

*b*) Si les patriciens avaient seuls voté, Cicéron et Tite-Live, en
parlant des conséquences de la chute du patriciat, n'eussent pas
manqué de faire remarquer qu'une loi curiate devenait impossible.

*c*) L'assemblée des curies s'appelle toujours *populus*, c'est-
à-dire la réunion des patriciens et des plébéiens, cette expression
ne s'emploie jamais pour désigner une réunion exclusivement
patricienne. En comparant, dans Cicéron, ces deux passages : *Pro
planco* 3-8, et *pro domo* 14-38, on voit que les *comitia centuriata* et *curiata* du second ne sont autres que les *comitia populi*
du premier et le peuple qui vote dans les curies, est le même
que celui qui vote dans les centuries.

*d*) Autrefois, dit Cicéron, le peuple votait deux fois pour

---

1. XXVII, 8.
2. Mommsen, *Questions d'histoire romaine.* (en all.)

l'élection des magistrats[1]. Le premier vote constituait l'élection, le second conférait l'*imperium*. Cicéron ne tiendrait pas un tel langage, si le vote d'investiture avait appartenu à la noblesse, le peuple n'ayant de voix qu'à l'élection.

*e*) En droit il suffisait de trente licteurs pour représenter les trente curies et conférer l'*imperium*. Une telle compétence ne peut leur appartenir que parce qu'ils votaient dans les curies et cependant ils étaient plébéiens.

*f*) Pour tester ou adroger dans les curies il fallait nécessairement y avoir entrée ; de là cette conclusion, sont exclus des curies tous ceux qui sont incapables de ces actes, c'est-à-dire les non-citoyens, les femmes et les enfants. Mais les plébéiens ont les mêmes droits que les patriciens. Quand on voit le testament militaire se faire devant les centuries qui sont patriciennes et plébéiennes, comment peut-on revendiquer pour les patriciens un privilège dans la confection du testament civil ? En matière d'adrogation, d'autre part, ne pourrait-on pas citer des exemples où l'adrogeant était précisément plébéien, comme dans l'adrogation de Clodius ?

Ces arguments sont-ils absolument décisifs ? Nous ne le pensons pas ; d'ailleurs le seraient-ils, qu'il faudrait encore résoudre la difficulté, à laquelle se heurte Mommsen, de savoir à quelle époque remonte l'entrée des plébéiens dans la curie. De l'aveu même de l'historien allemand, nul témoignage historique ne permet de fixer cette date, à moins qu'il n'admette la tradition si souvent repoussée par lui-même et qu'il ne fasse remonter ce fait à la fondation de Rome même. C'est du reste le parti qu'il semble prendre, mais il se contredit presque aussitôt, car dans un autre passage il reconnaît lui-même que sous les rois tous les citoyens étaient patriciens. « Sous les rois, dit-il, le patriciat constitue le seul corps politique de la cité ; c'est par les rois seuls que les droits civiques ou le patriciat, *c'est tout un*, sont conférés

---

1. Cic., *De leg. agr.*, II, 26.

aux non-citoyens[1]. » Nous admettons cette conclusion en ce qui
touche l'identité du patriciat et du droit de cité ; mais cela laisse
entière la question de la date de l'admission de la plèbe aux
droits politiques et surtout celle de son entrée dans les curies.

Quelle est au fond la valeur des preuves accumulées par Mommsen ? Il réfute lui-même la première. Lorsqu'il avance que d'après
les annalistes, les plébéiens et les patriciens votaient ensemble
dans les comices, dès le temps de Romulus, il déclare lui-même
ne pas le croire dans le passage que nous citions plus haut. Ne
dit-il pas, en effet, que l'admission au droit de cité équivalait alors
à l'admission au patriciat ? N'est-ce pas reconnaître qu'un citoyen
était nécessairement patricien et que tout individu non-patricien
n'était pas citoyen ? Comment la plèbe, qui ne faisait point partie
de la cité, de l'aveu même du savant allemand, aurait-elle pris
part aux comices par curies ? Ce que peuvent raconter les annalistes à ce sujet ne peut donc avoir aucune valeur. De plus, en
avançant, que la constitution de Servius se borne à changer l'ordre
du vote sans créer de nouveaux citoyens, Mommsen risque une
affirmation qui reste de pure imagination jusqu'à ce qu'il établisse
nettement que les plébéiens encadrés dans les centuries de Servius étaient admis avant lui dans les curies, ce qui est précisément le point à démontrer. Son argumentation tourne ainsi dans
un cercle vicieux.

Un autre argument est encore sans valeur et pourrait facilement
être retourné contre son auteur ; c'est celui qui s'appuie sur le
silence de Cicéron et de Tite-Live, relativement à l'impossibilité
de voter des lois curiates, lorsque ces écrivains énumèrent les
conséquences de la disparition du patriciat. Cela s'explique aisément si l'on veut se rappeler ce que sont devenus les comices par
curies à cette époque et ce qu'est la loi curiate. C'est simplement
une approbation donnée par le grand pontife en présence de
trente licteurs représentant les trente curies anciennes. La perte
de l'influence patricienne ou plutôt l'égalité politique conquise

1. Mommsen, *Op. cit.*

par les plébéiens dut rester à peu près sans effets sur des assemblées qui depuis longtemps avaient perdu toute importance et qui, à l'époque de Cicéron, ne consistaient plus guère qu'en une sorte de formalité de procédure.

Quant à la preuve tirée du sens du mot *populus*, elle n'est pas plus concluante que la précédente. L'historien d'outre-Rhin nous donne lui-même dans une note le sens de cette expression : « Le mot *populus* désigna tout d'abord, étymologiquement et en fait, l'ensemble des levées patricio-plébéiennes ou les centuries de Servius, puis bientôt il signifia l'ensemble des citoyens des deux ordres, la plèbe comprise ; enfin, et dans le langage usuel et moins rigoureux on entendait par le mot *populus*, les citoyens non nobles, souvent même par opposition aux nobles. » Que résulte-t-il de là ? C'est qu'à partir de Servius, le mot *populus* dans son sens propre et rigoureux signifia l'ensemble des citoyens. Mais ce mot a toujours eu le même sens, même avant Servius, et toujours il a désigné l'ensemble du peuple ; seulement, avant Servius, le peuple ne comprenait que les patriciens et leurs clients, et la plèbe n'en faisait pas partie, ainsi que nous l'avons vu. Par conséquent si l'on trouve le mot *populus* pour désigner l'assemblée des curies, c'est parce que, à l'époque où les curies avaient toute leur importance, elles comprenaient en effet tout le *populus*, c'est-à-dire les patriciens et leurs clients [1].

Je laisse de côté, pour l'instant, l'argument tiré du double vote

1. Je ne parle pas de la conclusion que M. Mommsen tire du rapprochement des deux textes de Cicéron, qu'il cite : *pro planco*, 3 et *pro domo*, 14. Elle est absolument forcée. Voici les deux textes: *Nam si ita esset, quod patres apud majores nostros tenere non potuerunt, ut reprehensores essent comitiorum, id haberent judices ; vel, quod multo etiam minus esse ferendum. Tum enim magistratum non gerebat is, qui ceperat, si patres auctores non erant facti ; nunc postulatur a vobis, ut ejus exsilio, qui creatus sit, judicium populi romani reprehendatis.* Pro. Pl., 3). — *Ita populus Romanus brevi tempore neque regem sacrorum, neque flamines, nec salios habebit, nec ex parte dimidia reliquos sacerdotes, neque auctores centuriatorum et curiatorum comitiorum ; auspiciaque populi romani, si magistratus patricii creati non sint, intereant necesse est, quum interrex nullus sit, quod et ipsum patricium esse et a patricio prodi necesse est.* (Pro domo, 14). Comme on le voit ce rapprochement n'a rien de concluant, en admettant même qu'on puisse donner à ces mouvements, oratoires l'autorité historique qui leur manque..

du peuple dans les élections ; j'y reviendrai parce que c'est précisément là que se trouve la preuve positive de la thèse que je
défends. Je passe aux autres arguments de Mommsen.

Je reconnais très bien qu'avant la fin de la République, les
comices par curies étaient à peu près disparus et que, pour le vote
des lois curiates, ils étaient représentés par trente licteurs. Mais
la conclusion à laquelle on arrive me semble hardie. Les licteurs,
dit-on, représentaient les comices parce qu'ils avaient le droit d'y
voter et cependant ils étaient plébéiens. Rien ne justifie une
pareille opinion. S'il en était ainsi, chaque curie eût pu être
représentée par le premier plébéien venu, néanmoins ce sont des
licteurs qui les représentent. Il est probable qu'on les choisissait
pour cette formalité simplement parce qu'ils étaient agents de
l'autorité publique et non parce qu'ils étaient électeurs dans les
curies, affirmation, je le répète, que rien ne justifie.

Quant au sixième argument de Mommsen il peut se résumer
ainsi : les patriciens et les plébéiens ont les mêmes droits civils ;
les uns comme les autres peuvent tester civilement et adroger.
Or pour faire ces actes il faut avoir entrée aux comices par curies ;
par conséquent les plébéiens peuvent y entrer. Pour répondre à
cet argument, distinguons entre l'adrogation et le testament.

Il est certain qu'il n'y eut d'abord qu'une seule forme de testament. Le père de famille exposait sa volonté sur la transmission
de son patrimoine et de ses *sacra* et si cette volonté était sanctionnée par les curies, elle devenait une véritable loi curiate qui
ne pouvait être cassée que dans les mêmes formes. Ce fut très
probablement la seule forme de tester longtemps connue à Rome.
Nous ne savons si le testament avait alors toute l'importance
qu'il eut plus tard ; mais, dans tous les cas, cette forme eût permis
à tous les citoyens de tester ; puisque tous les citoyens avaient
alors entrée dans les comices. La plèbe, ne faisant pas partie de
la cité, ne pouvait être régie par le droit civil qui ne s'occupait
pas de la transmission du patrimoine des étrangers.

Sous **Servius Tullius** les plébéiens entrèrent dans la cité : on dut régler leur succession et imaginer la forme dans laquelle ils pourraient transmettre leur patrimoine. C'est sans doute à cette époque qu'apparaît le testament *in procinctu*. Ce testament se faisait en présence de l'armée devant laquelle le testateur donnait lecture de ses dernières dispositions. Or cette armée ne serait-elle pas plutôt les centuries de Servius que les légions en campagne? Que l'on songe à l'organisation du peuple en centuries. Assurément ce ne sont point des centuries militaires ne comprenant que les hommes en état de faire la guerre; il est facile de s'en convaincre, en examinant attentivement la composition de la légion. Mais il paraît absolument certain que les centuries formaient les cadres du recrutement de l'armée. Un historien français, M. Belot, a même soutenu qu'à l'origine, c'était tout leur objet et que cette organisation est devenue politique seulement sous la République. Quoi qu'il en soit, il bien certain que les textes désignent souvent sous le nom de « *exercitus* » ou « *exercitus urbana* » les centuries de Servius; la même expression sert aussi pour désigner l'armée active. Il est donc bien probable que le testament *in procinctu* se faisait devant cette armée qui n'est autre chose que la réunion des centuries de Servius, et que cette forme était celle du testament devant les comices centuriates, comme la précédente était celle du testament devant les comices curiates.

Le testament *in procinctu* fut donc imaginé, selon nous, pour permettre aux plébéiens de disposer de leur patrimoine comme les patriciens. Mais cette forme plébéienne fut également accessible aux patriciens qui entraient au même titre que les plébéiens dans la composition des centuries. Quant au testament *calatis comitiis*, qui était la forme ordinaire lorsque les patriciens étaient les seuls membres de l'État, il subsista après l'entrée des plébéiens dans la cité. Les patriciens gardèrent leurs anciens comices et leur mode particulier de tester, comme ils conservèrent longtemps encore bien d'autres privilèges. J'avoue que cette hypothèse ne peut être défendue par aucun texte précis et que, par ce point, elle ressemble à l'hypothèse inverse, mais elle ne se heurte à rien qui la contrarie et elle est la conséquence logique de ce que nous avons déjà démontré.

Que l'on ne dise pas immédiatement que ce système est contraire à l'égalité civile que les plébéiens acquirent de si bonne heure. Cette égalité civile entre les deux ordres, base de l'argumentation de Mommsen, ne date que de 303 de la fondation de Rome (450 av. J.-C.), c'est-à-dire cent-vingt ans après la révolution de Servius Tullius. Le testament *calatis comitiis* a-t-il survécu à la loi des XII Tables ? C'est douteux. Si l'on admet la négative, on ne peut faire aucune difficulté pour croire à l'existence d'une forme patricienne de testament, avant l'établissement de l'égalité civile. Si, au contraire, l'on penche pour l'affirmative, on n'en peut raisonnablement tirer aucune conclusion contre nous. La loi des XII Tables consacre pour tous les citoyens patriciens ou plébéiens la faculté de tester, mais elle ne règle pas les formes dans lesquelles on testera. Chacun, semble-t-elle dire, fera son testament librement en observant les formes usitées jusqu'ici ; or, en admettant que l'on ne connût à cette époque que les deux modes *calatis comitiis* et *in procinctu*, la loi, n'en disant rien, les conserve et ses dispositions ne semblent supprimer que le droit des comices de rejeter le testament, droit que, peut-être, dès cette époque, l'usage du testament *per æs et libram* avait rendu illusoire.

Je conclus par conséquent que les plébéiens n'ont jamais eu la faculté de tester *calatis comitiis* et que cela n'eut jamais d'inconvénients, car, à l'époque où ce testament existait seul, la plèbe ne faisait point partie des citoyens, et le jour où elle en fit partie, il y eut pour l'ensemble du peuple une forme de tester qui rendit inutile à peu près pour tous le testament *calatis comitiis*, qui, d'ailleurs, dut disparaître avant la loi des XII Tables. On ne peut donc tirer aucun argument en faveur de l'admission des plébéiens dans les curies de ce que l'entrée des comices curiates était nécessaire pour accomplir les formalités du vieux testament civil.

Voyons maintenant ce que vaut le même argument en ce qui concerne l'adrogation.

Dans le droit romain que nous connaissons, l'adrogation pouvait être employée tant par les patriciens que par les plébéiens. Aussi la raison tirée de la nécessité de la présence de l'adrogeant et de l'adrogé aux comices serait presque irréfutable, si l'on pouvait prouver que, dès leur entrée dans la cité, les plébéiens eurent la faculté d'adrogation. Comme nous pensons que la porte des comices leur était fermée, nous pouvons croire soit que les comices centuriates ont remplacé les comices par curies pour les plébéiens, soit que l'adrogation ne fût accessible à la plèbe qu'au jour où la réunion des curies cessa d'être réelle et fut remplacée par la présence de trente licteurs, hypothèse assez vraisemblable si l'on veut se rendre compte que la transmission des *sacra* et la continuation du culte des ancêtres avaient, surtout dans les temps anciens, moins d'importance chez les plébéiens que dans *gentes* patriciennes [1]. D'ailleurs, les plébéiens, par l'adoption, pouvaient facilement suppléer à l'adrogation.

Reste encore l'argument de texte cité par Mommsen : le passage de Tite-Live racontant qu'un plébéien fut élu grand curion malgré les patriciens. On sait qu'après la loi *Ogulnia*, les plébéiens arrivèrent aux charges sacerdotales ; celle de grand curion leur était donc accessible depuis cette époque. Le raisonnement de l'historien est celui-ci : Un plébéien est éligible au grand curionat ; mais le grand curion est élu dans les comices par curies. Si les patriciens y votent seuls, un plébéien ne peut être élu malgré eux. Or, Tite-Live dit positivement que Vitulus fut élu malgré les patriciens. Ceux-ci ne votaient donc pas seuls dans les comices par curies, les plébéiens y votaient aussi et formaient la majorité. Ce raisonnement pèche par un point capital ; c'est qu'avant tout, il faudrait établir que le grand curion était élu

---

1. La première opinion est celle de Niebuhr et de Becker-Marquardt ; la seconde est défendue par Rubino, et tout récemment par Mispoulet.

dans les comices par curies et non pas, comme nous le montrerons, dans les comices par tribus. Tant que cette preuve n'est pas faite, on ne peut nous opposer sérieusement le passage de Tite-Live.

Arrivons à la preuve tirée du double vote du peuple dans les élections ; le premier vote constituait l'élection, le second conférait l'*imperium*. Nous savons pertinemment que les rois élus par les curies, n'en devaient pas moins demander l'*imperium* à ces mêmes curies dont le refus paralysait l'élection. Cicéron le répète à satiété : « *Numa quanquam populus cum curiatis comitiis regem esse jusseret, tamen ipse de suo imperio curiatam legem tulit ;* » il recommence pour Tullus, pour Ancus, pour Tarquin [1]. Chaque fois il dit clairement et prend soin de le faire remarquer que l'*imperium* est conféré par l'assemblée des curies qui a déjà fait l'élection. Cicéron était renseigné par les livres des pontifes et des augures qu'il avait à sa disposition et comme il peut paraître singulier de voir l'assemblée qui a fait l'élection appelée à statuer de nouveau sur l'*imperium*, il prend soin de préciser qu'il en était bien ainsi, quelque bizarre que cela soit. Cette façon de procéder paraissait déjà extraordinaire aux hommes du temps de Cicéron et Tite-Live lui-même s'efforce de voir là deux assemblées, comme cela eut lieu après Servius, l'une assemblée générale du peuple faisant l'élection, l'autre réunion des patriciens conférant l'*imperium* [2]. Plus tard, Denys reproduit la même distinction [3]. Par le mot « *patres* » Tite-Live entend comme Denys par celui de πατρίκιοι, les patriciens et non les sénateurs et il paraît bien certain, ainsi que l'a prouvé Niebuhr, que la *lex curiata de imperio* de Cicéron l'*auctoritas patrum* de Tite-Live et la ratification des patriciens de Denys sont une seule et même chose, c'est-à-dire le vote des curies ratifiant les actes des comices tenus auparavant pour l'élec-

---

1. Cic., *De Rep.*, II, 13, 17, 18, 20.
2. *Decreverunt* [*patres*] *ut cum populus regem jussisset, id sic ratum esset, si patres auctores fierent* — (T. L. I, 17).
3. Denys, II, 60, τῶν πατρικίων ἐπικυρωσάντων τὰ δόξαντα τῷ πλήθει.

tion des magistrats ; cette procédure était la même, que l'élection soit faite par les curies ou par les centuries. Or les synonymes employés par les auteurs pour désigner la *lex curiata de imperio* prouvent suffisamment qu'elle était rendue par une assemblée exclusivement patricienne, qui n'était autre chose que la réunion des comices par curies. A l'appui de cette thèse et en dehors des textes nombreux indiqués par Niebuhr, ne pourrait-on pas encore citer ce passsge si décisif de Cicéron : « *Curiatis eam* [*potestatem*] *comitiis, quæ vos non initis, confirmavit ; tributa, quæ vestra erant, sustulit* [1]. » Peut-on indiquer plus clairement l'exclusion des comices curiates prononcée contre ceux à qui s'adresse l'orateur ; or ceux-là sont les gens de la foule, les hommes du peuple, les plébéiens.

En résumé, il nous semble absolument démontré que les plébéiens n'ont jamais fait partie des comices par curies qui sont restés exclusivement patriciens pendant toute leur durée. Non seulement les historiens qui soutiennent le contraire ne peuvent établir l'époque à laquelle la plèbe serait entrée dans les curies, mais encore aucune des preuves données par eux de sa présence dans les comices curiates, à un moment quelconque de l'histoire, n'est convaincante ; de plus, nous apportons un argument très solide en faveur du système opposé. D'ailleurs que peut-il y avoir de surprenant dans le fait que les patriciens aient conservé leur assemblée propre, puisque pendant fort longtemps la plèbe eut aussi des réunions particulières? Et si, comme dit Mommsen, l'assemblée de la plèbe fut une anomalie expliquée par des circonstances connues, on peut répondre que les assemblées patriciennes s'expliquent aisément par la tradition historique et surtout par le résultat naturel du procédé révolutionnaire de Servius qui, à côté de la nouvelle constitution, laissa subsister l'ancienne avec ses assemblées propres.

Avant que les plébéiens n'entrassent dans la cité, c'est-à-dire

1. Cic., *De leg. agr.* II, 11, 27.

avant Servius, les clients des *gentes* patriciennes en faisaient partie et le mot « *populus* » désignait à la fois les patriciens et leurs clients. Ces clients avaient-ils entrée dans les comices par curies ? Et, s'ils y avaient entrée, quels étaient leurs droits et quel rôle y jouaient-ils ?

On sait que les comices curiates votaient par curies à la simple majorité. Là n'est pas la difficulté, mais comment se formait la voix de chaque curie ? La curie comprenait un certain nombre de *gentes* avec leurs clients. Votait-on par tête et la voix du client comptait-elle dans la curie autant que celle du patricien ? Votait-on au contraire par *gens* et dans chaque *gens*, les clients et les membres de la *gens* émettaient-ils leur avis au même titre ? Les textes sur ce point ne permettent pas de se décider nettement, et les auteurs sont loin d'être d'accord. Les uns pensent que les clients votaient, mais que tous devaient voter dans le sens de leur patron. Si cette hypothèse est vraie, le vote des clients n'eût eu pour effet que d'assurer la prépondérance dans l'élection au patron qui avait le plus grand nombre de clients. D'autres, au contraire, sont d'avis que les patriciens seulement votaient dans les curies et que les clients n'avaient qu'un rôle consultatif. Cette seconde opinion me semble plus conforme que la première, à l'esprit aristocratique de la vieille Rome où tous les patriciens sont égaux en droits ; on n'eût jamais admis que cette égalité entre citoyens soit rompue par un nombre plus ou moins grand d'individus non-citoyens comme les clients. A plus forte raison doit-on repousser toute opinion tendant à soutenir que, dans la curie, on votait indistinctement par tête, patriciens ou clients, quoique ce système ait pour lui le récit de Tite-Live [1]. Toute la vieille constitution romaine eût été ébranlée sur sa base aristocratique si le vote du dernier des clients avait pu balancer celui du plus illustre des patriciens. La vérité est probablement que les clients suivaient le patron partout, aux comices comme à la guerre ;

1. T.-Liv., I, 43.

le patron pouvait prendre leur avis avant de voter, mais seul il votait. Il me paraît donc incontestable que dans cette assemblée exclusivement patricienne, les patriciens seuls ont toujours voté. A l'appui de cette opinion on peut citer encore la définition des comices curiates qui se trouve dans Aulu-Gèle : « *Cùm, ex generibus hominum, suffragium feratur, comitia curiata esse*[1]. » Cette définition semble dire assez clairement que le vote n'appartenait qu'aux membres des *gentes*, aux patriciens.

Nous avons démontré jusqu'ici que les plébéiens n'ont jamais fait partie des curies et en second lieu que les comices par curies étaient une assemblée exclusivement patricienne dans laquelle les patriciens étaient seuls appelés à voter, malgré la présence de leurs clients. Il nous reste maintenant à voir comment se tenaient ces comices, quelle était leur compétence au point de vue électoral, puisque c'est le seul dont nous voulions nous occuper dans cette étude, enfin quelles furent les causes de leur décadence et de leur disparition.

Les comices curiates sont convoqués par le magistrat qui les préside, c'est-à-dire sous la royauté par le roi ou le *Tribunus celerum* et sous la République par les magistrats ayant le « *jus agendi cum populo*, » généralement le *rex sacrorum*. Les membres des curies sont appelés, non pas à son de trompette comme on le fera pour le peuple des centuries, mais nominativement par un licteur [2], ce qui est une raison de plus pour croire que les patriciens seulement en faisaient partie. Cette convocation doit être faite un *trinundinum*, c'est-à-dire *dix-sept* jours (l'espace de temps compris entre trois marchés), avant le jour de la réunion et de la publication de la *rogatio*.

Le jour choisi pour la tenue des comices doit nécessairement être non seulement un *dies fastus*, mais aussi un *dies comitialis*. La fixation de *dies comitiales* appartenait aux pontifes suivant

1. Aulu-Gele, XV, 27.
2. Denys II, 8. — Aulu-Gèle, XV, 27.

des règles aujourd'hui inconnues ; cela leur donnait une prépondérance marquée dans les élections. Ce droit de fixer les jours où pouvaient se tenir les comices, avec celui de les dissoudre quand les auspices étaient contraires, constituait l'un des points les plus importants de la puissance patricienne. Aussi défendirent-ils très longtemps les charges sacerdotales contre les plébéiens et ce fut la dernière des concessions qu'ils eurent à faire.

Les comices ainsi convoqués se réunissent, au jour indiqué, dans un endroit consacré que les textes appellent « *Templum*. » Pour les comices par curies, le *templum* est la partie du forum appelé « *comitium ;* » cependant pour les *comitia calata curiata*, le lieu de réunion n'était pas le *comitium*, mais le Capitole devant la *Curia calabra*. Le magistrat, qui préside, prend les auspices avec l'augure qui l'accompagne, à moins que ce ne soit le roi qui est lui-même augure. Si les auspices sont favorables, le président fait de nouveau appeler nominativement tous les membres des curies et les comices accomplissent les cérémonies religieuses d'usage.

Les membres des curies sont ensuite appelés à voter ; chaque curie compte pour une voix et nous avons vu comment elle se formait. Le sort désigne celle des trente curies qui doit voter la première [1] ; les autres votent ensuite, peut-être en même temps. Quant au mode de votation dans ces comices, il était public ; chacun déclarait à haute voix son vote aux *rogatores* qui le marquaient sur leur tablette par un point. L'usage du vote secret n'apparut à Rome que dans la seconde moitié du deuxième siècle avant J.-C., bien après la disparition des comices par curies. Lorsque le vote était terminé, le président recensait les voix et proclamait les résultats. La réunion commençait à la pointe du jour, *prima luce* dit Tite-Live, et devait nécessairement être terminée avant le coucher du soleil [2].

1. Denys II, 14. — T.-Liv., IX, 28.
2. T.-Liv., III, 21. — VII, 26.

Ainsi se passaient les comices, quand avant le vote leur réunion n'était pas empêchée. Il était en effet assez facile, au milieu de toutes les formalités de cet acte essentiellement religieux, de mettre obstacle à cette réunion et au besoin de la dissoudre.

Elle devait être ajournée quand un augure venait déclarer que les auspices étaient contraires ; elle l'était encore sur l'*obnun-tiatio* d'un magistrat déclarant que de ses observations il résultait que les auspices étaient défavorables, alors même que le président des comices les aurait déclarés propices. De plus, la réunion pouvait être empêchée par l'*intercessio* d'un magistrat ayant la « *par majorve potestas*, » à celle du président des comices ou par l'*intercessio* d'un tribun du peuple. Il y a plus encore ; pendant le vote même, la réunion devait être dissoute lorsque l'augure observait des auspices *e diris*, comme un cas d'épilepsie, ou *e cœlo*, comme un orage [1].

Le droit, qui appartenait ainsi aux augures et à certains magistrats d'empêcher ou de dissoudre les comices, avait été primitivement la conséquence des scrupules religieux des vieux Romains. Dans les comices par curies, les patriciens n'ayant pas à lutter contre la plèbe, conservèrent probablement à ce droit de dissolution son caractère religieux ; mais ils l'eurent aussi dans les comices centuriates où, comme nous le verrons, ils le transformèrent trop souvent en une arme politique.

Ces comices, d'après Denys, étaient chargés de voter sur la création du roi et la collation de l'*imperium* par la *lex curiata de imperio*, en second lieu sur toutes les affaires importantes que lui soumettait le roi, enfin sur les déclarations de guerre [2]. Ce ne sont assurément pas là toutes les attributions des comices ; ils avaient probablement encore la juridiction criminelle en cas de *provocatio* contre la sentence des *questores perduellionis* [3]

1. T.-Liv., XXX, 39. — XL, 59.
2. Denys, II, 14 : Ἀρχαιρεσιάσειν τε καὶ νόμους ἐπικυροῦν καὶ περὶ πολέμον διαγινώσκειν ὅταν ὁ Βασιλεὺς ἐφῇ.
3. Cic., *De Rep.* II, 31.

et peut-être même contre celle du roi, comme le ferait croire l'histoire d'Horace, meurtrier de sa sœur Camille. Enfin ces comices, réunion des *gentes*, statuaient sur toutes les questions de gentilité, sur la collation de la gentilité patricienne, sur l'adrogation, sur le testament, sur la *detestatio sacrorum*, c'est-à-dire l'abjuration du culte gentilice. De tout cela, nous ne voulons que retenir deux points ; la nomination du roi et la collation de l'*imperium*. Sous la République la première de ces attributions disparaît nécessairement. Au point de vue électoral, la fonction des curies se réduit désormais à deux choses : conférer l'*imperium* aux magistrats élus *cum imperio* dans les autres comices et procéder à l'inauguration des pontifes. Nous ne parlons pas d'une opinion émise par des savants historiens modernes et d'après laquelle les tribuns de la plèbe auraient été élus primitivement par les comices par curies ; nous la discuterons ultérieurement.

Sous la royauté, la principale attribution des comices curiates est l'élection du roi. Cependant cette attribution est très contestée. Sans aller aussi loin que Rubino qui, voyant dans la monarchie romaine une institution purement théocratique, fait désigner le roi par les auspices, Becker et Mommsen attribuent la nomination du roi à l'interroi que les comices désignent après la mort du roi précédent : « Quand le roi est mort, dit Mommsen[1], sans avoir désigné son successeur, la souveraine puissance (*imperium*) et la protection divine (*auspicia*) de la communauté devenue orpheline, repose sur le corps des citoyens, jusqu'à ce qu'on ait trouvé un nouveau maître ; dans ce cas, c'est ce corps même assemblé sans convocation qui nomme le premier interroi. » Ce premier interroi, dont le pouvoir durait cinq jours, en choisissait un second pour le même temps jusqu'à ce que l'un d'eux nomme le roi, qui, d'ailleurs, avait toujours le droit de désigner

---

1. Mommsen, — *Rœmische Forschungen*, I, 218, 233, et *Hist. Rom.*, liv, Ier ch. IV. (Trad. de Guesde, I, p. 80.)

son successeur. Mommsen ne fait reposer ce système sur aucun texte et semble dire qu'en conférant l'*imperium* au roi, le peuple abdiquait tous ses droits et s'engageait à lui obéir non seulement à lui mais à celui qui viendrait après lui et qu'il pouvait désigner en vertu de son *imperium*.

Le système est bien difficile à soutenir contre les auteurs latins et il nous semble même peu conforme à l'esprit de la vieille constitution romaine. Il est absolument certain que dans cette constitution la monarchie n'était pas héréditaire mais simplement viagère ; dans cette cité où tous les citoyens étaient égaux, l'hérédité ne se serait pas comprise. Chacun consent à abdiquer tous ses droits et à conférer toute puissance à l'un de ses concitoyens, parce qu'il le connaît, mais une pareille abdication devient incompréhensible si elle est faite, comme le veulent Mommsen et Becker, sans connaissance de cause. Le motif, même pour lequel la royauté était viagère vient combattre cette thèse. Elle est d'ailleurs absolument contrariée par les textes. Denys d'Halicarnasse place au premier rang des attributions des curies, l'élection du roi.

Cicéron répète trois ou quatre fois que le roi était élu dans les comices par curies : « *Tullum hostilium populus regem comitiis curiatis creavit,* » et plus loin : « *Rex a populo est Ancus Martius constitutus*[1]. » Et cette élection ne peut être confondue avec la collation de l'*imperium* par les comices, car Cicéron ajoute que chacun d'eux demanda une loi curiate lui conférant l'*imperium*. Faut-il encore citer Tite-Live disant, « qu'après la mort de Romulus, le Sénat abandonna l'élection au peuple ; » — « qu'après la mort de Numa, le peuple voulut pour roi Tullus Hostilius, dont le choix fut confirmé par les *patres* ; » et plus loin : « dans les comices que l'interroi avait assemblés, le peuple créa roi Ancus Martius ; » et encore : « les fils d'Ancus touchant à la puberté, ce fut une raison pour Tarquin de

1. Cic., *De Rep*. II, 17. 18.

presser la réunion des comices pour l'élection d'un roi[1]. »
Les textes aussi bien que l'esprit de la constitution établissent donc parfaitement que le roi était élu dans les comices
curiates.

Tout n'était pas terminé après cette élection ; les comices
devaient se réunir une seconde fois pour conférer l'*imperium*
au nouveau roi. Nous nous sommes déjà expliqué sur cette sin-
gularité. Sous la république, la collation de l'*imperium* aux magistrats élus dans les comices centuriates, devient la principale
attribution des comices par curies[2]. Ces comices étant exclusivement composés de patriciens, cette attribution devait avoir
une énorme importance politique. Cependant il ne paraît
pas que le patriciat en ait jamais abusé, mais c'est peut-être à
cette modération qu'il doit de n'avoir point perdu ce droit
plus tôt.

Ce n'est en effet qu'en 455, c'est-à-dire lorsque toutes les
charges curules sont devenues accessibles aux plébéiens, que le
droit des patriciens est rendu illusoire par la loi *Mœnia* les obligeant à donner leur *auctoritas* sans discussion quel que soit l'élu.
On ne pouvait faire en matière électorale ce qu'avait fait la loi
*Publilia Philo* en 415 pour les matières législatives : elle avait
décidé que les comices curiates donneraient par avance leur *auctoritas* aux décisions législatives des comices par centuries. Il ne
pouvait en être de même pour les élections, car l'*imperium* devait
être conféré nominativement ; il fallait donc connaître l'élu. La
loi n'était votée qu'après l'élection, mais les curies devaient toujours la voter ; ce n'est plus qu'une formalité.

C'est probablement à partir de cette époque que les comices
par curies commencent à disparaître effectivement. Les patriciens
s'abstinrent peu à peu de se rendre à une assemblée qui n'avait
plus aucune puissance réelle et dont le rôle se bornait à donner

1. T.-Live, I, 17, 22, 23.
2. Cic., *De leg. agr.* 10, 11, 26.

une autorisation qu'elle n'avait pas la faculté de refuser. Dès ce moment les derniers débris de la vieille constitution romaine disparaissent et il n'en reste d'autres vertiges que la présence de ces trente licteurs représentant les trente curies, vain simulacre des anciens comices.

# CHAPITRE III

A l'époque où Tite-Live place le règne de Servius, la cité ne comprend qu'une seule catégorie de citoyens, les membres des *gentes* patriciennes ; à côté d'eux l'on trouve les clients qui ne sont pas citoyens quoique attachés aux *gentes* et tous les individus résidant à Rome pour y exercer leur industrie ou y faire le commerce et qui forment les plébéiens. Leur nombre devait être fort considérable, si l'on croit aux résultats des premiers recensements sous Servius. Cette population formait évidemment par son importance numérique, une force sur laquelle les rois parurent s'appuyer pour combattre l'autorité jalouse du Sénat et des patriciens. Pour mieux l'employer, ils cherchèrent à la faire entrer dans la cité ; Tarquin essaya sans succès. Son successeur eut plus de bonheur, parce qu'il ne s'attaqua pas directement à la vieille constitution et peut-être aussi parce que sa réforme n'eut pas au début l'importance que nous sommes tentés de lui attribuer.

Il y eut probablement encore une autre raison ; c'est que si la nouvelle constitution ouvrait la vie officielle de l'État aux plébéiens, elle eut plutôt pour résultat de leur en imposer les charges que de leur en accorder les droits. C'est à cause de cela sans doute que le patriciat ne fit pas à la réforme une opposition très vive qui l'aurait facilement fait échouer. Il était content, et peut-être même avait-il demandé que la charge du service militaire ne pesât pas exclusivement sur les citoyens et que les non-citoyens habitant le territoire y fussent aussi soumis.

En effet si l'on connaît à peu près les charges imposées au peuple des centuries, on ne voit pas aussi nettement les droits qui leur furent attribués en échange. On a même été jusqu'à soutenir qu'ils n'en eurent aucun. M. Belot enseigne que la réforme de de Servius fut purement militaire et que ce ne fut qu'après l'abolition de la royauté à Rome et, seulement dans les premières années de la République, que le patriciat fit des centuries une assemblée politique pour l'élection des magistrats et cela sans doute parce qu'à cette époque il formait la majorité dans les centuries des premières classes, ce qui mettait l'élection dans sa main. Pour donner plus d'importance à la concession illusoire faite à la plèbe, les patriciens l'auraient mis sous le nom populaire du roi Servius. M. Mommsen paraît partager à peu près cet avis. D'après M. Belot, l'organisation de la plèbe en centuries remonte bien à Servius, mais elle avait seulement pour but de former des cadres de recrutement. Quant à la réunion des centuries au Champ de Mars, le savant historien ne voit là « qu'une simple opération de statistique destinée à connaître le nombre et la richesse des défenseurs de Rome. » Enfin si l'on s'étonne que les patriciens aient fait gratuitement cette concession, il l'explique ingénieusement en montrant qu'ils avaient voulu se concilier le peuple des campagnes en les répartissant dans dix-sept tribus rustiques et en leur accordant des droits absolument illusoires puisque non seulement ils étaient les maîtres des élections dans les centuries, mais encore qu'ils pouvaient paralyser le vote en refusant de l'approuver dans les comices par curies et de conférer à l'élu l'*imperium* qu'eux seuls pouvaient lui donner. Cette argumentation serait sans reproche si l'on pouvait démontrer nettement que la création des tribus rustiques est postérieure à la révolution de 509 et que les centuries ne se sont pas réunies au Champ de Mars avant l'élection des consuls, car il est invraisemblable que le seul but de leur réunion fut un simple intérêt de statistique. Les auteurs anciens s'accordent pour faire remonter à Servius la création des tribus. A la vérité ils varient sur le chiffre, mais sauf Tite-Live et Aurelius Victor, ils en donnent un nombre qui doit comprendre les tribus rustiques[1] ; en outre, les auteurs qui n'en donnent que quatre n'entendent que les tribus urbaines et ne parlent point de la campagne. D'ailleurs on ne comprendrait pas bien pourquoi les rois, qui devaient chercher leur appui dans la plèbe, n'auraient pas au moins tenté de donner à celle-ci les droits correspondants aux charges qu'on lui imposait.

Il n'y a donc pas de bonne raison de penser que l'assemblée des centuries prit au commencement de la République un caractère politique qui lui manquait auparavant. A l'importance des résultats pratiques près, l'organisation de Servius eut dès le début le triple caractère timocratique, militaire et politique sous laquelle nous la connaissons.

Le principe de la division de Servius est bien connu. La base de la répartition des citoyens dans les différentes classes est le montant de la fortune de chacun, tel qu'il est constaté par un recensement qui devait se faire tous les quatre ans, au milieu de cérémonies religieuses, dont M. Fustel de Coulange donne la description[2]. Nous verrons ce qu'on entendait par la fortune d'un citoyen et comment on l'appréciait. Cette classification des citoyens, selon leurs richesses, devait servir à la répartition de l'impôt, à la formation des cadres militaires et à la détermination de l'ordre du vote dans les comices. L'ensemble des citoyens recensés formait l' « *exercitus*, » mot que l'on traduirait mal ici par l'expression « armée. »

1. T.-Liv., I, 43. — Aur. Vict., *De vir.* 7. — Denys, IV, 15, Fabius.
2. *La cité Antique*, p. 186 et suiv.

Cette remarque a son importance. Pour soutenir la thèse de l'absence de droits des comices centuriates, certains auteurs ont voulu voir dans la division de Servius, une simple organisation de l'armée romaine. Pour eux l'*exercitus* est l'armée de guerre comprenant à la fois l'armée active, les *juniores*, et l'armée de réserve pour la garde de la ville, les *seniores*, une sorte d'armée territoriale. Or, rien n'est plus faux que cette opinion, si l'on veut réfléchir à la constitution de la légion ; elle comprenait trois mille hommes sur six rangs de profondeur, soit un front de cinq cents hommes. Les quatre premiers rangs étaient formés, nous dit Polybe, de soldats ayant une armure complète ; tous ces soldats appartenaient à la première classe. Au cinquième et au sixième rangs étaient les hommes moins bien armés appartenant à la deuxième et à la troisième classe ; les hommes de la quatrième et de la cinquième classe combattaient, en dehors de la légion, comme infanterie légère. Or, si les centuries n'avaient compris que des soldats, il eût donc fallu que la première classe comptât deux mille hommes, contre mille seulement dans la deuxième et la troisième. A cette époque, probablement comme à la nôtre, les classes devaient être d'autant plus nombreuses qu'elles étaient plus pauvres ; de plus, quelle homogénéité aurait présentée la légion formée d'hommes réunis par les hasards de la fortune sans tenir aucun compte de leurs aptitudes physiques, de leur taille, ni de tout ce qui constitue un soldat. La vérité est que cette division comprenait simplement les cadres dans lesquels on recrutait l'armée ; on y restait de dix-sept ans à soixante ; après soixante ans, on était dispensé du service militaire et l'on ne restait dans sa centurie que pour l'exercice des droits politiques. La division embrassait tous les citoyens ayant revêtu la robe prétexte et inscrits au cens dans l'une des tribus.

L'ensemble des citoyens était divisé en deux catégories, ceux qui possédaient quelque chose et ceux qui ne possédaient rien ou presque rien.

La première catégorie se divise en cinq classes selon l'importance de la fortune ; les chiffres ordinairement cités, mais dont il faudrait déterminer la valeur, sont les suivants :

| | | |
|---|---|---|
| 1re classe . . . . . . . . . | 100,000 | as. |
| 2e classe . . . . . . . . . | 75,000 | » |
| 3e classe . . . . . . . . . | 50,000 | » |
| 4e classe . . . . . . . . . | 25,000 | » |
| 5e classe . . . . . . . . . | 12,500 | » |

Ce sont les chiffres de Tite-Live. Pour la première classe Aulu-Gèle cite 125,000 as, Festus 120,000, Pline l'Ancien 110,000. D'autre part pour la cinquième classe, Denys d'Halicarnasse donne 11,000 as. Nous verrons les motifs qui nous font préférer les chiffres de Tite-Live.

Chaque classe est divisée en un certain nombre de centuries dont la moitié se compose de *juniores*, c'est-à-dire des citoyens de dix-sept à quarante-cinq ans, l'autre de *seniores*, c'est-à-dire des citoyens ayant plus de quarante-cinq ans.

La première classe comprend d'abord dix-huit centuries de chevaliers. Ces dix-huit centuries comprennent les six centuries de l'ancienne constitution, qui restaient patriciennes, et douze nouvelles centuries créées par Servius et qui furent ouvertes aux riches plébéiens. En dehors des chevaliers, la première classe comprenait encore quatre-vingts centuries de *pedites*, soit en tout quatre-vingt-dix-huit centuries. Les chevaliers n'étaient astreints à posséder que le cens des *pedites* de la première classe, quoique Becker en s'appuyant sur un passage de Pline l'Ancien, prétende que le cens équestre était de 110,000 as[1]. La deuxième, la troisième et la quatrième classe comprenaient chacune vingt centuries, la cinquième en avait trente. Les citoyens rangés dans ces cinq classes formaient donc en tout cent quatre-vingt-huit centuries.

1. Pl., XXXIII, 13. — Contra Den., IV, 16-18 ; VII, 59. — Cic., De Rep. II, 25.

A côté de ces 188 centuries, il faut ajouter, en dehors des classes, cinq centuries irrégulières, à savoir : deux centuries d'artisans (*lignarii* et *œrarii*) qui, d'après Tite-Live, votaient avec la première classe, et, d'après Denys, avec la seconde ; — deux centuries de musiciens (*cornicines* et *tubicines*) votant, d'après Denys, avec la quatrième classe, et, d'après Tite-Live, avec la cinquième ; — enfin, en dehors des centuries, se trouvait une foule d'individus qui n'étaient rangés dans aucune centurie et qui formaient une catégorie à part. C'était une sorte de centurie de prolétaires dans laquelle on mettait tous ceux qui n'avaient point une fortune évaluée à 12,500 as. Cette catégorie comprenait trois subdivisions : 1° les *velati*, dont le cens dépassait 1,500 as ; 2° les prolétaires proprement dits, qui avaient plus de 375 as ; 3° les *capite censi*, qui n'avaient même pas 375 as et qui ne comptaient que pour leur tête. Cette catégorie était sans aucune importance politique ou financière ; et son utilité, qui nous est indiquée dans les auteurs, se rapporte aux armes que chacun devait porter dans le cas où il aurait fallu enrôler les prolétaires. Mais il s'écoulera plusieurs siècles avant que l'on en vienne à cette extrémité ; Rome fera la conquête de son empire sans eux, et l'on ne songera à les armer qu'aux jours de guerre civile.

Les chiffres indiqués par Tite-Live et Denys forment le minimum de la fortune recensée pour appartenir aux classes. Pendant longtemps, cette fortune ne dut comprendre que les *res mancipi*[1]. L'introduction de la monnaie à Rome n'étant pas antérieure à l'époque décemvirale, on ne put, dans le principe, déterminer la fortune des citoyens en as ; il est probable qu'on la fixa d'après la quantité de *prædia vel jugera agri censui censendo* dont les citoyens avaient la propriété quiritaire. C'est l'avis de Mommsen. Selon cet historien, on rangeait dans la première catégorie tous ceux possédant un journal entier de terre

1. C'est-à-dire les immeubles, les servitudes prédiales, les bêtes de somme et de trait et les esclaves.

4

et dans les classes subséquentes les plus petits propriétaires ayant les trois quarts, la moitié, le quart ou le huitième d'une exploitation agricole. Ce ne fut, toujours d'après le même savant, que le censeur Appius qui, vers 312, fit entrer dans le cens les richesses autres que le *res mancipi* et les exprima en as. En somme, le montant des fortunes exigées par Servius Tullius ne nous est connu que par une approximation qui lui est bien postérieure, et cette approximation elle-même nous est rapportée par des auteurs qui, en les copiant, ne paraissent pas avoir tenu compte des modifications survenues dans la valeur des monnaies. Quelle était la valeur des *asses* d'Appius exprimant le cens de Servius? Tite-Live n'en parle pas. Denys traduit leur valeur en monnaie attique, et son évaluation prouve qu'il considérait les as comme sextantaires [1], tels qu'ils furent dans la seconde moitié de la période républicaine. Cette opinion a été défendue par M. Boeck, en se basant sur ce fait que l'as devint sextantaire à peu près à l'époque de la réforme des comices centuriates. Par suite, à partir de ce moment, les censeurs durent exprimer le cens en as sextantaires, et ce fut probablement dans les annales censoriales que les auteurs puisèrent les chiffres qu'ils nous rapportent. Ce système a été combattu par M. Belot dans son *Histoire des chevaliers romains;* il établit avec la plus grande précision que, dans les chiffres de cens de Servius, l'on doit considérer l'as comme étant d'une livre, tel qu'il était encore au commencement du troisième siècle.

L'écart entre les deux opinions est considérable, puisque dans la seconde opinion, la fortune de chaque citoyen devait être six fois plus grande que dans la première, pour appartenir à la même classe.

Pline dit en effet que, sous Servius, le cens le plus élevé était de 110,000 as; l'as représentait, selon lui, une monnaie de cuivre à l'effigie d'une tête de bétail que ce prince avait fait frapper. Or, dans la pensée de Pline, on ne peut nier qu'il se soit

---

1. C'est-à-dire des as de deux onces, représentant le sixième des as d'une livre (*Asses librales*).

agi là d'as d'une livre, puisqu'il nous dit qu'à l'époque de Pyrrhus on se servait encore d'*asses librales*, et que l'as ne fut coupé que vers la première guerre punique. A cela l'on oppose, il est vrai, le texte de Denys, qui traduit le cens de la première classe en 100 mines ou 10,000 drachmes. Denys emploie ici un procédé de traduction dont les questeurs faisaient usage à la fin de la République en payant la solde militaire à raison de dix as pour un denier attique, tandis que Letronne a prouvé, par ses savantes recherches métrologiques, qu'à partir de la dictature de Q. Fabius Maximus, en 217, le denier valut seize as. Or, le denier attique se confondit avec le drachme vers le troisième siècle av. J.-C., ainsi que l'a démontré le même savant. On donnait donc aux soldats, vers le troisième siècle av. J.-C., une pièce valant en réalité seize as pour dix as, et c'est en généralisant cette pratique que Denys conclut que le cens de Servius était, pour la première classe, de 10,000 drachmes, sans s'apercevoir d'ailleurs qu'au temps de Servius on ne comptait pas dix as pour un denier, usage qui ne s'est introduit à Rome qu'en 217, c'est-à-dire cinquante années après l'époque où s'arrête l'œuvre de Denys.

Telle était la façon de compter le cens dans cette nouvelle organisation. Les centuries devinrent bientôt l'assemblée politique la plus importante de la constitution romaine; nous allons en étudier le mécanisme.

La nouvelle assemblée a pour base la division que nous venons d'exposer. Chaque centurie représente un suffrage, et le vote se forme à la majorité des suffrages. La constitution servienne, quoique démocratique, laissait un avantage immense à la richesse; il est vrai que, d'autre part, elle en créait un pour l'expérience, pour la vieillesse. Le premier consistait en ce que les citoyens de la première classe, naturellement les moins nombreux, formaient quatre-vingt-dix-huit centuries, c'est-à-dire plus que la majorité nécessaire pour assurer le vote. Comme on cessait de voter lorsque la majorité était acquise, si les plus riches étaient d'accord, on n'arrivait que rarement à consulter les citoyens de la deuxième

classe. Le fait était, paraît-il, très fréquent, et Tite-Live dit que
l'on n'arrivait jamais à consulter les citoyens des dernières
classes. Quant au privilège accordé à l'âge, il était moins important, mais avait encore son prix. Dans chaque classe, les citoyens
étaient divisés en deux catégories, selon qu'ils avaient plus ou
moins de quarante-cinq ans. Or, les *juniores* étaient évidemment
plus nombreux que les *seniores ;* cependant, dans chaque classe,
les *seniores* formaient autant de centuries que les *juniores*, et,
par suite, quoique moins nombreux, disposaient d'autant de voix.

Dans leur organisation, les comices par centuries conservent
le caractère militaire que paraît avoir eu primitivement la constitution de Servius. La convocation et la présidence des comices
appartiennent aux chefs de l'armée, c'est-à-dire aux magistrats
élus avec l'*imperium militare*. Pour les comices législatifs et
électoraux, c'est le consul ; ce fut également lui pour les comices
judiciaires, tant que la préture ne fut pas distincte du consulat.
Lorsqu'on institua un préteur à côté des consuls, ce magistrat fut
investi de l'*imperium militare* et convoqua les comices centuriates judiciaires. Par exception, et en cas de vacance du consulat,
les comices électoraux étaient convoqués et présidés par un
magistrat spécial appelé interroi ; à la fin de la République, on vit
même des préteurs présider des comices électoraux, mais cela
était considéré comme illégal, même à cette époque[1].

Les centuries se réunissaient au Champ de Mars en dehors du
*pomœrium*. C'était tout naturel, puisque l'armée ne pouvait se
réunir dans la ville. Le jour où devaient se tenir les comices était
annoncé d'avance par un édit du magistrat qui les présidait. Il
devait y avoir un certain délai entre cet édit et sa convocation ; il
fut de dix-sept jours[2], comme pour les autres comices à partir
d'une époque, dont la date n'est pas certaine. Cependant Tite-

---

1. Aulu-Gèle, XIII, 15. — Cel., *Ad. Att.* IX, 9 § 3 ; 15 § 2. — *De leg. agr.*
III, 2 § 5. — *De leg.*, I, 15, 42.
2. *Trinundinum.*

Live en parle au temps des décemvirs ; peut-être remonte-t-il plus haut encore et date-t-il de l'institution de ces comices.

Le jour des comices arrivé, le président fait hisser le drapeau rouge sur le Janicule. C'est encore une preuve du caractère militaire de l'organisation de Servius ; le drapeau rouge, dans l'ancienne Rome, était destiné à appeler l'infanterie, de même que le drapeau vert sur le Capitole appelait la cavalerie. Le président, accompagné d'un augure, prenait ensuite les auspices.

Cette cérémonie de la prise des auspices avait une grande importance. Le magistrat devait, la veille de la réunion, poser sa tente à l'endroit où se tiendrait l'assemblée. Il y dormait jusqu'à minuit et se levait alors pour examiner les signes ; il était accompagné d'un augure, qui les lui expliquait, mais c'était à lui et non à l'augure qu'il appartenait de déclarer si les signes étaient ou non favorables. Le président des comices déclare les signes qu'il attend ; l'augure, à l'aide d'un bâton d'ivoire recourbé, détermine l'espace (*templum*) dans lequel ils devront être observés ; puis l'observation commence.

Les signes observés étaient classés en cinq catégories : 1° les signes *e cœlo*, comme les éclairs ; — 2° les signes *ex avibus*, comme le vol des oiseaux, leur nombre, etc. ; — 3° les signes *ex tripudiis*, comme l'appétit des poulets sacrés ; — 4° les signes *ex quadrupedibus*, comme l'attitude de certains animaux ; — 5° les signes *e diris* s'offrant spontanément et qui sont toujours de mauvais augure, comme un orage.

Dans la réunion des comices, les auspices généralement employés étaient les signes *ex avibus* ou *ex tripudiis*, presque toujours le vol ou le chant des oiseaux et l'appétit des poulets sacrés.

Si le magistrat déclare que les auspices sont défavorables, l'acte ne peut avoir lieu ce jour-là, et la réunion est ajournée au prochain *dies comitialis*. On recommencera la consultation des auspices et l'assemblée ne se réunira que si les signes sont favorables. Le magistrat était seul chargé de la prise des auspices ; il pouvait se faire qu'après l'accomplissement de l'acte, on en contestât l'entière régularité. Dans ce cas, sur la demande du Sénat, d'un magistrat ayant la *par majorve potestas*, c'est-à-dire un pouvoir au moins égal à celui du magistrat, dont on attaquait l'acte, ou même de sa propre initiative, le collège des augures se réunissait pour examiner les faits. S'il déclarait les auspices mal pris, le Sénat devrait casser l'acte, ou, du moins, la *lex curiata* ne pouvait être votée et l'on devait recommencer. C'était un droit fort important au point de vue politique et dont on abusa plus d'une fois.

Si les auspices sont favorables, le président s'adresse alors à son *accensus* en ces termes solennels qui nous sont rapportés par Varron : « *Calpurni, voca incilium omnes quirites huc ad me.* » L'*accensus* s'écrie alors en s'adressant au peuple : « *Omnes quirites, venite huc ad judices.* » Le signal militaire est ensuite donné, c'est-à-dire que l'on convoque tous les citoyens en faisant sonner les clairons dans toute la ville. Tout cela se passe ordinairement avant le lever du soleil, afin que le peuple puisse se réunir au Champ de Mars dès la pointe du jour[1].

Le peuple étant réuni en masse, le président s'adressant à son *accensus* lui dit : « *Calpurni, voca ad conventionem, omnes quirites, huc ad me.* » L'*accensus*, se tournant vers la foule, lui crie : « *Omnes quirites, ite ad conventionem huc ad judices.* » Le magistrat, assisté d'un augure et de deux sacrificateurs, offre alors un sacrifice aux dieux et fait les prières solennelles ; la cérémonie religieuse est ainsi achevée. Le magistrat, à ce moment, fait connaître la proposition qu'il a l'intention de soumettre aux comices ou les candidats qu'il veut leur proposer. Mais cela ne constitue pas encore la *rogatio* ; c'est seulement pour permettre au peuple de discuter les candidats, et le magistrat peut toujours, suivant les circonstances, modifier la *rogatio* ou proposer d'autres candidats. Cette discussion n'a pas lieu

1. Var., *De ling. les.* VI, 9. — Den. IV, 84 ; VII, 59.

nécessairement le jour des comices ; elle peut être l'objet d'une assemblée de citoyens, appelée *contio*, quelques jours avant la réunion des comices ; cette façon d'agir finira par être absolue ; mais, pendant longtemps, la *contio* se tint immédiatement avant le vote. Dans ce cas, lorsque le président juge que la discussion a suffisamment duré, il ordonne à tous les citoyens de se ranger dans leurs centuries ; chaque centurie, ayant à sa tête son centurion, se réunit à l'endroit qui lui est indiqué d'avance[1]. Le magistrat donne alors lecture de la liste des candidats qu'il propose définitivement et le vote commence.

Les dix-huit centuries équestres donnent, les premières, leurs suffrages ; puis vient la première classe, puis les centuries de la seconde jusqu'à ce qu'on obtienne les quatre-vingt-dix-sept voix nécessaires pour former la majorité ; dès qu'elles sont obtenues, le vote cesse. Dans chaque centurie, l'opinion se formait sans doute à la majorité des voix. Le vote avait lieu publiquement à haute voix et pour chaque centurie il était porté par le centurion au *præco*, qui le transmettait au magistrat. Pendant tout le temps du vote le drapeau rouge, que le magistrat avait fait hisser le matin sur le Janicule, y restait[2] et s'il disparaissait le vote devait cesser immédiatement. C'était une vieille coutume remontant à l'époque où Rome pouvait être attaquée inopinément ; elle fut observée très longtemps malgré les abus qu'elle pouvait engendrer.

Enfin le président, après avoir recensé les votes, proclamait les noms des candidats élus et prononçait la dissolution des comices. La proclamation devait avoir lieu avant le coucher du soleil, sinon l'assemblée était prorogée au premier *dies comitialis*.

Telle était la procédure des comices par centuries. Mais nous

1. T.-Liv., X, 21 ; XXVI, 22 ; XXXI, 7. — Cic., *De leg.* III, 4, 11 ; Ad. *Att.*, I, 19, 3 ; *Pro Flap*, 7, 15. — Vac., *De ling. lat.* VI, 88.
2. D. Cass. XXXVII, 28. — T.-Liv., XXXIX, 15, dit que ce drapeau était sur le Capitole.

avons à dessein laissé de côté un point sur lequel nous voulons revenir. Les centuries de chevaliers, avons nous dit, votaient les premières; cela avait une importance capitale, car leur vote entraînait le plus souvent celui des autres centuries. Certains auteurs prétendent que ces dix-huit centuries étaient toutes *prærogativæ*, qu'il n'y avait aucune différence entre elles et qu'elles étaient toutes ouvertes sans distinction aux patriciens et aux plébéiens. Dans une autre opinion au contraire, l'on pense que les dix-huit centuries de chevaliers comprenaient six centuries exclusivement patriciennes antérieures à Servius et douze centuries créées par ce prince et ouvertes également aux deux ordres dans la première classe. Dans ce système on soutient que les six premières sont toujours restées absolument patriciennes et que leurs suffrages seuls furent prérogatifs. Nous partageons entière ment cet avis qui est celui de Niebuhr, de Belot, de Villems. Le système contraire, soutenu par plusieurs savants d'outre-Rhin et notamment par Mommsen, s'appuie sur les raisons suivantes.

La réforme servienne eut pour effet de fondre les patriciens et les plébéiens dans une même organisation militaire ; elle ne comportait aucune dérogation à ce principe. D'autre part, on ne peut conclure de ce que six des centuries équestres étaient plus anciennes en date que les douze autres, que les premières étaient restées exclusivement patriciennes. C'est ce que disent d'ailleurs Cicéron, Tite-Live et Denys en avançant que Servius n'a voulu que répartir équitablement les charges et les droits sans rien changer au service équestre ni au vote. Si les plébéiens, conclut-on, n'avaient pas pu entrer dans les six suffrages et si les patriciens avaient conquis un monopole si exclusif à leur égard, les annalistes ne manqueraient pas de signaler le fait, ce qu'ils ne font pas. De plus, Cicéron et Tite-Live en parlant des conséquences de la chute du patriciat ne disent rien des six suffrages et ils l'eussent certainement indiqué s'ils avaient été propres aux patriciens. Ce n'est pas tout : d'après les mêmes auteurs, les douze dernières centuries de chevaliers étaient plus estimées que

les six autres, dites *sex suffragia;* or ce fait pourrait-il trouver
une explication plausible, s'il était vrai que ces centuries étaient
précisément réservées aux patriciens. Enfin, ajoute-t-on, sur la
création de ces centuries nous possédons deux versions. Suivant
celle de Cicéron, généralement adoptée, cette création remonte à
Tarquin l'Ancien qui aurait doublé les trois centuries de Romulus; Servius aurait conservé cette organisation et créé douze
nouvelles centuries. Suivant Festus au contraire ces six centuries
auraient été ajoutées aux douze centuries créées par Tarquin;
c'est l'antithèse du récit précédent. Or cette dernière opinion
serait absurde si l'on eût pensé au temps de Festus que les *sex
suffragia* aient été exclusivement patriciens, car il est admis
uniformément que les institutions patriciennes ont été les premières en date. Par conséquent si l'on pense que les *sex suffragia* sont antérieurs aux douze autres centuries, il faut
admettre que la réforme servienne les a toutes mises sur le
même pied d'égalité.

Il est peu probable cependant que cette égalité ait été établie
par Servius. Tout d'abord, en faveur de notre opinion, on peut
dire que l'on ne saisit pas bien pourquoi les auteurs ont persisté
si longtemps à distinguer ces six centuries des douze autres si
rien ne les séparait. S'il en fut ainsi, c'est qu'il y avait entre
elles une différence et cette différence n'était probablement autre
chose que le mode de recrutement des chevaliers. Nous pen-
serions même volontiers que c'est grâce à ce recrutement que ces
centuries conservèrent pendant de si longues années la prérogative de voter les premières.

Il serait peut-être exagéré de dire que ces six centuries restèrent toujours exclusivement patriciennes; mais il en fut ainsi
très longtemps, tant que le Sénat resta lui-même exclusivement
patricien. Les six centuries ne furent ouvertes aux riches
familles plébéiennes qu'avec le Sénat et dans la même mesure.
Que l'on se rappelle en effet, comment furent primitivement
composées les centuries de chevaliers. Il y en eut trois correspon-

dant à chacune des trois tribus dont la réunion formait la cité primitive; elles étaient nécessairement patriciennes puisque, à cette époque, tous les citoyens étaient patriciens. Lorsque le nombre des *gentes* fut augmenté, les chefs de ces nouvelles familles entrèrent au Sénat. Nous ne discutons pas comment se fit cette réforme; les auteurs anciens ne s'entendent pas sur ce point et il est aussi difficile qu'inutile de les accorder. Ce qui est certain, c'est que le nombre des sénateurs fut doublé à une époque antérieure à Servius; à cette augmentation des membres du Sénat, correspond une augmentation similaire du nombre des chevaliers.

Or, qui choisissait les sénateurs et les chevaliers? A partir du quatrième siècle avant J.-C. la chose n'est pas douteuse : c'est aux censeurs qu'il appartient de régler la composition des deux corps; cela résulte de la loi Ovinia. Mais avant cette époque, à qui était confié ce droit? D'abord aux rois; car, quel que soit le système que l'on adopte entre ceux présentés par les anciens pour établir le chiffre de 300 sénateurs en 509, il faut reconnaître qu'ils sont d'accord sur ce point, que les nouveaux sénateurs étaient choisis par les rois. Après la chute de la royauté, ils durent l'être par les magistrats qui remplacèrent les rois, c'est-à-dire les consuls et les tribuns consulaires. N'étant astreints à aucune règle, ces magistrats exerçaient leurs choix parmi les personnes de leur ordre, parmi leurs amis, et c'est même ainsi que l'on vit entrer au Sénat quelques plébéiens portés par des tribuns consulaires. C'est seulement depuis la loi *Ovinia* que les censeurs durent choisir les sénateurs parmi les anciens magistrats de tout rang.

Or les chevaliers furent, à l'origine, choisis comme les sénateurs; il est donc très vraisemblable que les consuls héritèrent des rois, à l'égard des chevaliers, du droit qu'ils avaient déjà recueilli à l'égard des sénateurs, et qu'il en fut ainsi jusqu'au jour où les censeurs acquirent le droit de dresser la liste des chevaliers. Ce fut donc les mêmes magistrats qui choisirent les sénateurs et les chevaliers. Ces magistrats furent tous patriciens jusqu'en 366 ; le tribunat militaire fut bien accessible aux plébéiens, mais en fait presque tous les citoyens qui occupèrent cette charge furent des patriciens. Jusqu'à la loi *Ovinia*, les consuls patriciens pouvant choisir les sénateurs sans règles, le Sénat resta exclusivement patricien. Il en fut de même des six premières centuries équestres. Si les patriciens s'indignent de voir le dictateur Valerius Publicola enrôler quatre cents plébéiens dans les douze dernières centuries, et regardent cette promotion comme faite au détriment de leurs enfants, combien se fussent-ils indignés, et avec plus de raison, si l'on avait fait entrer ces chevaliers nouveaux dans les premières centuries[1]?

Quand, après la loi *Ovinia*, le Sénat devint accessible aux magistrats qui avaient géré des charges curules, leurs fils, comme tous ceux des sénateurs, furent aptes à entrer dans les centuries prérogatives. Mais personne n'y entrait *de plano*, il fallait être désigné par les censeurs. Or, jusqu'en 349, tous les censeurs furent patriciens et durent, sur les listes portant à la fois des plébéiens et des patriciens, choisir les chevaliers parmi ces derniers. Par conséquent, jusqu'au milieu du quatrième siècle, les centuries restèrent patriciennes, et, lorsqu'elles furent ouvertes aux plébéiens, dont les pères étaient au Sénat, elles gardèrent leur second caractère, c'est-à-dire qu'elles restèrent sénatoriales.

Il nous reste maintenant à déterminer exactement l'étendue de la concession faite à la plèbe par son admission aux droits politiques ; à cet effet nous devons examiner les motifs, pour lesquels on pouvait dissoudre les comices.

La réunion des centuries, comme celle des comices curiates, pouvait être empêchée avant le vote si les augures déclaraient les auspices contraires. Si le vote commençait, on pouvait encore l'interrompre lorsque le collège des augures observait inopiné-

1. Den., VI, 44.

ment des signes défavorables. Il pouvait même survenir une situation plus singulière, lorsque deux magistrats, ayant tous deux le *jus auspiciorium*, consultaient en même temps les auspices, et que l'un les déclarait favorables et l'autre défavorables; ces deux magistrats se tenaient ainsi mutuellement en échec. C'est pour éviter cet inconvénient, qu'on gradua les auspices d'après la *potestas* des magistrats. Cette réforme, datant sans doute du sixième siècle, est l'œuvre des lois *Ælia* et *Fufia*. Il y eut les *auspicia maxima* donnés aux magistrats supérieurs, et les *auspicia minora* réservés aux magistrats inférieurs; nous ne savons pas exactement si les *auspicia maxima* étaient classés hiérarchiquement. Désormais si deux magistrats prennent des auspices le même jour, ce sont ceux du magistrat supérieur qui prévalent.

C'est surtout en ce qui concerne le droit de convocation qu'il importait de régler les pouvoirs des différents magistrats. Tous ceux qui étaient élus *cum imperio* pouvaient convoquer les comices, et tous, sans distinction, pouvaient réunir le peuple. Pour éviter que deux magistrats, usant de leur droit, convoquent le peuple le même jour, on appliquait les règles de la *par majorve potestas*. En vertu de ce principe, un magistrat supérieur pouvait empêcher ou dissoudre la réunion convoquée par un magistrat inférieur; ainsi le consul avait le droit de s'opposer à la réunion ordonnée par un préteur ou par un édile, le préteur jouissait du même droit vis-à-vis des magistrats inférieurs. Ces derniers, au contraire, étaient placés sur un même pied d'égalité, et de deux réunions, convoquées pour le même jour, on tenait seulement celle qui l'avait été la première. Si le conflit s'élevait entre deux collègues, celui qui s'opposait devait triompher; c'était la conséquence de son droit d'*intercessio*. A cet égard on ne connaît pas bien les droits du censeur, qui occupait à Rome une situation à part. On trouve, dans Tite-Live, un passage où le censeur Tib. Gracchus vient interrompre la réunion provoquée par le tribun Rutilius, mais l'historien ajoute que le tribun protesta parce que c'était un empiétement sur ses prérogatives[1]. D'autre part le censeur avait une puissance trop considérable pour être placé sur le même rang que les questeurs ou les édiles. Peut-être la règle de la *par majorve potestas* ne s'exerçait-elle ni pour lui, ni contre lui ; par suite, si personne ne pouvait s'opposer à une réunion convoquée par lui ; il ne pouvait, de son côté, mettre obstacle à l'assemblée d'un autre magistrat.

Quant aux tribuns, dont le pouvoir, dans les premiers siècles de la République, ne consistait guère qu'en un droit d'opposition absolue, que pouvaient-ils faire relativement à la convocation des assemblées populaires? Leur *veto*, qui les mettait au-dessus de tous les magistrats, leur permettait-il de s'opposer à la réunion des comices convoqués par un consul ? Les textes ne permettent pas de l'affirmer ; les tribuns pouvaient s'opposer à l'adoption d'une *rogatio* proposée aux comices, mais ils ne paraissent pas avoir jamais pu empêcher leur réunion. Mais, d'autre part, il semble certain qu'aucun magistrat ne pouvait disperser l'assemblée faite par un tribun du peuple. De sorte que, relativement à l'objet qui nous occupe, il devait être dans une situation analogue à celle du censeur ; ne pouvant dissoudre la réunion d'aucun magistrat, personne, sauf ses collègues sans doute, ne pouvait dissoudre la sienne.

Nous pouvons maintenant nous rendre exactement compte de la situation du patriciat vis-à-vis des comices centuriates.

Le *jus auspiciorum* pouvait appartenir seulement à des patriciens ; les charges de consul, de censeur et de questeur, c'est-à-dire toutes les grandes charges de l'État, à une époque où la préture n'existait pas encore, ne pouvaient être qu'aux patriciens. Les comices ne pouvaient donc élire que des patriciens ; c'était la première garantie du patriciat.

Les charges pontificales et augurales étaient toutes entre leurs mains, et ce furent même les dernières qu'ils abandonnèrent.

Cela leur permettait de s'opposer à la réunion des comices ou même de les dissoudre pendant le vote en déclarant les auspices défavorables, s'ils craignaient un résultat contraire à leurs désirs ou à leurs intérêts. Cela avait encore pour eux un autre avantage ; les pontifes étaient chargés de la confection du calendrier, et, par ce moyen, ils pouvaient désigner comme *dies comitiales* les jours qui leur semblaient les plus favorables pour empêcher la plèbe de venir aux comices. C'étaient encore deux garanties.

Les comices centuriates représentaient l'armée ; lorsqu'ils étaient réunis, l'étendard rouge flottait sur le Janicule ; si ce drapeau disparaissait, le vote devait cesser immédiatement, et les comices étaient ajournés. Il était toujours facile au consul, chef de l'armée, de mettre obstacle à un vote qui lui déplaisait en faisant disparaître le *vexillum* du Janicule. De plus, ainsi que nous le verrons plus loin, le consul, comme président des comices, avait des pouvoirs considérables qui mettaient pour ainsi dire le résultat des élections à sa discrétion.

Ce n'est pas tout ; car, si un patricien favorable à la plèbe parvenait à se faire élire par hasard dans les comices, les réformes qu'il aurait pu tenter étaient toujours empêchées par l'*intercession* de son collègue. Cette dualité du consulat était la meilleure des conceptions possibles pour assurer l'aristocratie romaine contre le triomphe des opinions monarchiques ou démocratiques. Et, dans cet ordre d'idées, il n'est pas jusqu'au *veto* des tribuns que les patriciens n'aient employé au profit de leur puissance, en corrompant ceux qui le détenaient.

Enfin, dans la composition des classes et des centuries, la majorité et la prépondérance étaient, en fait, assurées pour longtemps aux patriciens. Ils devaient, en effet, être de beaucoup les plus riches de la cité, et, dans la nouvelle constitution, la majorité appartenait non pas aux plus nombreux, mais aux plus riches. En outre, ils conservèrent, au moins jusqu'à la réforme des comices centuriates, le privilège de voter les premiers, puisque, jusqu'à cette époque, ce droit appartint aux six premières centuries de chevaliers qui, comme nous l'avons dit, furent toujours composées de patriciens.

Avec un si grand nombre de garanties, en admettant les plébéiens à la vie politique, les patriciens semblaient ne rien risquer ; on donnait à la plèbe l'illusion des droits politiques, et c'était tout. Comment se fait-il que, malgré la supériorité de ses armes, le patriciat fut finalement vaincu ? A mon sens, cela ne tint ni à l'introduction de la plèbe dans la cité ni à l'organisation des comices centuriates. Les choses, sans cela, se seraient probablement passées de la même manière ou à peu près, et, pour avoir retardé de quelques années l'admission des plébéiens aux droits politiques, les patriciens n'auraient pas reculé leur défaite. Les événements qui amenèrent la chute du patriciat furent moins l'effet de l'organisation politique de Rome que la conséquence de la situation sociale faite à la plèbe et sur laquelle vint se greffer la révolution politique. La preuve de ce fait est qu'à aucune époque dans la lutte des deux ordres, les plébéiens n'obtinrent jamais dans les comices une seule réforme à la constitution, tellement les patriciens l'avaient bien organisée. Ce fut toujours le patriciat qui céda, contraint, il est vrai, mais sur un autre terrain que celui des comices. La constitution aristocratique de la République romaine était une forteresse imprenable ; les plébéiens n'entrèrent dedans que le jour où ses défenseurs, réduits par la famine, l'abandonnèrent.

# CHAPITRE IV

De l'époque de Servius date une division qui, par la suite, devint la plus importante de la constitution romaine. Cette division était territoriale et formait, au point de vue administratif et religieux, une circonscription dont l'importance n'est pas bien connue dans l'organisation de Servius. C'était la tribu. « Après avoir partagé en quatre quartiers, dit Tite-Live, les collines et les parties habitées, Servius leur donna le nom de tribus, probablement par suite du tribut qu'il leur imposait. Ces tribus n'avaient d'ailleurs aucun rapport avec la division ni avec le nombre des centuries. » Ajoutons immédiatement qu'elles n'avaient de commun que le nom avec les anciennes tribus des *Ramnes*, *Tities* et *Luceres*.

De cette organisation, nous ne savons avec certitude que deux choses : d'abord, que Servius divisa le territoire en un certain nombre de circonscriptions qu'il appela tribus, et, en second lieu, que c'était une division géographique. Mais la difficulté commence dès qu'on veut préciser le nombre des tribus ; sur ce point, les auteurs anciens sont aussi divisés que les modernes. Tite-Live et Aurélius Victor semblent n'en connaître que quatre, Varron, au contraire, en compte vingt-six ; Denys parle de trente et une. Parmi les modernes, toutes les opinions, aux nuances près, paraissent se grouper en deux systèmes.

Dans le premier, en se basant principalement sur le texte de Tite-Live que nous citons plus haut, on pense que Servius divisa le territoire en quatre tribus qui furent les tribus urbaines. Ce n'est que postérieurement et par suite des conquêtes de Rome que les nouvelles tribus ont été créées et que leur nombre se trouva porté à vingt et un vers le commencement du cinquième siècle. C'est le système admis par Mommsen, Lange, Soltau, Ortolan, Willems, Belot ; mais ces auteurs ne s'accordent pas entre eux sur la façon dont se sont formées les dix-sept autres tribus.

Il est un autre système, qui se couvre de la grande autorité de Niebuhr et qui est suivi par Goettling, Becker, Madvig et récemment par Mispoulet. Dans cette opinion le nombre des tribus de Servius eût été de trente ; elle se base sur un passage de Denys d'Halicarnasse, dans lequel, sur la foi d'autorités anciennes, il affirme que le nombre des tribus rustiques fut d'abord de vingt-six, ce qui, avec les quatre urbaines, forme le chiffre de trente. D'ailleurs comment expliquer la formation de dix-sept tribus entre Servius et les premières années de la République, puisque l'histoire n'enregistre pas de grandes conquêtes sous Servius, ni sous Tarquin. L'hypothèse de Niebuhr, au contraire, explique très bien comment le chiffre primitif de trente a été réduit à vingt. Les Romains, battus par Porsenna, durent lui céder une grande partie de leur territoire, un tiers environ qui comprenait les dix tribus disparues. Rome ne comptait donc plus que vingt tribus, quand fut formée au commencement de la République, la tribu *Claudia* [1].

1. Voy. Belot, *Hist. des Chev. Rom.*, I, 363, 394, 404, 422, 424. Niebuhr, *Hist. Rom.*, I, 433.— Dans le premier système on interprète autrement le texte de Denys (IV, 15 — V, 31) en lui faisant signifier que la campagne était divisée en vingt-six *vici*. On appelait ainsi une sorte de circonscription territoriale, centre d'une chapelle argéenne. De même que la ville comptait aussi vingt-sept chapelles, qui furent réparties entre les quatre tribus, de même la campagne en

Quoi qu'il en soit, vers le commencement du cinquième siècle, on trouve vingt tribus et depuis cette époque toutes les additions de nouvelles tribus, au fur et à mesure des conquêtes de Rome, sont fidèlement rapportées par Tite-Live. Ces vingt tribus comprenaient les quatre tribus urbaines *Subarana, Esquilina, Collina, Palatina* et seize rustiques portant les noms suivants, presque tous empruntés à des *gentes* patriciennes : *Æmilia, Camilia, Crustumina, Cornelia, Fabia, Galeria, Horatia, Lemonia, Menenia, Papiria, Pollia, Pupinia, Sergia, Romilia, Voturia* et *Voltinia*. La dix-septième fut formée vers l'an 250 de la fondation de la ville, lorsque Appius Claudius quitta Rhégille avec ses clients pour venir s'établir à Rome, où le peuple lui donna un territoire sur la rive droite de l'Anio [1].

Malgré les guerres nombreuses et les conquêtes territoriales qu'elle fit, Rome fut près d'un siècle sans s'adjoindre de nouveaux citoyens. Après le sac de Rome par les Gaulois, malgré leur départ, la situation était critique ; une partie des anciens alliés latins et herniques étaient devenus hostiles. Pour ne pas voir augmenter le nombre de ses ennemis par ses plus proches voisins, Rome en fit des citoyens. En 385 avant J.-C., elle donna le droit de cité aux habitants des territoires de Véies, de Capènes et de Falérie et les répartirent entre quatre tribus nouvelles, appelés *Stellatina, Tromentina, Sabatina* et *Arniensis* [2]. Le nombre total des tribus se trouva ainsi porté à vingt-cinq. Ce fut pour la même raison, qu'en 356, deux tribus furent encore créées. La seconde campagne des Gaulois contre Rome n'avait pas été aussi heureuse pour eux que la première. Les villes

---

avait vingt-six. Dans le silence de Tite-Live, dit-on, il est probable qu'elles ne furent pas réparties en tribus, mais l'eussent-elles été, qu'elles n'en auraient pas formé vingt-six, puisque nous savons, d'après Varron, que la seule tribu *Romilia*, sur la rive gauche du Tibre, comptait à elle seule sept de ces chapelles dont cet auteur donne d'ailleurs les noms.

1. T.-Liv., II, 16, 21. — VIII, 37. — XXVI, 9, 22. — XXVII, 6. — XXXVIII, 36. — XXIX, 37. — XLII, 34.

2. T.-Liv., VI, 6.

latines fatiguées des dévastations de ces barbares avaient fini par renouer avec Rome la vieille alliance, qui autrefois les avait unies. Les Gaulois furent chassés, les Volsques et les Herniques définitivement écrasés. Pour conserver ces avantages en s'assurant de nouveaux dévouements, le Sénat donna le droit de cité à tous les habitants entre Antium et Terracine et les répartit dans deux nouvelles tribus qui portèrent les noms de *Promptina* et *Publilia* [1].

Après la guerre du Latium, lorsque Rome eut détruit la vieille confédération des villes latines, elle voulut, en réglant le sort des vaincus, attacher à sa fortune les cités les plus voisines. Elle accorda le *jus civitatis* aux habitants de Lanuvium, d'Aricie, de Pedum, de Nomentum et de Gabies et forma avec ces citoyens les deux tribus *Mœcia* et *Scaptia*, en 330 avant J.-C. Rome trouva encore plusieurs fois l'occasion d'appliquer la même politique pendant les guerres de Samnium. En 329, après la soumismission des Privates on leur donna le *jus civitatis sine suffragio*. Leur droit fut complété en 323, en même temps que celui des habitants de Tusculum et de Velitres. Tous ces nouveaux citoyens furent compris plus tard dans la tribu *Oufentina* qui fut formée en 318, en même temps que la tribu *Falerina* [2]. Le nombre des tribus fut donc à cette époque trente et un.

Deux nouvelles tribus furent encore créées en 299 avant J.-C. En 304, après avoir encore une fois réduit à l'impuissance les Samnites, les Romains écrasèrent les villes Éques qui avaient pris les armes contre eux dans la dernière guerre, mais ils accordèrent à leurs habitants le droit de cité sans suffrage. Lorsque peu d'années après leurs infatigables ennemis, les Samnites eurent reformé une coalition avec les Étrusques et les Gaulois, les Romains élevèrent les vaincus à la dignité de citoyens et les rangèrent avec les habitants des villes herniques battus par Marcius pendant

1. T.-Liv., VII, 15.
2. T.-Liv., IX, 20. — Fest. v° *Ufentina*. — Dion. C. XIX, 10. Val. Max, VI, 2.

la troisième guerre du Samnium, dans deux tribus nouvelles *Aniensis* et *Teretina*. Enfin deux dernières tribus furent formées après la première guerre punique. Elles comprirent toutes les populations sabines qui à la fin des guerres du Samnium avaient déjà reçu le *jus civitatis* sans les droits politiques. Ce furent les tribus *Velina* et *Quirina* [1].

Ainsi furent formées les trente-cinq tribus entre lesquelles étaient répartis tous les citoyens romains. Ce nombre ne sera pas dépassé, Rome n'aura plus à faire qu'à des ennemis relativement éloignés. Vaincus, elle en fera ses sujets et non ses citoyens, comme elle le fit pour les populations qui l'environnaient. Désormais les territoires conquis ne feront plus partie de l'*ager romanus*; on les déclarera provinces romaines, comme on fit en 241 pour la Sicile. Néanmoins les vieux Romains eurent toujours la prépondérance. Ils occupaient en effet vingt et une tribus, tandis que les étrangés naturalisés n'en tenaient que quatorze; les Étrusques quatre, les Volsques, les Latins, les Ausones, les Éques et les Sabins, chacun deux. Aux assemblées des tribus les Romains disposaient de vingt et une voix, tandis que les naturalisés, quoique plus nombreux, n'en avaient que quatorze. Ce n'est pas à dire qu'il ne fut plus fait de larges concessions du droit de cité après cette époque, mais tous les nouveaux citoyens étaient attribués à l'une des anciennes tribus. On a prétendu, sur la foi d'un passage de Velleius Paterculus, qu'après la guerre sociale les Italiens, à qui l'on avait accordé le *jus civitatis optimo jure*, furent inscrits dans huit ou dix tribus nouvelles. Rien en dehors de cela ne révèle l'existence de ces tribus; peut-être l'auteur a-t-il voulu simplement dire que les Italiens furent répandus dans huit des tribus préexistantes. On ne connaît pas, en effet, le nom de ces tribus, les auteurs n'en parlent pas et l'on ne pourrait dire à quel moment elles ont disparu, comme elles ont dû le faire, puisque sous Sylla le nombre des tribus est encore de trente-cinq.

1. T.-Liv., X, 9. — XXIII, 12, 25; — XLV, 15.

Ces tribus, vers le milieu de la République, comprennent tous les citoyens romains, patriciens et plébéiens, sans distinction ; tout citoyen pubère ayant le *jus suffragii*, n'étant pas *ærarius*, fait partie d'une tribu. Mais en fut-il toujours de même et ce principe remonte-t-il à Servius ? Sur ce point, trois systèmes sont en présence. Celui de Niebuhr démontre que, jusqu'à la loi des XII Tables, les tribus n'ont compris que les plébéiens propriétaires fonciers, c'est-à-dire ceux rangés dans les cinq classes des centuries. Ce n'est que postérieurement aux décemvirs que les patriciens et les clients ont été inscrits dans les tribus. D'après Mommsen, au contraire, la tribu dès l'origine fut exclusivement territoriale et nullement personnelle, de sorte que les citoyens n'auraient appartenu à une tribu que parce que leurs terres étaient sur le territoire de cette tribu. Dans cette opinion, les tribus jusqu'à la censure d'Appius Claudius (312 av. J.-C.) n'auraient compris que les citoyens *assidui*, patriciens ou plébéiens. Enfin nous trouvons le système de Becker suivi par de nombreux historiens, soutenant que dès le début la tribu fut personnelle. A l'origine, la répartition des citoyens entre les tribus fut faite d'après le lieu de leur domicile. Chacun appartint ainsi à la tribu sur le territoire de laquelle il habitait. La tribu, ainsi acquise à un chef de famille, se transmettait héréditairement à ses enfants. On comprend que dans ces conditions la répartition devait atteindre tous les citoyens et que tous figuraient dans les tribus.

Il y avait à Rome une étroite corrélation entre l'obligation de payer le tribut et le service militaire ; la tribu de Servius fut précisément une division faite dans le but de faciliter la répartition de l'impôt et la levée des soldats. Tout individu payant l'impôt et pouvant être appelé au service militaire ; devait être inscrit dans une tribu ; or ces individus sont, sans distinction, les hommes des cinq classes, les *classici*. Les *ærarii* ne figurent pas dans les tribus de Servius, mais ils entrèrent dans la division, dès qu'ils furent appelés à payer le tribut pour la solde, sans doute à l'époque des guerres puniques; les *proletarii* et les *capite censi* furent presque toujours exclus des tribus et n'y entrèrent qu'au second siècle avant J.-C. parce que ce fut seulement à ce moment, en 179, qu'ils durent, pendant quelques années, payer un léger tribut. Faisaient donc partie des tribus tous les citoyens payant l'impôt ce qui embrassait les patriciens. Est-ce à dire que la tribu était territoriale? Non assurément, et cette thèse est si difficile à soutenir que Mommsen lui-même est obligé de reconnaître qu'à une époque inconnue, coïncidant sans doute avec les guerres de l'indépendance italienne, la tribu devint personnelle. Il est beaucoup plus simple et plus conforme aux sources de croire que la tribu le fut toujours. Nulle part on ne trouve l'indication de la tribu d'un immeuble, tandis qu'à chaque instant on voit des personnalités dont les auteurs indiquent la tribu. Elle avait été donnée à l'origine au chef de famille et tous ses descendants la gardaient. Aussitôt qu'une personne était admise au droit de cité, elle était inscrite dans une tribu à laquelle appartenaient désormais tous les citoyens dont elle serait l'auteur. La tribu de l'individu était d'ailleurs indépendante de son domicile réel; aussi voyons-nous dans le texte le domicile d'origine désigné par le mot *origo* et le domicile réel par l'expression *regio*.

La tribu personnelle d'un citoyen pouvait cependant être changée par les censeurs. Ils sont, en effet, chargés de dresser définitivement, tous les cinq ans, la liste des citoyens compris dans chaque tribu. En vertu de leur pouvoir de s'enquérir et de juger la conduite morale des citoyens, ils pouvaient, à titre de peine, frapper d'une note d'infamie l'individu coupable d'un fait réprouvé non par les lois, mais par l'honneur ou les mœurs. Si le citoyen frappé de la *nota censoria* n'était ni sénateur, ni chevalier, il était transféré d'une tribu rustique dans une tribu urbaine, ou même, bien que ce droit des censeurs soit contesté, il était exclu de toutes les tribus, ce que les Romains appelaient *in Cœritum tabulas referre*, c'est-à-dire qu'il restait citoyen, mais privé de tous ses droits politiques. La peine résultant de la *nota censoria* durait tant que d'autres censeurs n'en avaient pas relevé celui qui en était atteint.

Le transfert d'un citoyen d'une tribu rustique dans une tribu urbaine constituait une peine très grave, non parce que les tribus rustiques avaient des droits qui n'appartenaient pas aux autres, mais parce que les tribus urbaines étaient les plus nombreuses, ce qui donnait une part d'influence moindre à chacun de ses membres et c'était celles qui renfermaient toutes les petites gens, les marchands, les affranchis que le plus souvent même on renfermait dans une seule tribu. En dehors de la réprobation que l'usage social attachait aux tribus urbaines, il en résultait pour celles-ci une infériorité politique sur les tribus de la campagne. Aussi attachait-on la plus extrême importance à la répartition des affranchis dans les tribus, et le classement de cette catégorie de *tributes* a-t-il souvent varié.

Ce droit des censeurs de changer la tribu des citoyens est la meilleure preuve que l'on puisse fournir de la personnalité des tribus. Aussi sur ce point notre système se résumerait en ces deux propositions : *a*) la tribu fut personnelle dès l'origine; *b*) dans sa composition elle comprit aussi bien des patriciens que des plébéiens. Faut-il nécessairement conclure de là que les patriciens ont voté dans les tribus, dès le début, au même titre que les plébéiens? Nous allons voir la réponse qu'il convient de faire à cette question.

Il est incontestable que la révolution de 509, renversant les Tarquins et établissant la République, fut faite par l'aristocratie romaine contre les rois et contre la plèbe. Les patriciens fondèrent un ordre de choses dans lequel non seulement tous les pouvoirs leur appartenaient, mais encore dans lequel la route des pouvoirs publics était barrée aux plébéiens de telle sorte qu'ils ne puissent jamais espérer y arriver.

Cependant les patriciens ne peuvent empêcher les plébéiens de se compter, soit aux comices, soit à l'armée; la plèbe voit en outre un certain nombre des siens dans la première classe. Ce sont les riches familles des pays conquis qui, comme les *Papii* et les *Cæcinnæ*, n'ont pas été admises au patriciat, ou bien celles qui, pour une raison ou pour une autre, sont sorties des curies, comme les *Virginii* et les *Metelli*. Il se forme ainsi dès le commencement de la République une noblesse plébéienne qui s'appuie sur les classes inférieures et qui, en même temps, est poussée par elle.

A Rome, comme dans tous les pays sans industrie, les pauvres étaient nombreux ; les guerres de Porsenna, en ruinant la campagne, avaient augmenté leur nombre. Pour vivre, la plèbe rustique avait dû emprunter aux riches patriciens ; ceux-ci prêtèrent à des taux usuraires, à l'échéance il ne furent pas payés et se montrèrent d'une rigueur excessive. La plèbe s'irrita et il ne fallut rien moins que la reconstitution momentanée du pouvoir royal entre les mains d'un dictateur pour armer les citoyens de la campagne romaine contre les Tarquins. Deux fois la plèbe ne marcha contre les Éques, les Volsques et les Sabins que sur la promesse du Sénat de régler les dettes après la guerre ; deux fois le Sénat manqua à la parole donnée. Ce fut à la suite de ces incidents qu'eut lieu la première *secessio plebis*. Les légions, nous dit Tite-Live, se retirèrent sur le Mont-Sacré ; d'autres disent sur l'Aventin. Quoi qu'il en soit, il paraît certain que vers ce temps la plèbe se sépara du patriciat.

Il n'est pas probable que ces *secessiones plebis* aient eu la forme que nous pourrions penser. On imaginerait difficilement tout un peuple abandonnant ses maisons pour aller camper sur un terrain assez éloigné de la ville où, d'ailleurs, il n'aurait pu s'établir entièrement faute de place. Il faut plutôt entendre par là, avec Niebuhr et avec Belot, une scission entre les Romains de la ville et ceux de la campagne, menaçant de ne plus se rendre à Rome, de porter leurs produits sur un autre marché et de créer ainsi un autre centre commercial qui eût ruiné Rome. Ce danger fut peut-être encore accru par un mouvement des plébéiens de la ville qui purent réellement passer le Tibre comme s'ils étaient décidés à émigrer ; de là est venue probablement la tradition de

la retraite sur l'Aventin. Cette situation était certainement des plus
dangereuses pour Rome et était assez grave pour obliger les patriciens à céder. C'est précisément ce besoin de la ville qui fit la
force de la plèbe et assura son triomphe, malgré les défenses légales de la constitution patricienne.

Le peuple obtint la création de magistrats pris nécessairement
dans son sein et qui devaient la défendre contre les entreprises
des patriciens. Les plébéiens eurent alors dans les tribuns des
protecteurs officiels dont la personne était inviolable et qui pouvaient non seulement paralyser l'action des magistrats patriciens,
mais encore empêcher les comices de délibérer. Ce fut la première victoire de la plèbe, elle lui permit de s'organiser politi-
quement.

Quelques années après nous voyons les tribuns Concidus et
Genucius citer devant le peuple le consul Menenius coupable de
n'avoir rien fait pour sauver les Fabius à la Cremere, et Statius
citer le consul Servilius, coupable de s'être laissé battre par les
Veiens sur le Janicule ; vers la même époque nous voyons les
tribuns réunir le peuple et l'exciter à propos des lois agraires.
Quelles étaient donc ces réunions devant lesquelles on citait les
consuls?

Si l'on avait des notions certaines sur la manière dont primitivement les tribuns furent choisis, on pourrait peut-être déterminer le caractère de ces assemblées plébéiennes. Mais la plus
grande divergence règne sur ce point entre les historiens. D'après
les auteurs anciens, les tribuns de la plèbe furent d'abord élus
dans les comices curiates et *auspicato*. Bien que ce système ait
été suivi par quelques modernes, il paraît trop en désaccord avec
le caractère du tribunat pour être admis [1]. En dehors de ce qu'il
y a de singulier à faire élire les tribuns de la plèbe par une assemblée où les plébéiens n'entraient pas, il est bien certain qu'ils ne
pouvaient être élus *auspicato*, surtout au début où les auspices

---

1. Den., VI, 89 ; IX, 41. — Cic., P. *Corn. frag.* 29. — Parmi les modernes
Lange et Brœcker adoptent cette idée.

de tout degré étaient réservés exclusivement aux magistrats patriciens élus *cum imperio*, c'est-à-dire les consuls, les censeurs et bientôt après les préteurs, jamais d'ailleurs les tribuns n'obtinrent le *jus auspiciorum* même, lorsque les plébéiens eurent forcé l'entrée de toutes les magistratures. Mommsen, frappé de ces résultats, essaye néanmoins de les concilier avec les textes des anciens. Il reconnaît que les tribuns ont toujours été élus *inauspicato*, mais il prétend qu'ils étaient nommés dans des comices particuliers, qu'il appelle des « *concilia plebis curiata.* » Il entend par là une assemblée composée des plébéiens des curies qui auraient voté par curies. Ce système se greffe sur l'idée de Mommsen qui fait entrer les plébéiens dans les curies et leur donne le droit d'y voter ; nous avons démontré précédemment combien cela était peu justifié. Niebuhr pense au contraire que les tribuns étaient nommés par les cinq classes des centuries, à raison de deux par classe, et que cette élection devait être confirmée par les curies. Sur ce point, Belot est d'accord avec le grand historien allemand, mais il fait élire les tribuns par la plèbe seule. D'autres pensent, au contraire, que les tribuns en sortant de charge désignaient leurs successeurs [1]. Enfin il en est qui soutiennent que les tribuns furent élus au *concilia plebis*, non pas seulement à partir du plébiscite Publilius Volero, comme on s'accorde généralement à le dire, mais depuis l'origine. Cette dernière opinion est certainement celle qui me paraît la plus vraisemblable.

Toutefois, au milieu de cette incertitude, nous ne pouvons tirer aucun argument de nature à nous éclairer sur l'organisation des assemblées de la plèbe. Le système qui est le plus communément adopté est le suivant.

Les plébéiens, formant un ordre dans l'État, ayant des intérêts distincts et particuliers, ayant conquis le droit d'avoir des chefs

---

1. Soltau ; Gœttling. — Ce système s'appuie sur les textes mal interprétés qu défendent aux tribuns de sortir de charge, non pas avant d'avoir créé ou désignés leurs successeurs, mais simplement avant que leurs successeurs soient élus.

pour discuter leurs prétentions et les défendre contre les patriciens, se réunissaient dans des assemblées, d'où étaient exclus patriciens et clients. Ces réunions n'avaient aucun caractère légal, elles étaient faites sans auspices, aucune loi ne les avait instituées, elles étaient un fait. Comment la décision était-elle prise ? D'après les savants, qui donnent entrée aux plébéiens dans les curies, avis que nous ne partageons pas, les plébéiens de chaque curie formaient une voix, et la décision était prise à la majorité des voix ; il en fut ainsi jusqu'au plébliscite, *Publilius Volero*, en 471 avant J.-C., à partir duquel les plébéiens votèrent de la même façon, mais par tribus locales. D'autres, au contraire, pensent, avec beaucoup de raison, qu'il en fut ainsi à toute époque.

Ces assemblées de la plèbe, *concilia plebis*, se transformèrent vers le commencement du cinquième siècle de Rome, sans doute à la suite de la loi *Horatia Valeria*, la première qui, croit-on, tenta de rendre les plébiscites, obligatoires pour tous. Les *concilia plebis* devinrent les *comitia tributa* ; mais ces comices tributes se tinrent encore sous deux formes.

Si l'assemblée était convoquée, par des magistrats ayant le *jus cum populo agendi*, elle comprenait non seulement la plèbe, mais tous les membres des tribus, tout le *populus*. Ce sont les décisions de cette assemblée, que la loi *Horatia Valeria*, voulut rendre générales, car c'étaient de véritables lois tributes, plutôt que des plébiscites au sens strict du mot. C'était d'ailleurs cette réunion, qui portait le nom de *comitia tributa*. Si, au contraire, l'Assemblée était convoquée par des magistrats plébéiens, tribuns ou édiles, elle comprenait seulement la plèbe ; elle conserve l'ancienne dénomination, *concilium plebis*, et rend des plébiscites. Si nous voyons les patriciens y assister en fait et y jouir même d'une influence considérable [1], comme aux comices *tributes*, c'est l'effet d'une simple tolérance ; en droit ils ne doivent pas y venir.

Malgré l'autorité des noms attachés à ce système, nous ne

---

1. T.-Liv., III, 63 ; V, 30, 32 ; XXVII, 21.

pouvons adopter entièrement cette opinion, parce que nous ne voyons pas assez nettement se dessiner dans l'histoire, la coexistence de deux sortes de réunions populaires, distinctes quant aux magistrats pouvant les convoquer, quant à leurs attributions, quant à l'autorité des décisions prises. On semble surtout baser la distinction sur ce fait, que si le président est un magistrat créé avec auspices, consul ou préteur, les textes appellent la réunion « *comitia tributa,* » tandis que, si elle est présidée par un magistrat plébéien, elle est désignée sous le nom de «*concilium plebis.*» Il faudrait d'abord établir, que toujours la même appellation correspond à la même chose, et que jamais les auteurs ne confondent les *comitia tributa* et les *concilia plebis ;* et, en admettant que cela fût fait, l'on devrait nous montrer en quoi diffèrent réellement ces deux sortes d'assemblées, car les différences que l'on invoque ne sont pas parfaitement incontestables.

Ainsi, l'on prétend que les *rogationes,* portées aux comices *tributes,* avaient besoin de l'*auctoritas* préalable du Sénat, dont étaient dispensés les plébiscites des *concilia plebis,* que cela est certain au moins depuis la loi *Hortensia.* Or aucun texte ne mentionne la nécessité de cette autorisation préalable, et de plus à toute époque, avant comme après la loi *Hortensia,* nous voyons les plébiscites, votés les uns avec l'assentiment du Sénat, les autres malgré lui. Il semble bien au contraire, que cet *auctoritas* n'a jamais été obligatoire, et que si parfois on l'a demandé, c'était une simple mesure de politesse, imposée peut-être par les circonstances, et probablement destinée, comme le fait judicieusement remarquer M. Accarias, à rendre plus facile aux patriciens l'acceptation des plébiscites. Quant à la ratification postérieure des patriciens, elle est encore plus problématique et plus invraisemblable. Elle est d'abord contraire à l'esprit politique, qui animait Rome à l'époque de la formation des comices par tribus. D'autre part, aucun des textes, cités à l'appui de cette opinion, n'est décisif et au contraire Cicéron et Tite-Live bornent nettement le rôle de l'*auctoritas patrum* aux décisions des centuries[1] ; les premières différences ne sont donc pas justifiées. La soi-disant distinction, existant dans la composition des comices *tributes* et des *concilia plebis*, l'est-elle mieux ?

Dans les comices par tribus, dit-on, tout le *populus* assistait à la réunion, tandis que les patriciens étaient exclus des *concilia plebis* réservés à la plèbe. Mais cela n'est dit nulle part, et je trouve, au contraire, dans dix passages et plus de Tite-Live, la preuve que les patriciens assistaient aux *concilia plebis*. Lorsque le tribun Icilius convoque le peuple pour faire décerner, malgré le Sénat, les honneurs du triomphe aux consuls Valerius et Horatius, vainqueurs des Volsques, il réunit bien un *concilium plebis* et, dans cette réunion, on trouve des sénateurs et des patriciens qui protestent. Et plus loin, lorsque le tribun de Sicinius proposa un projet de loi pour transporter une partie du peuple vers l'ancien territoire de Véïes, Tite-Live nous montre « les exhortations de Camille enflammant les patriciens ; aussi le jour où l'on vota la loi, jeunes ou vieux descendirent en rangs serrés sur le Forum[2]. » Or, il s'agit bien encore d'un *concilium plebis*, convoqué par un magistrat plébéien. Il est donc bien certain que les patriciens avaient entrée aux *concilia plebis*. C'est en vain que l'on prétend qu'ils y venaient en fait, mais sans avoir le droit d'y assister ni d'y voter et que ce droit leur appartenait, seulement aux *comitia tributa*. Cette réponse est de pure imagination ; car si nous voyons les textes qui prouvent que les patriciens assistaient à toutes les réunions populaires sans distinction, nous ne connaissons pas ceux établissant qu'ils votaient dans les unes et ne votaient pas dans les autres. Il nous paraît absolument certain que les patriciens venaient à ces comices parce qu'ils en avaient le droit, et ce droit reposait simplement, comme nous allons le prouver, sur leur inscription dans une

---

1. Les textes cités par Mommsen à l'appui de l'opinion que nous combattons sont T.-Liv., VI, 42 ; XXVII, 8. — Voy. T.-Liv., VI, 14. Cic., *De dom.* 15, 38. — Cf. aussi Gaïus, 1, 3.

2. T.-Liv., III, 63 ; V, 30.

tribu ; car, en droit, il n'y avait aucune différence entre les *tri-bules*, qu'ils fussent patriciens ou plébéiens.

Les raisons, sur lesquelles on fonde la distinction des *comitia tributa* et des *concilia plebis*, n'ont donc rien de décisif, et la distinction elle-même doit sembler d'autant plus chimérique qu'aucun des historiens de l'antiquité n'en parle positivement ; si la constitution eût comporté deux natures de réunions *tri-butes*, la chose eût été assez importante pour que les auteurs anciens, qui ont parlé des institutions de Rome, l'eussent indiquée au moins nettement, sinon dans les détails.

Selon nous, il n'y eut jamais qu'une sorte de comices par tri-bus, dont nous allons étudier la formation. Dans ces comices, patriciens et plébéiens avaient les *mêmes* droits. Mais les patri-ciens firent-ils toujours partie des comices? Si l'on consulte cer-tains passages de Denys et de Tite-Live, il semble qu'ils en furent primitivement exclus ; ce dernier dit clairement, en rap-portant l'établissement des comices par tribus sous le consulat d'Appius Claudius et de T. Quinctius : « L'exclusion des patriciens ôta de leur majesté aux comices par tribus plutôt qu'elle n'ajouta à la puissance de la plèbe et ne retrancha à celle de patriciens[1]. » L'assemblée ne paraît donc avoir compris d'abord que des plé-béiens ; mais il reste à fixer l'époque à laquelle les patriciens entrèrent aux comices par tribus. On suppose bien que c'est au moment où les plébiscites furent rendus obligatoires pour toute la cité ; mais ce n'est là qu'une hypothèse, et la mesure même de la loi Valeria Horatia et des lois postérieures se justifie bien mieux par le fait de la présence des patriciens aux comices *tributes*. Nulle part, sauf dans Denys, qui, avec une précision

---

1. T.-Liv., X, 2. Cf. Læl. Fel. dans Aulu-Gele, XV, 27. « *Tribuni autem plebis neque advocant patricios, neque ad eos referre de ulla re possunt, ita ne leges quidem proprie, sed plebiscita appelantur quæ, tribuni plebis feren-tibus, accepta sunt ; quibus rogationibus ante patricii non tenebantur, donec Q. Hortensius dictator eam legem tulit ut, eo jure, quod plebs statuisset, omnes quirites tenentur.* » — Denys répète à peu près la même chose en rapportant l'interpel-lation du tribun Junius Brutus au consul Geganius.

bien faite pour inspirer la défiance, en fait l'un des articles du traité intervenu entre la plèbe et le patriciat à la suite de la première retraite sur le Mont-Sacré, il n'est dit en vertu de quel acte les patriciens étaient exclus de ces comices. Le texte de Tite-Live peut fort bien laisser supposer que leur exclusion était un résultat coutumier ou même qu'ils s'étaient exclus *proprio motu* de réunions qu'ils dédaignaient. Au fond, les textes disent tout au plus que les patriciens, à l'origine, n'assistaient pas aux réunions des tribus et que les tribuns n'avaient pas le droit de les convoquer ; mais de là à conclure qu'ils n'avaient pas le droit d'y assister, il y a loin. Ce qui doit rendre notre scepticisme plus grand à cet égard, c'est l'origine historique que nous attribuons aux comices par tribus.

Il est très probable qu'avant la création du tribunat de la plèbe, avant la première *secessio*, les plébéiens se réunissaient en des assemblées qui, pour n'avoir aucun caractère légal, n'en étaient pas moins d'une grande importance. La plèbe avait des intérêts particuliers à défendre contre le patriciat, et elle avait alors trop peu d'influence dans les comices pour pouvoir s'y faire entendre. Ne serait-ce que pour organiser la *secessio*, il est bien certain que les plébéiens ont dû se concerter par avance, car il est inadmissible que la même idée ait germé dans le cerveau de tous au même instant. Ces réunions de fait, antérieures à la création du tribunat, et qui furent, sans doute, plus fréquentes lorsque la plèbe eut des chefs pour les organiser, n'étaient point des comices ; la loi ne les reconnaissait pas et elles n'avaient aucun caractère religieux. C'étaient, à proprement parler, les *concilia plebis*, institution issue de la coutume et non d'une loi positive. Quant à la façon dont la décision se prenait dans ces *concilia*, elle était sans doute un peu indécise, comme dans toutes les assemblées qui ne sont point réglementées. L'histoire postérieure du développement des *concilia plebis* permet de supposer que les citoyens de la même tribu devaient délibérer ensemble et que l'on apportait au *concilium* l'opinion dominante dans la tribu. Cela est tout narel, si l'on réfléchit qu'à ce moment rapproché de la création des tribus tous les *tributes* devaient encore habiter la circonscription territoriale de la tribu. Cette habitude devint une règle coutumière après la création des tribuns, lorsque ceux-ci réunirent la plèbe et, par imitation de ce qui se passait dans les comices, il fut admis que dans les *concilia plebis* on voterait par tribus.

Les patriciens vaincus pour la première fois, en 294 avant J.-C., avaient accordé à la plèbe des tribuns dont la personne était inviolable et sacrée, mais dont la puissance se bornait à s'opposer aux actes des magistrats patriciens; c'était toute la concession politique. Quant à la plèbe, ils lui permirent de se réunir, à l'avenir, comme ils l'avaient laissé faire auparavant; ils semblaient ne point se préoccuper de ces assemblées tumultueuses auxquelles ne présidait aucune règle légale, d'où les dieux étaient exclus et où tout le monde, en somme, pouvait aller, puisque aucune loi ne le défendait à telle ou telle catégorie de citoyens. Lorsque, au milieu de la lutte contre le patriciat, ces *concilia* prirent une importance dangereuse, les patriciens, quoiqu'ils y fussent noyés par le nombre, contractèrent peu à peu l'habitude d'y assister ; ils y allèrent parce que c'était le droit de tout individu et que chacun, pourvu qu'il fût inscrit dans une tribu, pouvait prendre part au vote. Or, tous les patriciens étaient inscrits dans les tribus et pouvaient figurer dans ses *concilia* au même titre que les plébéiens. Longtemps les patriciens dédaignèrent de venir à ces assemblées et l'on n'y vit que des plébéiens. Qui pourrait même dire si l'expression de *concilium plebis* n'était pas la manifestation de l'orgueilleux dédain des patriciens. Nous voyons, il est vrai, dans Tite-Live, des tribuns expulser des patriciens de l'assemblée en déclarant qu'ils n'ont pas le droit d'y voter[1]. Mais remarquons que c'était précisément à l'époque où ceux-ci venaient si rarement aux *concilia* qu'on pouvait, en fait, les considérer comme des réunions particulières de la plèbe. Tite-Live

1. T.-Liv., II, 56.

ne nous dit pas, d'ailleurs, si le tribun Lætorius invoquait le
droit ou usait simplement de la force pour faire partir des citoyens
qui n'appartenaient point à la plèbe et que l'on n'apercevait pas
ordinairement pas à ces réunions. La résistance des patriciens
rend très vraisemblable cette seconde hypothèse. Enfin l'on
était au début du tribunat et les *concilia plebis* n'avaient pas
encore la régularité qu'ils eurent plus tard, lorsqu'ils furent
mieux assis dans les mœurs et qu'ils se modelèrent extérieurement sur les comices par centuries. A cette époque,
ainsi que nous l'avons vu, les patriciens assistaient aux *concilia*
*plebis* comme les plébéiens, et sans que personne songeât à pro-
tester contre leur présence. De là naquirent, sans doute, les
comices par tribus.

Tant que les *concilia plebis* furent une institution de fait, que
la coutume n'avait pas encore consacrée pendant assez longtemps
pour en faire une institution légale, leurs décisions n'eurent
pas l'autorité législative d'une *lex centuriata ;* il est même possible qu'au début elles n'aient été obligatoires que pour ceux
qui le voulaient bien. Grâce à la forte organisation que les tribuns donnèrent à la plèbe, celle-ci prit l'habitude de respecter
la décision de la majorité et de s'y soumettre comme à une loi.
Mais les patriciens, contre qui la plupart des décisions étaient
prises, n'obéirent en aucune façon à des dispositions sans importance légale à leur yeux ; de là s'établit la règle coutumière que
la *rogatio* portée aux *concilia plebis*, le *plebiscitum*, n'était obligatoire que pour la plèbe. Il en fut ainsi pendant longtemps,
même lorsque les *concilia* eurent à la longue pris rang parmi les
institutions de l'État et que les patriciens y assistèrent ; ceux-ci
prenaient ainsi part à la discussion et presque certainement au
vote de décisions qui ne les obligeaient pas. Il y avait là une
situation anormale contre laquelle voulurent réagir les deux consuls populaires Valerius et Horatius, en faisant décider par une
*lex curiata* que désormais les décrets du peuple, assemblé par
tribus, auraient force de loi pour tous les citoyens ( 449

6

av. J.-C.) Désormais les *concilia plebis* occupent une place dans
la constitution romaine à côté des comices par centuries et
deviennent les comices par tribus. L'ancienne dénomination
resta dans le langage pour désigner ces assemblées, mais les
deux mots *concilia plebis* et *comitia tributa* furent synonymes
et s'appliquèrent à une seule et même chose, la réunion du *populus* convoqué non par centuries, mais par tribus. Cela explique
bien pourquoi nous ne voyons pas les historiens anciens indiquer entre les *concilia plebis* et les *comitia tributa* les différences que veulent y trouver les historiens modernes.

Quant à la loi *Horatia*, il faut croire que les patriciens s'y
conformèrent assez mal puisqu'un siècle plus tard une loi
*Publilia* dut renouveler la prescription et que ce fut seulement
à la suite d'une *lex Hortensia*, rendue en 287 av. J -C., que les
patriciens finirent par accepter, sans résistance effective, la force
obligatoire des plébiscites.

En résumé, notre système sur les *concilia plebis* et les *comitia tributa* serait le suivant : les *concilia plebis* furent des
réunions sans caractère légal qui s'établirent par la coutume.
Lorsqu'ils furent consacrés par une loi et entrèrent ainsi dans la
constitution romaine, ils devinrent les *comitia tributa* ; à partir
de cette époque les deux expressions sont synonymes et désignent
l'Assemblée du peuple, patriciens et plébéiens, votant par
tribus.

Les magistrats plébéiens, c'est-à-dire les tribuns et les édiles,
seuls autrefois convoquaient les *concilia plebis*. Lorsque ces
réunions devinrent des comices, tous les magistrats ayant le *jus
cum populo agendi* purent les convoquer. Les consuls ne se
firent pas faute de recourir fréquemment à ce mode de consultation du peuple. Entre les consuls et les tribuns, il y avait cependant une petite différence en ce qui touche les comices par tribus. Cette différence que l'on grossit singulièrement dans la
théorie qui oppose les *concilia plebis* aux *comitia tributa*,
tenait aux fonctions du magistrat et non à la nature même des

comices. S'ils étaient convoqués par un consul, on prenait les auspices, tandis qu'on n'accomplissait pas cette cérémonie si le président était un tribun ; mais cela tenait simplement à ce que les consuls avaient le *jus auspiciorum* qui manquait aux tribuns. Nous allons d'ailleurs voir dans quelle mesure la religion prenait part aux *comitia tributa*.

Il nous reste en effet à parler de la tenue matérielle de ces comices et de la façon dont on y votait. Comme pour les comices centuriates, le magistrat président doit convoquer le peuple un *trinundinum* avant la réunion et publier la *rogatio* dans cet intervalle, s'il s'agit de comices législatifs. La réunion doit avoir lieu un *dies comitialis*. Pendant très longtemps les *concilia plebis* se tinrent exclusivement les *nundinæ*, c'est-à-dire les jours de marché, ce qui s'explique par ce fait que, ce jour-là, les habitants de la campagne venaient à Rome. Cela dura jusqu'à la transformation des *concilia plebis* en *comitia tributa*. Vers cette époque, et sans doute par crainte des grandes affluences populaires, ces jours furent déclarés *fasti* et *non comitiales*.

Les comices par tribus ne représentent point l'armée comme les comices par centuries, aussi n'y a-t-il pas de raison de les exiler de la ville. La réunion se tient *intra pomœrium* et généralement au Forum. Cependant le lieu de l'assemblée ne paraît pas être obligatoire, car, au dernier siècle de la République. nous voyons pour les élections les comices tributes se tenir au Champ de Mars, comme les comices centuriates.

Le jour arrivé, le peuple était appelé par des hérauts et à ce moment il faut distinguer si le président est un magistrat ayant le *jus auspiciorum* ou un tribun du peuple. Au premier cas la prise des auspices et les cérémonies religieuses paraissent être celles que nous avons décrites pour les comices centuriates ; tout se passe de la même façon dans les deux hypothèses ; le président est soumis à l'*intercessio* des tribuns et aux règles de la *par majorve potestas*, notamment en ce qui touche l'*obnuntiatio* des magistrats supérieurs ou égaux. Si, au contraire, le président est un tribun, les comices sont *inauspicato;* les magistrats plébéiens n'ont jamais eu en effet le *jus auspiciorum.* Quant à leur droit de convocation, il ne pouvait être paralysé que par l'*intercessio* d'un collègue. On ne sait pas exactement quel était le rôle de la religion dans ces comices, toutefois après les lois *Ælia* et *Fusia* rendues vers le milieu du deuxième siècle pour la graduation des auspices, il semble que les comices tributes présidés par un tribun furent, comme ceux présidés par un consul, soumis à la *nuntiatio* des augures et à l'*obnuntiatio* des magistrats. Quoi qu'il en soit, aussitôt après la lecture de la *rogatio* ou de la liste des candidats par le président on procédait au vote. Chaque tribu comptait pour une voix et la décision était prise à la majorité des voix des tribus. Dans chaque tribu le vote avait lieu par tête. On tirait au sort la tribu qui votait la première et toutes les autres votaient simultanément.

Comme on le voit, les comices par tribus avaient la plus grande ressemblance, au moins extérieurement, avec les comices centuriates. Les différences iront toujours en s'affaiblissant, elles finiront par se réduire simplement au mode de votation et encore la portée de cette différence semble-t-elle atténuée singulièrement par la transformation des comices centuriates vers le milieu du troisième siècle avant Jésus-Christ.

# CHAPITRE V

## TRANSFORMATION DES COMICES CENTURIATES VERS L'ÉPOQUE
## DES GUERRES PUNIQUES

Si l'on considère l'ensemble des institutions électorales de
Rome dans la *seconde moitié* de la période républicaine, on
s'aperçoit qu'elles ont subi un changement. C'est le résultat des
modifications considérables apportées, vers le temps des guerres
puniques, à la constitution de Servius et qui transformèrent les
comices centuriates. Cette réforme est incidemment indiquée par
Denys et par Tite-Live ; malheureusement l'ouvrage de Denys ne
va pas jusque-là, et le texte de l'historien latin, correspondant à
cette époque, nous fait défaut, de sorte que sur cette importante
réforme en dehors des deux textes dont nous parlons, en dehors
de quelques allusions faites par Tite-Live, Cicéron et Polybe,
nous sommes réduit à peu près à des conjectures [1].

1. T.-Liv., I, 43. « *Nec mirari oportet hunc ordinem, qui nunc est, post exple-
tas quinque et triginta tribus, duplicato earum numero, centuris juniorum senio-
rumque ad institutam ab Servio Tullio summam, non convenire neque eæ tribus ad
centuriarum distributionem numerumque quicquam pertinere.* » — Den. IV, 21.
Οὗτος ὁ κόσμος τοῦ πολιτεύματος, ἔπι πόλλας, διέμενε γενέας φυλαττομένος ὕπω τῶν
Ῥωμαιων· ἐν δε τοῖς καθ'ἡμᾶς κεκίνηται χρόνοις καὶ μεταβεβλνται εἰς τὸ δημοτικότερον,
ἀνάγχαις τισι βιασδεὶς ἰσχυμαῖς, ὀυτῶν λόχων καταλυθέντων, ἀλλὰ τῆς κλυσέως αὐτῶν
οὐκέτι τὴν ἀρχαίαν ἀχρίβειαν φυλαττούσης, ὡς ἔγνων ταῖς ἀρχαιρεσίαις αὐτῶν πολ-
λάκις παρῶν ». — A ces textes on peut ajouter T.-Liv., XXIV, 7 ; XXIV, 22 ;
XXVII, 6. — Cic., *De leg. agr.* II, 2 ; P. Pl. 20; *De leg.* III, 4. — Pol. IV, 4.

Les textes ne permettent pas de mettre en doute l'existence de la réforme. Mais à quelle époque se fit-elle? Comment fut-elle faite? Le fut-elle en une seule ou en plusieurs fois, comme le pensent certains critiques? Quel fut exactement son objet? A toutes ces questions il est presque impossible de répondre avec certitude.

Nous avons vu que, jusqu'à la loi *Hortensia*, les patriciens refusèrent de considérer les plébiscites comme obligatoires pour eux. Après la dictature d'Hortensius ils finirent par se résigner, mais ce ne fut pas encore sans quelque résistance, puisque Salluste nous dit que les dissensions entre patriciens et plébéiens ne cessèrent qu'au temps de la seconde guerre punique. Or, c'est précisément vers cette époque que se place la révolution qui modifia si profondément la vieille constitution romaine et qui, sans doute, mit fin à la lutte politique entre les deux ordres en donnant aux institutions une base plus large et plus démocratique.

Cette réforme, dont on ignore la date exacte, eut lieu très vraisemblablement entre la première et la seconde guerre punique. On la fixe généralement à l'an 240 avant Jésus-Christ, date où l'on place ordinairement la révolution monétaire qui eut pour conséquence de modifier les chiffres du cens de Servius. C'est d'ailleurs l'époque où semble la placer Tite-Live, disant que le nombre des centuries fut mis en rapport avec celui des tribus, après que le nombre de trente-cinq tribus eut été complété. Or la création des deux dernières tribus *Quirina* et *Velina* remonte à 241.

Quant à la portée et à la nature de la réforme, elles ne sont qu'imparfaitement connues. Sur ce point l'opinion, qui semble prévaloir est celle imaginée par Pantagathus, savant du seizième siècle et que les critiques ont généralement adoptée. D'après ce système voici ce qui aurait été fait :

1° On eût conservé le principe de la division de Servius, la répartition des citoyens en deux catégories, les *classici* et les *ærarii*. Les premiers, qui font seuls partie de l'assemblée centuriate, sont ceux qui appartiennent aux cinq classes, c'est-à-dire qui ont un cens d'au moins 125,000 as sextantaires;

2° Tous les *classici* sont divisés en cinq classes pour lesquelles le minimum du cens est respectivement 1,000,000, 750,000, 500,000, 250,000 et 125,000 as de deux onces.

3° Dans chaque tribu les citoyens se répartissent entre ces cinq classes et, toujours à l'imitation de l'ancienne constitution, chaque classe de chaque tribu se subdivise en citoyens ayant plus de quarante-cinq ans et citoyens ayant moins de quarante-cinq ans, de sorte que dans chaque tribu il y eut dix subdivisions, cinq de *seniores* et cinq de *juniores* correspondant aux cinq classes. Ces subdivisions furent les nouvelles centuries. Les tribus étant au nombre de trente-cinq, il y eut par conséquent trois cent cinquante centuries, soit soixante-dix par classe.

A côté de ces trois cent cinquante centuries, subsistent toujours les dix-huit centuries de chevaliers, et les quatre centuries d'ouvriers et de musiciens du règne de Servius; donc, en tout, trois cent soixante-douze centuries. Par suite, pour obtenir la majorité il fallait cent quatre-vingt-sept voix; on était donc obligé, dans le vote, d'aller au moins jusqu'à la troisième classe. On voit déjà combien la réforme eut pour effet de démocratiser le scrutin.

Elle fut peut-être plus démocratique encore sur le second point. Dans les anciens comices centuriates, les dix-huit centuries de chevaliers étaient appelées à voter les premières. Les Romains attachaient une importance énorme à cette prérogative, parce que, en fait, le suffrage de ces centuries déterminait presque toujours le résultat du vote. Après la réforme, les chevaliers perdirent ce privilège et le droit de voter la première appartint à une centurie de la première classe, que chaque fois l'on devait tirer au sort. Après le vote de cette centurie prérogative, on appelait toutes les autres centuries de la première classe, et sans doute d'abord les chevaliers. En ce qui les concerne particulièrement, la réforme paraît avoir eu une singulière conséquence. Jusqu'alors les six anciennes centuries étaient prérogatives et votaient toujours les premières avant les douze centuries de Servius ; les auteurs les désignaient même souvent par l'expression « *prerogativæ* » à l'exclusion des douze autres. Depuis la révolution, ces six centuries votent au contraire après celles de Servius.

D'autres savants rejettent cette explication et comprennent ainsi la réforme : chaque tribu se divisa en deux parties, les hommes au-dessus et au-dessous de 45 ans ; de sorte que dans chaque tribu il y eut une centurie de *juniores* et une centurie de *seniores*. Le nombre des tribus étant de trente-cinq, celui des centuries devint soixante-dix auxquelles il faut ajouter les dix-huit centuries des chevaliers, soit en tout quatre-vingt-huit centuries.

Cette solution me semble difficile à admettre, en présence des résultats qu'aurait eus cette réforme faite certainement dans le but de rapprocher l'ancienne assemblée centuriate de l'assemblée populaire devenue la plus importante, des comices par tribus. Sans doute, cette seconde hypothèse fait disparaître du système de Servius l'élément auquel ce prince avait donné la prépondérance, le chiffre de la fortune ; sans doute, elle fait de la division par tribus la base unique des comices par centuries ; enfin elle assimile les comices par centuries aux comices tributes, peut-être un peu trop, en n'établissant entre eux que cette différence que dans les premiers chaque tribu eût eu deux voix au lieu d'une. Mais ce qui détruit complètement cette harmonie, c'est l'adjonction des centuries de chevaliers. La majorité était de 44 voix ; les chevaliers n'avaient donc qu'à réunir 26 voix, c'est-à-dire treize tribus sur trente-cinq pour faire la majorité. Treize tribus, avec l'appoint des chevaliers, eussent imposé leur volonté aux vingt-deux autres. Si l'on veut réfléchir qu'avec le mode de composition des tribus par les censeurs, il n'était pas difficile à ces magistrats d'assurer la majorité dans treize tribus aux citoyens des premiers ordres, que les censeurs eux-mêmes faisaient presque toujours partie soit de l'ordre sénatorial soit de l'ordre équestre on se convaincra aisément que la réforme ainsi faite eût été non pas au profit des tribus, mais au profit des chevaliers. Or, Denys nous dit bien nettement que l'assemblée des centuries ne fut pas détruite, mais que modifiée elle devint plus démocratique.

En faveur de l'opinion que nous repoussons on peut invoquer deux arguments. Le premier résulte des textes de Tite-Live où l'historien parle de la centurie des jeunes gens de telle tribu, ce qui fait supposer que la tribu ne comprenait qu'une centurie de *juniores* et une centurie de *seniores*. Ainsi « ce jour-là, le sort désigna pour voter la première, la centurie des jeunes gens de la tribu *Aniensis;* » autre part « le jour de l'élection des consuls les *juniores* de la tribu *Veturia* furent appelés à voter les premiers » et dans tout le passage il oppose les *juniores* aux *seniores* de la tribu *Veturia;* de même plus loin « le sort envoya la première aux suffrages la centurie des jeunes gens de la tribu *Valeria*[1]. » Dans le même sens on pourrait encore citer quelques inscriptions qui semblent ne compter par tribus qu'une centurie de *juniores* et une de *seniores*. Mais que l'on remarque bien que dans tous ces textes il s'agit de la centurie prérogative, c'est-à-dire celle désignée par le sort pour voter la première. Ce privilège appartenait très probablement à la première classe et seulement aux centuries de *juniores ;* aussi tirait-on au sort la prérogative entre les trente-cinq centuries de juniores de la première classe. Comme il n'y en avait qu'une dans ce cas par tribu, on la désignait par le nom de sa tribu ; aussi ne faut-il pas conclure de là qu'il n'y avait qu'une centurie de *juniores* par tribus. Tite-Live lui-même nous dit le contraire[2], et il ne laisse aucun doute sur l'existence des classes lorsqu'il raconte le procès de *C. Gracchus*. « Déjà huit des dix-huit centuries de chevaliers et plusieurs autres de la première classe l'avaient condamné[3]. »

1. T.-Liv., XXIV, 7; XXVI, 22; XXVII, 6.
2. T.-Liv., I, 43. Voy. p. 85, note 1.
3. T.-Liv., XLIII, 16.

Enfin plusieurs passages de Cicéron ne laissent aucun doute sur l'existence des classes après la réforme [1].

Un second argument, invoqué par les adversaires de notre système, est qu'il est nécessaire dans celui-ci que chaque tribu comptât des citoyens des cinq classes, même dans les tribus urbaines qui, d'après tous les auteurs, ne comprenaient que des citoyens pauvres. L'objection est assez forte, parce qu'elle se réfère à une question de fait. Sans doute, les pauvres et les affranchis étaient en général classés dans les tribus urbaines, mais est-ce à dire que ces tribus ne contenaient pas de citoyens riches? Rien ne le prouve. Quoique la tribu fût personnelle, quand un intérêt politique ne s'y mêlait pas, les censeurs dans la répartition des citoyens devaient tenir compte du domicile réel; or, bien que les citoyens riches n'aient pas été à Rome en majorité, il devait y en avoir un certain nombre et de plus tous les affranchis s'y trouvaient. C'étaient précisément les gens qui faisaient le commerce et qui pouvaient s'enrichir; s'ils avaient le cens requis, leur qualité ne faisait pas obstacle à ce qu'ils fussent rangés dans la classe correspondante à leur fortune. D'ailleurs quelle que soit la vraie réponse à faire à cette objection, elle ne détruit pas les textes qui établissent l'existence des classes à la fin de la République.

Mais dans la nouvelle division, les classes conservent-elles le cens qu'elles avaient à l'époque de Servius? Si, comme nous le pensons, les as exprimant le cens de Servius sont des as d'une livre, lors de la révolution monétaire qui, entre la première et la seconde guerre punique, coupa ces as en as de deux onces, ceux qui, précédemment, avaient eu un cens de 100,000 as en eurent un de 600,000 et ceux qui possédaient 16,666 as en eurent tout à coup 100,000. Par conséquent, si le cens de Servius eût été conservé, tous les citoyens de la deuxième, de la troisième, de la quatrième et une grande partie de la cinquième classe

1. Cic., *Ph.* VII, 6, 16. — *De leg.* III, 7, 13.

fussent passés à la première. Le reste de la cinquième serait
devenu la seconde ; la troisième, la quatrième et la cinquième
auraient été formées des moins pauvres des prolétaires. Il en fût
résulté que la première classe eût été la plus nombreuse. Or, il
est peu probable que la réforme n'atteignit pas le cens de chacune des classes, d'autant plus qu'avec le développement de Rome,
les fortunes particulières durent s'augmenter en même temps que
la force d'échange de l'argent diminua. Il est très difficile de
déterminer exactement les chiffres du nouveau cens ; cependant
M. Belot a exposé sur ce point une théorie, qui doit être bien
près de la vérité.

Il remarque d'abord que le cens équestre était celui de la première classe ; il en fut ainsi dès l'origine, on ne trouve aucune
trace d'une distinction survenue plus tard et à l'époque des
Gracches nous voyons les chevaliers rangés parmi les centuries
de la première classe. Or dans les derniers siècles de la République et au commencement de l'Empire, le cens équestre est de
400,000 sesterces ou 1,000,000 d'as de deux onces. Comme
d'une part on ne peut fixer la date exacte de ce changement dans
le chiffre de Servius et que d'autre part nous savons qu'il est fait
à la fin du troisième siècle, rien ne s'oppose à ce qu'on le fasse
remonter à la réforme monétaire de 241. Si le cens équestre était
d'un million d'as, c'était également celui de la première classe.
En outre il faut bien admettre que le cens des autres classes
subit une transformation parallèle et qu'il devint respectivement
pour chaque classe 750,000, 500,000, 250,000 et 125,000 as.
Si l'on se demande pourquoi les chiffres de Servius ne furent pas
conservés en élevant simplement le cens de la première classe à
600,000 as de deux onces, celui de la seconde à 450,000 as, etc.,
nous répondrons par la raison donnée plus haut. A l'époque
de la première guerre punique la fortune particulière s'augmenta
sensiblement et l'argent abonda à Rome ; par suite des lois économiques qui sont de tout temps et de tout pays, la force d'échange
du numéraire diminua et c'est probablement parce qu'on évalua

cette diminution dans la proportion de six à dix, parce que l'on ne pouvait se procurer qu'avec dix as sextantaires ce qu'autrefois l'on avait avec un as d'une livre, que l'on ne se contenta pas de faire correspondre les nouveaux chiffres du cens avec la réforme des monnaies, mais qu'on voulut encore les mettre en harmonie avec la réalité des faits.

Cette révolution n'atteignit pas seulement les bases de l'assemblée centuriate, elle modifia aussi la manière de procéder de ces comices.

Quoique ayant perdu le caractère et l'appareil militaires qu'ils avaient eus, les comices étaient convoqués comme autrefois. On procédait toujours aux mêmes cérémonies religieuses, bien que le scepticisme, qui commençait à se faire jour dans les hautes classes de la société romaine à la fin de la République, eût enlevé à ce cérémonial son importance et un peu de sa majesté. Dans ces préparatifs, l'usage semble avoir introduit une modification importante. Le magistrat ne lit plus sa *rogatio* ou sa liste de candidats le jour même des comices ou plutôt ne la laisse plus discuter avant le vote ; on a pris l'habitude de réunir le peuple avant le jour des comices dans une *contio* où l'on discutait les candidats. Le jour du vote arrivé, voici comment on procédait : on tirait d'abord au sort la tribu prérogative ; à cet effet, on jetait dans une urne les noms des trente-cinq tribus et la centurie de *juniores* de la première classe de la tribu dont le nom sortait était la prérogative, c'est-à-dire qu'elle votait la première. Le *præco* annonçait aussitôt son vote. On appelait ensuite les centuries de la première classe et les centuries de chevaliers. Remarquons qu'à cette époque toute la première classe appartenait à l'ordre équestre et que les dix-huit centuries anciennes ne différaient des autres, qu'en ce que le cheval et la solde nécessaire à son entretien étaient fournis par l'État ; on les désignait sous le nom de chevaliers *equo publico* pour les distinguer des autres, qui étaient chevaliers *equo privato*.

Une question assez obscure est celle de savoir comment votaient ces centuries. Allaient-elles au scrutin simultanément ou successivement? Ce qui a pu faire croire à leur vote simultané, est la disposition adoptée au Champ de Mars pour les comices centuriates. On construisit des compartiments (*sœpta*) réservés à chaque centurie et les citoyens en sortaient par un passage étroit, au bout duquel chacun déposait son vote. Mais il n'y avait dans cette enceinte (*ovile*) que 70 *sœpta* ; or la première classe comptait 87 centuries en dehors de la prérogative. On a prétendu que les dix-huit centuries de chevaliers votaient à part et après la première classe, de sorte qu'il y eut autant de *sœpta* que de centuries dans chaque classe et que toutes celles de la même classe votaient en même temps. S'il en fut ainsi, il me paraît au moins inadmissible que les chevaliers *equo publico* aient voté après la première classe; ils devaient voter aussitôt après la prérogative. Quoi qu'il en soit après le vote des centuries de la première classe, on annonçait le résultat, puis l'on appelait les 70 centuries de la seconde et ainsi de suite jusqu'à ce qu'on réunisse une majorité de 187 suffrages. Dans tous les cas, elle ne pouvait être atteinte qu'après le vote de la troisième classe et l'on devait être assez souvent obligé d'aller jusqu'à la quatrième et la cinquième, ce qui n'arrivait jamais avec l'ancienne constitution.

Comme autrefois, dans chaque centurie la décision se formait à la majorité des voix. Longtemps encore le vote fut oral, mais vers le milieu du deuxième siècle avant Jésus-Christ, il fut remplacé par le vote écrit. Pour les comices électoraux cette réforme fut faite par une loi *Gabinia*, en 615 de Rome ; dès lors chacun inscrivit sur une tablette les candidats de son choix.

La réforme des comices centuriates leur fit perdre leur caractère archaïque et les mit en harmonie avec la grande division du peuple en tribus. Ils subsistèrent aussi tant qu'il y eut des comices à Rome, tant que le peuple romain n'eut pas abdiqué et remis entre les mains d'un seul cette puissance pour laquelle il avait tant lutté dans la première moitié de la période républicaine.

# CHAPITRE VI

## I. DES MAGISTRATS ÉLUS

C'était une règle générale à Rome que les magistrats étaient choisis par le peuple réuni dans ses comices. Sous la République. il n'y avait d'exception à ce principe que pour le dictateur, le *præfectus urbi* et le maître de cavalerie. Les deux premiers étaient désignés par le consul en charge et le *magister equitum* était choisi par le dictateur lui-même.

Les magistrats qui occupaient une place régulière dans la constitution romaine étaient les consuls, les censeurs, les préteurs, les questeurs, les édiles curules, les tribuns et les édiles plébéiens. C'étaient les magistrats ordinaires. A côté de cela et d'une façon régulière, le peuple avait à nommer vingt-six fonctionnaires administratifs, dont nous parlerons plus loin, et les tribuns militaires dans une certaine mesure.

En dehors de ces magistrats, le peuple était quelquefois appelé à élire d'autres magistrats qui ne faisaient pas partie du fonctionnement normal de la constitution. C'étaient les magistrats extraordinaires élus. Tels étaient les tribuns militaires élus avec puissance consulaire, avant l'arrivée des plébéiens au consulat ; tels furent encore les decemvirs, à qui tout pouvoir fut confié pour la revision des lois civiles, les triumvirs qui, à la fin de la République, furent chargés de reformer la constitution.

Occupons-nous d'abord des magistratures ordinaires. Cinq d'entre elles, le consulat, la préture, la questure, la censure et l'édilité curule sont des magistratures curules ; elles sont créées *auspicato* et emportent le *jus auspiciorum majorum*. Le tribunat et l'édilité plébéienne au contraire sont des magistratures créées sans auspices. Toutes, d'ailleurs, présentaient les mêmes caractères.

1° Elles sont absolument gratuites et purement honorifiques ;

2° Elles sont temporaires et, sauf la censure, annuelle ;

3° Elles forment toutes un collège comprenant plusieurs membres ; il n'y a pas de magistrature ordinaire n'ayant qu'un titulaire. Chaque magistrat se trouve ainsi soumis à l'*intercessio* de ses collègues ;

4° Enfin tous les magistrats sont responsables devant le peuple de la gestion de leur charge ; mais ils ne peuvent être astreints à rendre compte, qu'après l'expiration de leurs fonctions. Il est vrai qu'on vit plus d'une fois le contraire dans l'histoire et des tribuns de la plèbe poursuivre des magistrats en fonctions ; mais c'était là un abus de pouvoir, un procédé révolutionnaire étranger au droit public.

Les consuls étaient les premiers magistrats de la République, sauf quelques attributions religieuses conférées au *rex sacrorum* ils avaient tous les pouvoirs des rois et n'en différaient guère qu'en ce que leurs fonctions étaient temporaires. On les désigna d'abord sous le nom de *prætores*, c'est-à-dire chefs d'armée, et de *judices ;* ce ne fut que depuis le decemvirat législatif que la dénomination de consul prévalut. Il y eut toujours deux consuls sous la République. Si l'un d'eux mourait ou abdiquait dans l'année, son collègue devait immédiatement convoquer les comices pour nommer un consul *suffectus* dont les pouvoirs expiraient avec ceux de son collègue ; on ne connaît que trois consuls qui

aient manqué à cette règle, et encore dans le dernier siècle de la
République, Carbo en 84, Q. Martius Rex en 68 et Pompée
en 52.

Le consulat disparut cependant parfois sous la République;
ainsi il fut supprimé pendant le decemvirat et en outre, de 444
jusqu'à la loi *Licinia de consulatu* en 366, il put être remplacé
par le tribunat consulaire, sur la décision du Sénat. Notons enfin
que pendant la dictature, les pouvoirs des consuls étaient sus-
pendus.

Cette magistrature ne fut d'abord accessible qu'aux patriciens
et ce ne fut que grâce à leurs longs et persévérants efforts que
les plébéiens y furent admis en 366, en vertu de la loi *Licinia*.
Encore à cette époque un seul consul pouvait être plébéien et ce
ne fut qu'en 336, que le dictateur Q. Publilius Philo fit décider
que les deux consuls pouvaient être pris dans la plèbe. Ce ne fut
pas sans peine que ces résultats furent acquis. Dès 444, le patriciat dut faire une concession en instituant le tribunat consulaire.
Tous les ans, le Sénat décidait si les comices éliraient des consuls
pris parmi les patriciens ou des tribuns qui pouvaient être pris
parmi les plébéiens; ceux-ci, satisfaits de cette victoire, semblent
n'avoir fait que peu d'efforts pour faire arriver les membres de
leur ordre, puisque nous ne voyons pas arriver de plébéiens au
tribunat consulaire avant l'an 400. Ces tribuns avaient les attributions des consuls, mais ils étaient plus nombreux; leur collège
se composait sans doute de six membres, peut-être même leur
nombre n'était-il pas invariablement fixé; aussi voyons nous
Tite-Live en compter tantôt trois, tantôt quatre, tantôt six et
quelquefois même huit [1].

Quand en 336 les plébéiens arrivèrent au consulat, les patriciens réussirent à en détacher une des plus importantes attributions, la juridiction civile, et la confièrent à un magistrat spécial,
qui fut le préteur. Mais ceux qui avaient rendu accessible à tous la

---

1. T.-Liv., IV, 7, 45; V, 2; IV, 35, 39; VI, 1, 63; V, 1; VI, 27.

première magistrature de l'État, ne devaient pas rester exclus de la préture ; aussi dès 337, trente ans après la création de cette magistrature, les plébéiens y furent admis.

Après le consulat, la préture est la charge la plus importante du gouvernement. Le préteur fut d'abord le collègue des consuls ; il était élu, comme eux, sous les mêmes auspices, avec *l'imperium militare ;* primitivement même, il était élu le même jour. Cependant il n'était pas absolument l'égal des consuls, il était ce que les Romains appelaient « *collega minor*. » Sa fonction principale consistait à rendre la justice ; de plus, comme collègue des consuls, il a, en leur absence, la *custodia urbis*. Cette fonction fit disparaître le magistrat extraordinaire, appelé *præfectus urbi*, que les consuls créaient lorsqu'ils quittaient Rome l'un et l'autre.

Jusqu'en 242, il n'y eut qu'un préteur. Mais, à ce moment, par suite de l'accroissement de la population à Rome et de la multiplicité des relations entre Romains et pérégrins, on en créa un second. Tandis que le premier, dit préteur urbain, rendait la justice dans les affaires n'intéressant que des citoyens romains, le second, appelé préteur pérégrin, statuait sur les différends entre pérégrins ou entre pérégrins et Romains. Après la réduction de la Sicile et de la Sardaigne en provinces romaines, il y eut quatre préteurs ; après la conquête des deux Espagnes, il y en eut six.

Parmi ces six magistrats on en tire au sort deux pour rester à Rome et chacun des quatre autres va administrer l'une des provinces ci-dessus. Quand Sylla augmenta considérablement le nombre des *quæstiones perpetuæ ;* il porta le nombre des préteurs à huit. A partir de cette époque, tous les préteurs restent à Rome, mais pendant l'année qui suit leur préture, on leur continue l'*imperium* et ils vont gouverner les provinces sous le titre de propréteurs. Sous César il y eut dix préteurs, plus tard seize et jusqu'à quarante.

Bien avant qu'on ne séparât les fonctions du préteur de celles

du consul, on avait déjà enlevé au consulat le recensement des
citoyens pour en faire l'attribution d'une nouvelle magistrature
patricienne, la censure. La création de la censure remonte à 443,
époque de l'institution du tribunat consulaire ; on la justifia en
disant qu'un plébéien pouvait être tribun consulaire et qu'un
patricien seul pouvait présider aux cérémonies religieuses du
*lustrum*. Mais ce motif ne put résister bien longtemps au mouvement, qui amenait à grands pas l'égalité politique. En 351, les
plébéiens furent admis à la censure et, en 339, la *lex Publilia
Philo* ordonna même qu'un des censeurs fût plébéien.

Les censeurs étaient au nombre de deux et généralement on
les prenait parmi les personnages consulaires, à cause des
immenses pouvoirs et de la grande considération attachés à cette
charge. A l'origine la durée de leurs fonctions était de cinq ans,
mais une loi *Æmilia*, que l'on place en 434, décida que la durée
de la censure ne dépasserait pas dix-huit mois ; comme le cens
avait lieu tous les cinq ans, il en résulta que depuis cette loi il y
eut un intervalle de trois ans et demi entre deux censures. Au
dernier siècle de la République, il y eut de fréquentes interrup-
tions dans l'exercice de la censure. Contrairement à ce qui se
passait pour les autres magistratures, si l'un des censeurs mourait,
il était d'usage que son collègue abdiquât et qu'on élît deux
nouveaux censeurs.

Le consulat, la préture et la censure étaient les hautes magistratures politiques de l'État romain. D'abord accessibles aux
seuls patriciens, elles le devinrent successivement aux plébéiens.
Mais en fait ces charges furent gérées le plus souvent jusqu'au
milieu de la République par des patriciens ou par quelques plébéiens appartenant à des familles riches et influentes pactisant
plutôt par leurs mœurs, par leurs richesses, par leur éducation
avec le patriciat qu'avec la foule populeuse et misérable de la
plèbe. Aussi voyons-nous peu de ces hauts magistrats être franchement favorables aux revendications que la plèbe finit cependant
dant par faire triompher, grâce à la forte organisation qu'elle

dut à sa première conquête, le tribunat de la plèbe et à la forte
impulsion qu'elle en reçut.

Nous avons dit comment furent créés les tribuns de la plèbe et
nous savons quelle obscurité règne sur la manière dont ils étaient
primitivement désignés. Cette magistrature resta toujours exclusivement réservée aux plébéiens. Les tribuns furent d'abord au
nombre de deux ; peut-être même furent-ils immédiatement cinq ;
quoi qu'il en soit, ce chiffre de cinq, qui est très ancien, fut porté
à dix en 457.

En dehors des hauts magistrats et des tribuns du peuple, on
élisait encore les édiles, les questeurs et les *sexvigintiviri* qui
avaient plutôt des fonctions administratives que politiques ; néanmoins ils étaient élus dans les comices et c'est à ce titre que nous
devons nous en occuper.

Les édiles étaient de deux sortes ; les édiles plébéiens, dont
l'institution est connexe à celle du tribunat de la plèbe et les
édiles curules, dont la création est plus récente et ne date que
de 344. A l'origine, paraît-il, les édiles plébéiens étaient nommés
par les tribuns et exerçaient les fonctions que ceux-ci leur délé-
guaient ; mais cela ne dura pas longtemps et vingt-trois ans après
leur création, le plébiscite *Volero* décida que désormais ils seraient
élus. Ils perdirent peu à peu leur caractère de subordination aux
tribuns, mais, par une conséquence naturelle, ils perdirent en
même temps leur inviolabilité. Cette transformation de l'édilité
fut le résultat de la délégation que fit le Sénat aux édiles de fonctions particulières, comme la garde des sénatus-consultes, et
surtout de la création de l'édilité curule en 344. « A cette époque,
nous dit Tite-Live, pour célébrer la réconciliation des deux
ordres, le Sénat ordonna des fêtes que les édiles plébéiens refusèrent d'organiser, comme c'était leur devoir. De jeunes patriciens
offrirent de s'en charger, à condition qu'on les ferait édiles ; cette
proposition fut acceptée et il fut décidé que dorénavant le peuple
nommerait deux édiles patriciens[1]. » Mais cette édilité curule, qui

1. T.-Liv., IV, 42.

par son origine même semblait devoir être réservée aux seuls patriciens, fut peu de temps après sa création ouverte aux plébéiens.

Malgré la différence de leur titre, les édiles curules formaient un seul collège avec les édiles de la plèbe; ils étaient élus dans les mêmes comices et avaient à peu près les mêmes fonctions. Il y eut toujours quatre édiles jusqu'à César, qui, en 46, porta leur nombre à six en créant deux édiles *ceriales* spécialement chargés de veiller à l'approvisionnement de la ville et d'organiser les fêtes en l'honneur de Cérès.

La questure est la plus ancienne des magistratures romaines; elle remonte à la royauté. Nous voyons, en effet, sous les rois, des *quæstores paricidii*, chargés de l'instruction des crimes contre les personnes, et des *quæstores perduellionis*, qui avaient pour mission la poursuite des individus accusés du crime de trahison. Sous la République, ces questeurs restèrent d'abord chargés de l'instruction des crimes et ajoutèrent à ces fonctions la garde du trésor public. Plus tard et peu à peu, leurs fonctions passèrent aux *triumviri capitales*, et, au troisième siècle av. J.-C., les questeurs ne sont plus que des agents financiers.

Les questeurs étaient autrefois nommés par les rois; après la chute des Tarquins, ils furent choisis par les consuls. Il en fut ainsi jusqu'en 447, où ils furent élus pour la première fois aux comices tributes. A ce moment encore, cette charge ne pouvait être occupée que par des patriciens, mais, à partir de 422, les questeurs furent pris indifféremment dans la plèbe ou dans le patriciat; cependant, c'est seulement en 409 qu'un plébéien arrive à la questure.

Le nombre des questeurs a souvent varié. Longtemps il n'y en eut que deux; mais, lors de l'admission de la plèbe à la questure, leur nombre fut porté à quatre. En 267, on en trouve huit; sous Sylla, vingt; sous César, quarante. Cet accroissement s'explique par l'augmentation du nombre des questeurs militaires et la création des questeurs italiques.

Les derniers magistrats dont nous ayons à parler n'ont aucune importance politique et semblent n'avoir que des fonctions de police judiciaire et d'administration. Ce sont les *XXVI viri*. Nommés d'abord par les magistrats supérieurs, ils furent plus tard élus aux comices par tribus. La date de cette modification, qui paraît d'ailleurs n'être pas la même pour ces vingt-six magistrats, n'est certaine pour aucun d'eux. Contrairement aux autres magistrats, ils ne formèrent pas un seul collège, mais cinq commissions distinctes :

1° Les *triumviri nocturni*, d'abord chargés de la police urbaine pendant la nuit. Une loi *Papiria*, en 289, leur confia l'instruction des crimes ; ils prirent alors le nom de *triumviri capitales* ;

2° Les *decemviri judices*, ayant des fonctions judiciaires que nous ne connaissons pas exactement ;

3° Les *quatuorviri* ou *præfecti juri dicundo Capuam, Cumas, etc.* Ces magistrats paraissent avoir été chargés d'attributions judiciaires concernant les citoyens de Capoue, Cumes et autres villes ;

4° Les *triumviri monetales*, chargés de la vérification des monnaies ;

5° Les *quatuorviri viis in urbe purgandis* et les *duumviri viis extra urbem purgandis*, chargés, sous la dépendance des édiles, des fonctions de police dans Rome et dans un rayon de mille pas autour de la ville.

Pour en finir avec les magistratures dont les titulaires étaient élus par le peuple, il nous reste à parler des magistrats extraordinaires. Bien qu'en général ces magistrats n'aient jamais été élus, il arriva cependant plusieurs fois que, dans des circonstances extraordinaires et spéciales, le peuple fut appelé à élire des magistrats extraordinaires.

Ce fut d'abord en 451 av. J.-C. ; à la suite d'une *rogatio Terentilia*, le peuple fut appelé à nommer dix magistrats chargés de rédiger la loi civile. Les décemvirs, tous patriciens, furent institués pour une année avec des pouvoirs extraordinaires ; pen-

dant ce temps, le consulat fut supprimé. L'année suivante,
en 450, de nouveaux décemvirs furent encore nommés pour un
an, et parmi eux se trouvèrent quelques plébéiens. On sait que ces
magistrats n'abdiquèrent pas leur *imperium* à l'expiration de
l'année ; on sait comment, par leurs excès de pouvoir, ils ameu-
tèrent le peuple contre eux, comment ils furent renversés et
comment le consulat fut rétabli.

Plus d'une fois encore, sous la République, les comices furent
appelés à élire des magistrats extraordinaires ayant des attributions spéciales et temporaires. Tels étaient, par exemple, les
magistrats élus par les tribus pour l'exécution des lois agraires
ou pour l'établissement des colonies [1]. Ces magistrats étaient ordinairement au nombre de trois ; on les appelait *triumviri agris
dandis, adsignandis coloniæ deducendæ*. Ils n'avaient d'autres
pouvoirs que ceux qui étaient nécessaires pour accomplir leur
mission.

Enfin, dans les dernières années de la République, les
comices, ou plutôt ce qui en restait, eurent encore à élire des
magistrats extraordinaires ; ce furent les *triumviri Reipublicæ
constituendæ*. C'est ce que dans l'histoire on appelle le second
triumvirat, celui d'Antoine, d'Octave et de Lépide. Cette élection
ne fut, il est vrai, qu'une formalité sans importance, mais qui
donna à ce triumvirat le caractère légal qui manqua toujours à
celui de César, de Pompée et de Crassus. Ce fut l'une des dernières manifestations de la vieille constitution, dont il ne restait
plus, à cette époque, qu'un vain simulacre et le souvenir affaibli
de sa grandeur passée.

Enfin, pour être complet, disons que les comices avaient à élire
un certain nombre des tribuns militaires commandant les légions
et jouaient un rôle, que nous déterminerons, dans le choix des
membres de certains collèges sacerdotaux.

---

1. Le plus souvent ces magistrats étaient désignes par le Sénat.

## II. De la compétence des divers comices électoraux

Après avoir ainsi passé en revue les magistrats qui étaient élus dans les comices, il nous faut examiner dans quels comices chacun d'eux était élu.

Les comices par centuries devaient nommer chaque année :

1° Deux consuls. Si l'un des deux décède ou abdique au cours de l'année, son collègue convoque les comices et fait nommer un consul *suffectus*. Si tous deux meurent ou abdiquent, la situation est plus grave, car le préteur n'a pas qualité pour convoquer les comices électoraux ; le Sénat doit alors désigner un *interrex*, qui convoque les comices pour l'élection des consuls.

2° Un préteur jusqu'en 242, puis deux à partir de cette époque, puis quatre après 227, puis six après 197, enfin huit depuis Sylla. Si l'un des préteurs venait à manquer pendant l'année, les consuls réunissaient les comices pour élire son successeur.

Enfin d'une façon régulière, les comices centuriates élisaient tous les cinq ans, deux censeurs ; depuis 334, la durée de leurs fonctions était seulement de dix-huit mois. Si, dans cette période, l'un des deux censeurs venait à mourir ou abdiquait, son collègue ne pouvait continuer ses fonctions, il devait abdiquer et les comices étaient réunis pour élire deux nouveaux censeurs.

Les comices centuriates eurent toujours le privilège d'élire les hauts magistrats politiques. C'est à eux que revenait le droit de nommer les magistrats extraordinaires, revêtus de l'*imperium militare*. C'est en vertu de ce principe, qu'ils eurent à désigner.

1° Les décemvirs qui, pendant deux ans, réunirent en leurs mains le pouvoir absolu.

2° Les *tribuni militum cum consulari potestate* qui, pendant la période s'étendant de 443 à 366, remplacèrent les consuls aussi souvent que le Sénat le voulut.

3° Les *triumviri Reipublicæ Constituendæ* qui, à la fin de la

République, voulurent faire consacrer en droit la puissance qu'ils avaient prise en fait.

Remarquons qu'à l'origine les pouvoirs des comices centuriates n'étaient pas absolus puisque l'*imperium* ne pouvait être conféré que par une *lex curiata*. Mais cette procédure archaïque ne tarda pas à devenir une simple formalité ; toutefois l'élection des censeurs en fut toujours dispensée, probablement parce qu'ils n'avaient pas l'*imperium militare*. Leurs fonctions comportaient seulement la *potestas censoria*, qui leur était conférée, après l'élection, par une *lex centuriata* spéciale.

L'époque d'entrée en charge des différents magistrats semble avoir variée ; elle ne paraît avoir été fixée aux calendes de janvier qu'en 154. A cette époque d'ailleurs tous les magistrats entrent en charge au 1er janvier sauf les questeurs, dont les fonctions commencent aux *nones* de décembre et les tribuns qui prennent leurs pouvoirs le quatrième jour des *ides* de décembre. Les comices électoraux se tenaient quelque temps avant l'entrée en charge. Au dernier siècle de la République on les tenait ordinairement six mois auparavant, au mois de juillet et dans l'ordre des magistratures ; on élisait d'abord les consuls et, quelques jours après, les préteurs. Entre le jour de l'élection et celui de l'entrée en charge, le magistrat est dit *designatus*. Son *imperium* reste sans effet, mais il prend rang dans la liste officielle des magistrats et peut publier des édits qui deviendront obligatoires au jour de son entrée en charge.

Les comices par tribus, qui prirent un développement si considérable, eurent à nommer tous les autres magistrats. Ils eurent donc à élire :

1° Les tribuns de la plèbe. Nous pensons qu'ils eurent toujours cette attribution, même avant que ces assemblées n'aient été constituées en comices ;

2° Les édiles plébéiens, depuis 471 av. J.-C. Avant cette époque ils paraissent avoir été désignés par les tribuns eux-mêmes ;

3° Les édiles curules ;

4° Les questeurs, depuis 447 ; auparavant ils étaient simplement nommés par les consuls ;

5° Les *sexvigiuti virii*, depuis une époque indéterminée ;

6° Les magistrats extraordinaires, qui furent élus dans certaines circonstances spéciale en vue d'une mission déterminée et temporaire, *triumviri agris dandis adsignandis*, etc... ;

7° Les *tribuni militum*, c'est-à-dire les commandants des légions dont un certain nombre considérés comme magistrats, étaient élus depuis 362. Chaque légion avait à sa tête six tribuns, qui la commandaient chacun pendant deux mois ; d'abord choisis par les consuls, six d'entre eux furent élus à partir de 362 ; en 311 on en nomma ainsi seize puis vingt-quatre, c'est-à-dire les chefs des quatre légions qui formaient alors l'armée romaine. Lorsque le nombre des légions augmenta, on continua d'élire les tribuns des quatre premières légions, qu'on appelait *tribuni comitiati*, par opposition aux tribuns des autres légions choisis par les généraux et que l'on désignait sous le nom de *tribuni Rufuli*.

Enfin en dehors de leurs attributions électorales politiques, les comices par tribus avaient des attributions électorales sacerdotales. Ces élections se faisaient dans des comices particuliers auxquels ne prenaient part que la minorité des tribus, dix-sept sur trente-cinq que l'on tirait au sort.

Les collèges sacerdotaux étaient fort nombreux à Rome ; les quatre principaux étaient :

1° Le collège des pontifes, aussi ancien que Rome, dont le chef était le *pontifex maximus*. C'est à ce personnage que revenait le droit de désigner le *rex sacrorum*, les flamines, les vestales et les curions. Ce collège était composé de quatre membres;

2° Le collège des *quindecemviri sacris faciundis* chargés de la garde des livres sybillins ;

3° Le collège des augures qui ne comprit d'abord que six membres;

4° Le collège des *epulones* chargés de présider aux banquets en l'honneur des dieux.

Les collèges des pontifes et des augures remontaient à la fondation de Rome, celui des *viri sacris faciundis* est un peu postérieure et le dernier ne date que de la République. Il fut, dès sa création, ouvert aux plébéiens, mais ceux-ci n'arrivèrent au précédent qu'en 387 et ne furent admis dans celui des pontifes et dans celui des augures qu'en 300 par la loi *Ogulnia* qui porta le nombre des pontifes à huit, dont quatre devaient être plébéiens, et le nombre des augures à neuf dont cinq plébéiens ; toutefois ce ne fut qu'en 252 qu'un plébéien arriva pour la première fois à la charge de grand pontife. Jusqu'à la loi *Domitia*, en 104 avant J.-C., ces collèges se recrutèrent par cooptation, sauf une exception concernant le grand pontife qui, à partir d'une époque qui nous est inconnue, mais qui est antérieure à 212, est élu, parmi les pontifes, dans les comices par tribus.

Une exception semblable était faite pour le grand curion. On conteste que ce prêtre ait été élu aux comices par tribus et certains savants pensent qu'il l'était aux comices curiates. Or l'on ne connaît pas un grand curion élu avant 209, c'est-à-dire a une époque où n'existait plus que le souvenir des curies ou du moins un simulacre sans importance. De plus l'on ne peut guère contester que le grand pontife ait été élu aux comices tributes [1]. Or il n'y a pas de raison pour faire élire le grand curion par une autre assemblée que le grand pontife, dont la tradition était certainement plus patricienne que celle du *curio maximus*. Enfin il est probable que la loi Domitia ne fit que généraliser pour les grands collèges sacerdotaux une mesure qui jusque-là n'était appliquée qu'au grand pontife et au grand curion.

D'après cette loi Domitia, les membres des quatre grands collèges durent être élus par les comices tributes sacerdotaux. La charge était viagère et les comices ne pouvaient choisir le prêtre

---

1. T.-Liv., XXV, 5. — Cic., *De leg. agr.* II, 7, 18.

à nommer que parmi les candidats présentés par le collège intéressé. L'élection était assurée par le vote favorable de neuf tribus
sur les dix-sept tirés au sort.

### III. DE L'ÉLIGIBILITÉ AUX DIFFÉRENTES MAGISTRATURES.
### LE *cursus honorum*.

Après avoir déterminé la compétence particulière de chacune
des formes des comices, il convient de rechercher dans quelles
conditions devaient se trouver les candidats aux différentes magistratures.

Pendant longtemps il semble n'y avoir eu aucune loi déterminant les conditions d'éligibilité aux magistratures. Sauf la
distinction des charges patriciennes, d'abord accessibles aux seuls
patriciens, et des charges plébéiennes toujours réservées exclusivement aux plébéiens, tout citoyen romain pubère était éligible.
Lorsque les plébéiens furent arrivés à toutes les charges curules,
des conditions s'établirent, soit par l'usage, soit par des lois que
nous ne connaissons pas. A ce moment le droit d'éligibilité, le
*jus honorum*, appartient à tous les citoyens *optimo jure* qui
n'en sont pas privés par la coutume, par la loi ou par une condamnation. Par conséquent le *jus honorum* n'appartient ni aux
*cives sine suffragio*, ni aux affranchis puisqu'ils ne sont pas
citoyens *optimo jure*. En sont également privés :

1° Les fils d'affranchis. Cette exclusion, qui s'explique par les
mœurs romaines, était le résultat de la tradition ;

2° Les *infâmes* et les citoyens frappés de la *nota censoria*,
c'est-à-dire tous ceux qui avaient été frappés par les censeurs, à
raison d'une conduite blâmable, quoique non réprimée par les
lois. Etaient *infâmes* : *a*) ceux qui s'étaient rendus coupables
d'un acte déshonorant, comme épouser une veuve avant la fin de
son deuil ; — *b*) ceux qui exerçaient une profession déshono-
rante, comme les acteurs, les gladiateurs, etc. ; — *c*) ceux qui

avaient été condamnés dans un *judicium turpe*. La tache de l'infamie était indélébile, tandis que ceux frappés simplement de la *nota censoria* pouvaient être réhabilités par les censeurs suivants;

3° Les citoyens privés du *jus honorum* en vertu d'une condamnation judiciaire;

4° Les mercenaires;

5° Enfin, dans les derniers siècles de la République, Sylla priva du *jus honorum* les fils des proscrits.

En dehors de ces incapacités absolues, il y avait une incapacité toute spéciale, frappant le président des comices. Il ne pouvait être candidat dans les comices qu'il présidait; on trouve quelques exceptions faites à cette règle par des tribuns de la plèbe, mais cela était absolument irrégulier [1]. Enfin des lois très anciennes venaient encore restreindre, pour quelques magistratures, le droit des comices. Ainsi les patriciens, depuis 335, ne pouvaient prétendre qu'à une seule place de consul ou de censeur, et l'un des deux magistrats devait nécessairement être plébéien.

Jusqu'au quatrième siècle, nous ne connaissons aucune loi qui défendît la réélection des mêmes magistrats ni qui s'opposât au cumul de plusieurs magistratures; il faut aller jusqu'au sixième siècle pour trouver des règles précises sur la gestion des magistratures.

Avant la lex *Villia*, qui est de 180 avant J.-C., des sénatus-consultes ou des lois dont la date est indéterminée, mais qui sont du quatrième siècle, avaient posé les règles suivantes:

1° Aucun magistrat ne pourra être réélu à la même magistrature avant dix ans d'intervalle;

2° On ne pourra gérer deux magistratures ordinaires de suite;

3° Un magistrat occupant une charge curule ne pourra en briguer une autre, pendant la gestion de sa magistrature.

Toutefois ces défenses ne paraissent concerner que les magistratures patriciennes et encore elles ne s'appliquent ni aux

---

1. T.-Liv., III, 25; VII, 25; XXVII, 6.

magistratures extraordinaires ni à la censure. Ce ne fut que plus tard, par assimilation sans doute, que l'on appliqua ces règles aux tribuns de la plèbe et que l'on défendit la continuation des magistratures plébéiennes.

En 265, on défendit même de gérer la censure plus d'une fois, et en 152, la même défense s'appliqua au consulat. Mais ces prohibitions ne tardèrent pas à tomber en désuétude.

En 180, fut portée la lex *Villia* qui détermina les conditions de l'exercice des magistratures et qui resta en vigueur jusqu'à la fin de la République. Les dispositions de cette loi ne nous sont pas connues dans le détail et par suite elles donnent lieu à bien des controverses. D'après les uns, cette loi aurait fixé le minimum d'âge nécessaire pour gérer chaque magistrature, les autres prétendent qu'elle ne le faisait qu'indirectement. Voici les points sur lesquels on est à peu d'accord :

1° Pour briguer une magistrature, il fallait avoir satisfait à la loi militaire. Les obligations de ce service duraient dix ans, à partir de dix-sept ans révolus. On ne pouvait donc briguer aucune magistrature urbaine avant vingt-sept ans. On pouvait cependant être élu tribuns militaires après cinq ans de service.

2° Les magistratures devaient être gérées dans un certain ordre. On devait être questeur d'abord ; on arrivait ensuite à la préture, puis au consulat.

3° Entre la gestion de deux magistratures patriciennes, il faut un intervalle de deux ans.

Si l'on s'en tient là, on peut conclure que l'on pouvait être questeur à vingt-huit ans, préteur à trente et un et consul à trente-quatre, puisqu'il n'était pas obligatoire de gérer l'édilité curule pour arriver au consulat. Ce résultat est en désaccord avec l'usage dans les derniers temps de la République et avec le texte de Cicéron, affirmant que l'on ne pouvait arriver au consulat qu'à quarante-trois ans. Pour expliquer cette difficulté, on a imaginé plusieurs systèmes. D'après Mommsen, la loi *Cornelia* qui en 81 av. J.-C., abolit l'obligation du service militaire, aurait fixé un âge minimum pour la questure, ce qui était nécessaire puisque la condition du service militaire, prescrite par la loi *Villia* n'existait pas ; elle aurait fixé cet âge à trente-sept ans, ce qui aurait permis d'arriver au consulat à quarante-trois ans. D'autres au contraire pensent que la lex *Villia* fixait elle-même le minimum d'âge pour chaque magistrature et indiquait quarante-trois ans pour le consulat. Peut-être pourrait-on fournir une autre explication.

Le *certus ordo magistratuum* ne comprenait que la questure, la préture et le consulat. Les autres magistratures ne sont pas obligatoires. Cependant, en fait, tous les hommes parcourant la carrière des honneurs (*cursus honorum*) étaient tribuns militaires avant d'être questeurs, et géraient l'édilité curule avant d'aspirer à la préture. Les magistratures plébéiennes n'étaient pas obligatoires ; néanmoins au sixième siècle, on les voit gérer par les hommes politiques, qui parcourent le *cursus honorum* et qui, en général, avant d'être questeurs, devaient débuter dans la vie politique en faisant partie du *viginti-sexvirat*. De sorte que, au sixième siècle, bien que le *certus ordo* ne comprît que la questure, la préture et le consulat, l'usage était d'être successivement *viginti-sexvir*, questeur, tribun, édile (les deux édilités avaient été mises sur le même pied), préteur et consul. Chacune de ces magistratures dure un an et l'intervalle entre chacune d'elles est de deux ans ; par conséquent un jeune homme qui, conformément à la lex *Villia*, débutait dans la vie politique à ving-sept ans révolus et gérait toutes les magistratures *suo anno*, arrivait à la questure à trente et un an, au tribunat à trente-quatre, à l'édilité à trente-sept, à la préture à quarante et au consulat à quarante-trois ans. En présence de l'obscurité, qui règne sur les dispositions des *leges aninales*, de la loi *Villia* comme de la loi Cornelia, ce système n'a rien d'invraisemblable : il respecte le texte de Cicéron et est en conformité avec ce qui se passait aux deux derniers siècles de la République. Enfin il explique pourquoi certains personnages illustres, comme Pompée qui fut consul à trente-six ans, et César qui le fut à quarante, purent arriver au consulat avant l'âge habituel, puisque cet âge était celui imposé par la pratique, par les habitudes, par les mœurs et non celui fixé par la loi.

Quant à la censure, quoique magistrature ordinaire, elle n'entrait pas dans l'ordre normal des magistratures. Elle ne pouvait être gérée qu'après le consulat, puisque la loi *Gabinia* en 67 av. J.-C., consacrant une pratique antérieure, exigea que les censeurs fussent choisis parmi les personnages consulaires.

IV. DE LA BRIGUE DES SUFFRAGES ET DES POUVOIRS DU PRÉSIDENT DES COMICES.

Lorsqu'un citoyen se trouvait dans les conditions requises pour aspirer à une magistrature, il posait sa candidature, en allant en faire la déclaration au président des comices, sans doute avant la publication de l'édit qui les convoquait. C'est ce que l'on appelait « *professio.* » La *professio* n'était obligatoire que pour les élections aux comices centuriates, mais en fait elle existait pour toutes les élections.

L'intervalle entre la *professio* et l'élection était consacré par les candidats à la brigue des suffrages. Les candidats revêtus d'une toge blanche (*toga candida*), insigne de leur candidature, se promenaient sur le Forum et au Champ de Mars, accompagnés de leurs clients et de leurs amis, et ils essayaient de gagner la confiance des électeurs. De ces promenades est venu le mot « *ambitus*, » qui voulut d'abord dire brigue des suffrages, mais qui ne tarda pas à signifier corruption électorale. A côté de ces promenades et de ces conversations absolument licites, les candidats employèrent bientôt des moyens plus efficaces quoique moins réguliers. On donnait aux citoyens des festins, des jeux, des bons de spectacles, on achetait même les suffrages à prix d'argent, etc.

Il faut croire que ces abus de la candidature sont très anciens, puisque Tite-Live raconte qu'en 436 av. J.-C. les tribuns militaires, remplaçant les consuls, firent voter une loi interdisant l'usage des robes blanches. Cette loi ne fut pas observée et les scandales de la brigue recommencèrent. Aussi à partir de 358 et surtout dans les derniers siècles de la République, voit-on des lois très nombreuses s'efforcer en vain de réprimer la corruption électorale.

En 358, un tribun de la plèbe, C. Pætilius, fit passer une *lex de ambitu* interdisant la brigue dans les marchés et dans les réunions publiques. Mais l'autorité des plébiscites à cette époque n'était pas assez considérable pour mettre un terme aux abus, et la répression devint d'autant plus difficile que le nombre des corrupteurs augmenta, et, à quelques rares exceptions près, tous les candidats, paraît-il, pouvaient donner prise à l'accusation.

Au commencement du deuxième siècle, le législateur dut intervenir à nouveau, mais une grande obscurité règne sur les *leges de ambitu* de cette époque. On pense qu'il y eut deux lois successives que l'on date généralement de 182 et de 159 av. J.-C ; la première, qui serait une loi *Æmilia Bœbia*, aurait interdit les largesses aux candidats sous peine de la perte du *jus honorum* pendant dix ans ; la seconde, une loi *Cornelia*, aurait puni de l'exil la corruption électorale. D'autres savants pensent au contraire, qu'il n'y eut à cette époque qu'une loi *Cornelia de ambitu* que les uns, comme Willems, placent en 181, et que les autres, comme Mommsen, attribuent à Sylla. Quoi qu'il en soit tout le monde est d'accord sur ce point, que, vers cette époque, on tenta de réprimer sévèrement la corruption électorale. On peut également considérer comme destinées à protéger la liberté des électeurs, la loi *Gabinia* qui, en 139, introduisit le vote secret par écrit, et la *lex Maria* qui, en 120, ordonna de rendre les *pontes*, par lesquels les électeurs dans les comices sortaient des *sœpta*, aussi étroits que possible, afin qu'ils ne fussent pas suivis, sollicités et opprimés jusqu'à l'endroit du vote, par les agents électoraux des candidats.

Tout cela n'empêcha pas les abus d'aller en augmentant, au point qu'au dernier siècle de la République, on dut établir une sorte de tribunal permanent pour statuer sur les faits de corruption électorale. Les lois et les propositions de foi *de ambitu* se multiplient; il est vrai que l'on finit par s'en servir dans un esprit de parti contre des ennemis politiques, plutôt que dans le but de déjouer la fraude. En 75, on trouve une *lex Cotta de ambitu* dont les dispositions sont inconnues. Mais en 67, pour faire pièce au tribun Cornelius, qui voulait poursuivre les acheteurs de suffrages, le consul Calpurnius Pison fit passer une loi qui frappait d'une amende et de la privation à perpétuité du *jus honorum* les acheteurs de votes et peut-être aussi ceux qui distribuaient l'argent (*divisores*). Pour rendre plus facile son exécution, la loi encourageait la délation et promettait l'impunité au coupable qui en ferait condamner un autre. Un sénatus-consulte, rendu sur la proposition de Cicéron, étendit l'application de la loi aux candidats, qui donneraient au peuple des festins, des jeux de gladiateurs et qui viendraient au Forum en compagnie d'une nombreuse suite de gens soudoyés. Espérant atteindre ainsi Antonius et Catilina, il fit rendre sous son consulat une loi qui confirma les dispositions du sénatus-consulte et ajouta aux peines de la loi *Calpurnia* un exil de dix ans. Ce fut la grande loi contre la corruption électorale. Elle fut, cependant, impuissante à la réprimer et n'eut pas plus d'effets que n'en eurent les propositions du tribun Aufidius Luco en 61, la loi *Licinia*, interdisant les coalitions électorales en 55 et que n'en aurait eus la *lex Pompeia de vi et ambitu* si ses dispositions n'avaient pas été prises en vue d'un personnage à qui Pompée voulait et pouvait les appliquer.

En résumé, toutes les lois faites contre la brigue électorale furent impuissantes à la réprimer; jamais personne n'en tint compte, pas même ceux qui en étaient les auteurs. Ce mercanti-

8

lisme électoral ne contribua pas peu à la décadence rapide de la vieille constitution, dont le mécanisme, absolument faussé, ne fonctionnait plus qu'en apparence.

Avant l'élection, pendant que le candidat brigue les suffrages, le magistrat qui doit présider les comices n'a aucune attribution légale relativement aux candidats. C'est seulement au jour de l'élection que son rôle commence, nous connaissons ses pouvoirs en ce qui touche la tenue même des comices ; voyons ceux que lui confie la constitution, à l'égard des candidats.

Dans les élections, le rôle prépondérant n'appartient pas au peuple, mais au président des comices. La fonction du peuple n'est qu'accessoire, il concourt au choix des magistrats ; mais, en réalité, c'est le président qui les nomme, c'est lui qui, selon la forte expression romaine, crée les magistrats. Il dresse, en effet, la liste des candidats et en exclut tous ceux qui ne lui plaisent pas ; il pouvait même, à l'origine au moins, porter sur sa liste des citoyens qui ne se présentaient point. Or, le peuple ne peut voter que pour les candidats inscrits sur la liste du président. Mais, il y a plus encore, si l'un des candidats portés sur sa liste était élu, le magistrat avait le droit de refuser de proclamer le résultat et l'élection était nulle. Il est vrai que l'on conteste ce droit exorbitant du président des comices ; mais il n'en est pas moins certain que, pendant longtemps, son pouvoir fut presque absolu. Dans les derniers siècles de la République, cette puissance diminua, et peu à peu, sans qu'aucun acte législatif intervînt, le choix du peuple devint libre parmi les citoyens qui avaient posé leur candidature ; mais à partir de ce moment, il fut obligatoire pour les candidats de faire la *professio* et d'assister aux comices.

On se ferait donc une idée absolument fausse de la constitution romaine en la considérant comme une constitution démocratique au sens que nous donnons à ce mot. Le pouvoir souverain appartenait moins au peuple réuni dans ses comices qu'au magistrat entre les mains duquel il avait abdiqué, en lui conférant l'*impe-*

*rium.* Le fondement rationnel du pouvoir était bien dans le peuple, mais tout l'exercice en était aux magistrats. C'était le principe même d'un gouvernement césarien, dont l'annalité des magistratures et la responsabilité des magistrats sortis de charge amortissaient les inconvénients. Mais lorsque cette double garantie disparut, la République disparut en même temps, et Rome tomba naturellement aux mains du gouvernement césarien, du principat impérial, sans qu'il y eût, à vrai dire, de révolution constitutionnelle et tout en conservant le jeu extérieur des anciennes institutions.

## CONCLUSION

Nous avons ainsi parcouru l'ensemble des institutions électorales de la République romaine. Ces institutions, dont le développement fut le résultat de la lutte de la plèbe contre le patriciat, grandirent avec la liberté et disparurent avec elle. La constitution, qui n'était point étouffée dans les limites étroites d'un texte, se modifia petit à petit ; pendant cinq ou six siècles, elle se modela sur les exigences des transformations successives du peuple romain. Ce fut sans danger, grâce à la pondération des pouvoirs des différents magistrats, tant que le respect scrupuleux des lois fut la règle chez les Romains ; ce fut encore sans péril, tant que le peuple ne fit qu'empiéter sur les pouvoirs des magistrats et réduire son *imperium,* parce que c'était le jeu normal de la constitution et l'objet naturel de sa transformation ; on rentrait dans l'ordre. Mais il en fut autrement lorsque la corruption atteignit tout à la fois et les citoyens et leurs chefs ; les comices commencèrent à perdre leur dignité et leur autorité. Un retour dangereux se fit alors dans la constitution, et les mœurs électorales subirent une transformation qui devait amener la ruine de la République. Des magistrats, élus à force d'intrigues, d'argent et d'oppression, commencèrent à porter la main sur la

loi que les vieux Romains respectaient si religieusement. La responsabilité des magistrats ne fut plus qu'une arme de combat
entre les mains des partis, et l'on eut moins à répondre devant le
peuple de ses actes que de ses opinions, de ses sympathies, de
ses amitiés. Tous les procès intentés aux magistrats dans les deux
derniers siècles sont ce que, dans notre langue moderne, nous appe-
lons un procès de tendance. C'est, d'ailleurs, l'époque des incons-
titutionnalités fréquentes; Sylla peut proscrire, contrairement aux
lois, les citoyens romains; le peuple, qui avait renversé Appius
Claudius, laissa faire. On lui conserva ses comices; mais il n'eut
plus que l'apparence de l'autorité comme il n'avait plus que le fan-
tôme de la liberté politique. Les derniers vestiges des institutions
républicaines sont si peu gênants, que le tout-puissant César
laissera fonctionner les comices à peu près comme par le passé.
Il n'y a plus là qu'une formalité sans importance que le peuple
des tribus exercera encore pendant deux ou trois siècles, en per-
dant jusqu'au souvenir de leur antique grandeur et presque sans
remarquer la substitution du caprice de l'empereur au vieux
principe électif, heureux quand ce caprice n'est pas une fantaisie
stupide de Caligula ou une folie sanguinaire de Néron!

# DEUXIÈME PARTIE

DROIT FRANÇAIS

# DE LA CAPACITÉ ÉLECTORALE

## CHAPITRE PREMIER

### LE DROIT DE SUFFRAGE ET LES BASES DE LA CAPACITÉ ÉLECTORALE

C'est avec une certaine complaisance que l'on met souvent en opposition les droits de l'État et les droits de l'homme. Il semble que ce soient les deux termes opposés et inconciliables du problème social et que l'histoire de la civilisation jusqu'ici ne soit que la longue énumération des concessions réciproques que se sont faits l'État et les hommes qui le composent. Une pareille opposition est-elle donc possible? Nous ne le pensons pas. Droits de l'État d'un côté, droits de l'homme de l'autre, leur domaine respectif peut être déterminé ; les uns et les autres se concilient fort bien par la nature des choses, puisqu'ils ne sont que des moyens divers tendant vers un but unique, le libre développement des facultés physiques, intellectuelles et morales de l'homme. Certes, il n'est pas difficile de trouver dans l'histoire des exemples du peu de respect que l'État professa parfois pour les droits de l'homme ou d'une multitude violant outrageusement le droit de l'État; mais l'expansion absolue de ce que chacun appelle ses

*a*

droits a-t-elle jamais servi l'un ou l'autre? A quelle époque la
tyrannie a-t-elle servi l'État? A quel moment les violences de la
démagogie ont-elles profité aux citoyens? Un peuple a-t-il jamais
été plus prospère que lorsqu'un État fort assure à chaque homme
le libre exercice de ses droits? Le droit de l'État est non seulement la garantie des droits de l'homme, il en est la cause origi-
nelle et la raison d'être. On ne conçoit pas de droits individuels
sans ceux de la collectivité. Hors de l'ordre social, il n'y a pas de
droit et l'homme n'existe en dehors des classifications animales
que par la société, dont il est la créature. L'homme, en tant
qu'homme, n'a pas plus de droits que tel autre être de la nature,
puisqu'il n'a pas de devoirs. Ce n'est qu'au jour où, poussé par
les nécessités de la lutte pour la vie, il s'unit par un besoin
naturel à ceux qui se trouvent à côté de lui, que l'homme occupe
une place à part dans le monde. Mais c'est aussi à partir de ce
jour, qu'il contracte envers l'association des devoirs en échange
des services qu'il en tire; et c'est seulement l'accomplissement
de ses devoirs, qui lui crée le droit d'exiger les services, qui lui
sont rendus. Or les devoirs de l'homme envers l'association
constituent précisément les droits de la société. Le droit social
est donc la cause des droits individuels et leur est tout à la fois
antérieur et supérieur. Cette conception est si vraie, qu'on la
retrouve partout; toujours l'intérêt particulier a dû céder devant
l'intérêt général, toujours le droit individuel a été sacrifié au
droit social, toujours dans un pays policé la transcendance et la
priorité des droits de l'État ont été la base du droit public.
*Salus reipublicæ suprema lex esto!*

A qui doit être confié l'exercice des droits de l'État et quel
sera le juge de ce qui convient au salut de la société? C'est la
question du gouvernement et c'est précisément dans sa solution,
que se trouve la preuve de la facile conciliation des droits de
l'État et des droits de l'homme. Trois solutions sont possibles.
L'État peut être représenté par un seul homme, c'est le gouvernement monarchique; il peut l'être par plusieurs, c'est le gou-

vernement aristocratique, ou par la masse, c'est le gouvernement démocratique. A quelle hypothèse doit-on s'arrêter? La réponse paraît toute simple. Il est tout naturel, pour connaître ce qui convient à l'État, de s'adresser aux intéressés et d'en consulter le plus grand nombre. Cela est tellement vrai, que la plupart des ennemis du régime démocratique l'attaquent moins dans son principe que dans ses conséquences et dans les excès auxquels il est exposé. On oublie sans doute, que la route de la démocratie à l'anarchie est plus longue que celle de la monarchie au despotisme et que la démagogie même est moins à craindre qu'une aristocratie, qui remet ses destinées aux mains d'une coterie oligarchique.

L'exercice des droits de l'État, c'est-à-dire le gouvernement, doit donc appartenir au plus grand nombre possible d'intéressés. Or, quels sont ces intéressés? Ce sont évidemment tous ceux qui entrent à un titre quelconque dans l'association et dont la réunion forme le peuple. C'est donc au peuple qu'appartient l'exercice des droits de l'État, c'est lui qui est souverain.

Par quel procédé le peuple doit-il manifester sa souveraineté? Il l'exerce directement ou par mandataire. Au premier cas, c'est le régime démocratique proprement dit, au second, c'est le régime représentatif.

La démocratie directe est certainement l'idéal du gouvernement; rien de mieux qu'un peuple se gouvernant lui-même sans intermédiaire, mais rien de plus impraticable. « S'il y avait un peuple de dieux, dit Rousseau, il se gouvernerait démocratiquement; un gouvernement si parfait ne convient pas à des hommes. » Et il énumère les conditions de ce gouvernement : « Que de choses difficiles à réunir ne suppose pas ce gouvernement? Premièrement un État très petit où le peuple soit facile à rassembler et où chaque citoyen puisse aisément connaître tous les autres; secondement une grande simplicité de mœurs qui prévienne la multitude d'affaires et les discussions épineuses; ensuite beaucoup d'égalité dans les rangs et dans les fortunes, sans quoi l'égalité ne saurait subsister longtemps dans les droits et l'autorité ; enfin peu ou point de luxe, car ou le luxe est l'effet des richesses ou il les rend nécessaires, il corrompt à la fois le riche et le pauvre, l'un par la possession, l'autre par la convoitise ; il vend la patrie à la mollesse, à la vanité ; il ôte à l'État tous ses citoyens pour les asservir les uns aux autres et tous à l'opinion. »

Je ne vois pas qu'une seule des conditions demandées par Rousseau pour l'organisation d'une démocratie directe, existe dans aucun État, en dehors de l'impossibilité matérielle de réunir continuellement un peuple nombreux dans ses comices pour s'occuper des affaires publiques. En France, on a cependant essayé d'organiser ce système. La Constitution de 1793 le faisait d'une façon ingénieuse. Cependant il est peu probable que l'essai ait réussi, si les événements avaient permis de le tenter. A vrai dire, le régime démocratique directe est impraticable dans une grande nation : il faut nécessairement recourir au second mode d'exercice de la souveraineté nationale, le régime démocratique représentatif.

Dans ce système, le peuple se fait représenter par des mandataires, qu'il choisit parmi les hommes, partageant ses idées et ayant sa confiance. Le peuple délègue sa souveraineté à ceux qu'il élit et l'ensemble des règles, qui président à ce choix, constitue le droit électoral.

Tous les membres de l'État ont-ils un même intérêt à sa prospérité et doivent-ils tous avoir une part égale dans la souveraineté ? Et, si l'on admet l'affirmative, doivent-ils tous être appelés sans réserve ni condition, ou bien le peuple a-t-il le droit d'exiger de ceux qui font acte de souveraineté, des garanties de moralité et de saine appréciation ?

Sur la première question il ne peut y avoir de doutes ; il est bien certain que tous les membres de l'État ont indistinctement intérêt au progrès de la chose publique et qu'à cet égard tous ayant des devoirs, ils ont tous, virtuellement au moins, le droit d'être consulté. Mais il est non moins certain que pour donner à la décision du souverain toute l'autorité qu'elle mérite, il faut qu'elle soit donnée en pleine connaissance de cause et par ceux-là seulement qui ont conservé la plénitude de leurs droits, parce qu'ils n'ont jamais failli à l'accomplissement de leurs devoirs. Ainsi s'expliquent les incapacités physiques d'une part et de l'autre les incapacités pénales.

Il y a peu de variations sur la portée des incapacités pénales, il n'en est pas de même sur le nombre et l'étendue des incapacités physiques. On a surtout contesté la légitimité de l'incapacité absolue qui frappe les femmes et les mineurs.

Pourquoi exclut-on les mineurs ? Leur intérêt n'est-il pas, en droit, le même que celui de tout autre de leurs concitoyens, et, en fait, ne peut-il pas être plus considérable ? On reconnaît qu'un enfant ne peut faire un choix éclairé parmi ceux qui aspirent à le représenter, mais est-ce une raison pour l'exclure de la société politique ? Les lois civiles le reconnaissent aussi incapables de gérer son patrimoine ; l'exclut-on pour cela du commerce des hommes, est-il mort à la vie civile ? Non assurément, la loi désigne un tiers, qui le représente et veille à ses intérêts ; ne pourrait-on pas admettre la même solution pour la vie publique, et par ce moyen, qui tourne une difficulté de fait, n'éviterait-on pas de violer son droit ? Cette thèse n'a pas trouvé seulement des défenseurs parmi les théoriciens et, en 1871, à l'Assemblée nationale, M. de Douhet proposait qu'à partir de cinq ans les enfants possédassent une capacité électorale virtuelle qu'ils transmettraient à leur père. C'est ce que l'auteur de la proposition appelait le vote accumulé des familles. M. de Jouvenel allait plus loin encore et voulait que tout électeur inscrit représentât, outre lui-même, ses enfants mineurs sans distinction et les filles majeures restées dans la famille. Ces propositions ont été écartées avec raison. On ne doit pas considérer comme bien sérieuse l'assimilation faite entre la gestion du patrimoine et l'exercice du droit électoral. La loi pourvoit à l'administration des biens d'un incapable, parce qu'il y a là une situation de fait à laquelle il faut remédier ; si la loi n'y prenait garde, il pourrait se faire que personne ne se chargeât de l'entretien d'un capital, qui périrait au détriment de l'intérêt général. L'exclusion des mineurs de la vie publique, au contraire, n'empêche pas le peuple de pourvoir à l'administration des affaires du pays. Le choix des délégués du souverain doit se faire directement et le vote par délégation aurait pour effet de détruire l'égalité, qui doit exister entre tous les membres du corps politique. D'ailleurs si l'on admettait la délégation dans ce cas, pourrait-on raisonnablement l'écarter pour tous les autres incapables et même pour ceux qui sont momentanément empêchés, pour une raison ou pour une autre, d'exercer leur droit? Ne faudrait-il pas reconnaître d'une façon générale la validité du vote par mandataire.

Une exclusion, qui semble bien moins légitime et qui est encore plus attaquée que celle relative aux mineurs, est celle qui concerne les femmes.

La question de l'émancipation politique des femmes, aujourd'hui fortement agitée dans un certain parti, n'est pas nouvelle. A la Constituante, elle trouva un illustre avocat dans Condorcet, qui soutint l'idée de l'admission des femmes aux droits politiques. Dans la période d'émancipation générale où l'on se trouvait alors, il eût été extraordinaire que la mesure ne fût pas dépassée quant aux personnes comme elle le fut quant aux choses. Aussi ne doit-on pas s'étonner que dans une assemblée d'hommes, d'autant plus altérés de réformes libérales et égalitaires qu'ils avaient dû les attendre plus longtemps, il s'en soit trouvé pour proposer des mesures que ne réclamaient ni l'état des esprits, ni la situation. La Constituante refusa de suivre ces novateurs exagérés et repoussa le principe de l'admission des femmes aux droits politiques. Depuis, tous les pouvoirs ont suivi le même système et jamais les femmes n'ont été investies de droits électoraux, pas même dans cette œuvre extraordinaire d'où le sens commun paraît absolument banni et qu'on appelle la Constitution de 93. Aujourd'hui, l'émancipation politique de la femme n'est encore que le desideratum, non pas d'un parti, mais d'un petit groupe d'exaltées, qui semblent n'avoir de leur sexe que le costume.

Le grand argument des partisans des revendications féminines est que l'on viole en leurs personnes l'article 14 de la Déclaration des Droits de l'homme, posant le principe que l'impôt est voté par celui qui le paye ou son représentant. On voit maintenant le raisonnement : la femme paye l'impôt et cependant elle n'est pas représentée, puisqu'elle ne vote pas. Tout d'abord remarquons que l'on pourrait, par une argumentation analogue, contester la légitimité des conditions d'âge imposées aux électeurs. Un enfant peut payer des contributions considérables par leur chiffre et cependant personne ne songe à réclamer pour lui le droit de suffrage. On a d'ailleurs parfaitement raison. Le mineur est exclu de la vie politique par suite de son défaut de maturité intellectuelle, la femme l'est pour d'autres raisons que je vais exposer. Mais est-ce à dire pour cela que l'on viole en elle les préceptes de la déclaration de 1791? Non incontestablement, la déclaration n'est atteinte ni dans sa lettre, ni dans son esprit. Quels sont ceux qui, d'après le texte, ont le droit de consentir librement la contribution publique soit par eux-mêmes, soit par leurs représentants? Les citoyens, c'est-à-dire ceux qui remplissent les conditions exigées par la loi pour jouir des droits politiques. Et d'ailleurs, que voulait proclamer la Constituante, sinon que l'impôt ne doit pas être arbitraire, qu'il doit être proportionné aux besoins publics et que ces besoins doivent être constatés par la nation chargée de les satisfaire, c'est-à-dire par tous ceux que la loi appelle à prendre part aux affaires politiques et que, dans sa prévoyance, elle juge aptes à les bien diriger. Elle exclut les femmes, parce qu'elle les juge mal faites pour conduire les affaires de l'État. Cette idée n'est pas le résultat de sentiments surannés sur l'infériorité intellectuelle du sexe féminin et sur le peu de maturité de son jugement. Les tendances caractérisées des législations actuelles à consacrer l'égalité civile de la femme et de l'homme protestent contre une telle interprétation. Elle provient d'une conception, très nette et fort juste, du rôle social de la femme. En vain prétend-on que l'égalité civile accordée à la femme a pour corollaire nécessaire son émancipation politique ; c'est méconnaître absolument le rôle de la femme dans l'humanité. Destinée à la maternité, faite pour la vie de famille, la dignité de sa situation sera d'autant plus grande qu'elle n'ira point la compromettre dans les luttes du forum et dans les hasards de la vie publique. Elle oublierait fatalement ses devoirs de mère et ses devoirs d'épouse, si elle abandonnait le foyer pour courir à la tribune. Elle n'y apporterait pas d'ailleurs la modération de langage et la netteté des conceptions, qui sont indispensables dans les usages parlementaires. D'autre part, elle introduirait dans la famille un élément de dissolution, qui lui ferait perdre la légitime influence qu'exerce sur le père de famille la femme respectable, qui est l'honneur de la maison. Nulle part le rôle de la femme ne fut mieux compris qu'à Rome ; vénérée et vénérable dans la vie privée, la matrone romaine n'était rien dans la vie publique et jamais elle ne songea à compromettre la majesté du foyer domestique dans la tourbe des comices. Ces mœurs, heureusement, sont encore les nôtres et la condamnation de la théorie que nous combattons est celle que prononce tous les jours l'immense majorité des femmes.

On a donc parfaitement raison d'exclure de la vie politique les femmes et les personnes qui, par leur peu de maturité d'esprit, ne peuvent prendre une part intelligente à la conduite des affaires publiques. Il est encore fort juste d'en chasser tous ceux qui s'en sont rendus indignes, en manquant gravement à leurs devoirs sociaux et qui ont été frappés d'une condamnation d'une certaine gravité.

Mais ne doit-on pas aller plus loin et tout individu, qui est présumé intellectuellement mûr et qui pénalement n'a point démérité, réunit-il toutes les conditions de capacité et de moralité nécessaires pour exercer avec dignité et profit le droit électoral ? Et, si l'on admet l'affirmative, ne doit-on tenir aucun compte de la différence, qui peut exister entre la capacité des divers individus?

Ces questions, et surtout la première, sont très importantes. Non seulement elles ont soulevé de longues discussions entre les théoriciens de la science sociale, mais elles ont inspiré des systèmes législatifs, qui restèrent en vigueur pendant de longues années.

Il n'est pas suffisant, objecte-t-on, d'avoir vingt et un ans et de n'avoir point été condamné pour prendre part à la vie publique d'un peuple. Pour réglementer le droit électoral, il ne suffit pas de l'envisager dans son principe, il faut aussi le considérer dans son but, qui est le choix du gouvernement. Or le devoir du gouvernement est d'assurer le maintien de l'ordre et la conservation sociale. Pour prendre part au choix des gouvernants, il faut donc avoir un intérêt direct à ce que l'ordre social ne soit pas troublé par des révolutions. Cet intérêt ne saurait exister que pour ceux qui ont quelque chose à conserver ; il ne saurait exister pour les prolétaires, on ne doit donc admettre au droit électoral que ceux qui possèdent. A défaut d'autre critérium, ceux-là seront considérés comme ayant une fortune suffisante pour avoir intérêt au maintien de l'ordre qui payeront à l'État un chiffre d'impôts directs déterminé. De plus ces conditions de fortune, que l'on exige des électeurs, seront des garanties d'indépendance et de capacité, qui assureront la sincérité des élections. D'indépendance, car celui-là seul exprime librement son suffrage qui n'a personne à ménager et qui n'a pas besoin d'autrui ; de capacité, car l'électeur comprendra d'autant mieux son rôle qu'il sera plus instruit et pour acquérir cette instruction il faut du temps et de l'argent, deux choses qui manquent au pauvre.

Rien n'est plus faux que ce raisonnement. Est-il vrai de dire que les riches seulement aient intérêt au maintien de l'ordre ? Les intérêts de tous les particuliers ne sont-ils pas solidaires dans un même État ? Lorsqu'une révolution compromet la fortune du riche, elle supprime en même temps le pain de l'ouvrier en lui enlevant son travail. Le prolétaire a le même intérêt que celui qui possède, à la prospérité de l'État, car de cette prospérité dépendent l'abondance du travail et l'élévation du salaire. Son intérêt au maintien de l'ordre est de même nature que celui du riche. Néanmoins, objecte-t-on, les révolutions sont plutôt faites par les prolétaires que par les citoyens fortunés. L'objection me touche peu; les révolutions ne sont faites ni par les pauvres ni par les riches, elles le sont par les partisans d'une idée contre les défenseurs d'une autre idée et de chaque côté l'on trouve et des pauvres et des riches.

Si l'intérêt de tous les citoyens au maintien de l'ordre est le même, en quoi le cens électoral assure-t-il l'indépendance des électeurs? Veut-on dire que les pauvres laisseront acheter leurs suffrages? S'il devait en être ainsi, on ferait bien d'exclure du corps politique des membres qui ne s'en montrent pas dignes : mais pour la même raison, on devra exclure ceux qui achètent les suffrages. Si tous les pauvres sont supposés capables de vendre leurs votes, tous les riches doivent être présumés susceptibles de les acheter ; de sorte que l'on devrait exclure les uns et les autres, tous suspects de pouvoir tremper dans un marché honteux.

Enfin le cens électoral est-il une garantie de capacité? Il est incontestable que, d'une façon générale, l'instruction est plus répandue dans les classes aisées que dans les classes pauvres ; mais on ne peut nier d'autre part, que la fortune est un bien mauvais critérium du mérite. « Il est si impossible, dit Stuart-Mill, à une personne qui a acquis un degré quelconque d'instruction, de s'assurer un degré d'élévation analogue sur l'échelle sociale, que cet abus du privilège électoral a toujours été et sera toujours odieux au suprême degré [1]. »

Quant à l'argument qui consiste à dire que le droit de suffrage est basé sur ce que les impôts doivent être votés par ceux qui les payent et qu'il est simplement le droit corrélatif à cette charge,

---

1. Stuart-Mill. *Du gouvernement représentatif*, ch. VIII, Trad. Dupont-Whitte.

il mérite à peine d'être réfuté. Si le droit de suffrage est le corrélatif de l'impôt, il doit nécessairement appartenir à tout le monde
dans un pays qui inscrit, en tête de sa constitution, égalité
devant l'impôt et non à celui-là seul, qui paye tel impôt déterminé.

Le cens est une idée vieillie et le mot est aussi féodal que la
chose ; on attache le droit à la possession de la terre. Si ce système est resté si longtemps en vigueur, c'est qu'il est devenu plus
tard l'expression d'une théorie complètement fausse, qui fait
l'électorat non un droit mais une fonction. Cette fonction est
créée par l'État comme toutes les fonctions et c'est par conséquent
à lui qu'il appartient de désigner ceux chargés de la remplir. Or
en imposant un cens comme garantie, on pense que celui qui offre
le plus de surface comme fortune, présente les meilleurs conditions d'instruction, de réflexion et d'expérience pour bien choisir
ceux qui doivent gouverner l'État. Malheureusement il n'en est
pas ainsi et c'est ce qu'exprimait nettement M. Dufaure, en 1842,
à la Chambre des députés : « Est-il juste, s'écriait-il, qu'un officier en retraite, un magistrat, un médecin, un membre de l'Institut soient privés des droits reconnus à un paysan avare ou à un
marchand enrichi? Ne dirait-on pas que pour acquérir on n'emploie jamais que les plus légitimes moyens? » Et ce point de vue
moral me semble encore un argument décisif, après bien d'autres,
contre le régime censitaire.

Beaucoup de personnes, absolument hostiles au cens électoral,
pensent cependant que l'on devrait exiger des électeurs certaines
garanties de capacité qu'on ne leur demande pas. Le choix des
représentants est un acte important qui, pour être bien fait,
nécessite une culture intellectuelle que tout le monde n'a pas.
Parmi les défenseurs de ce système, l'on trouve l'un des partisans
les plus résolus du suffrage universel, M. Stuart-Mill. « Je regarde,
dit-il, comme inadmissible qu'une personne participe au suffrage sans savoir lire, écrire, et j'ajouterai sans savoir les premières règles de l'arithmétique. » Tout en reconnaissant qu'il

serait désirable qu'on pût exiger des électeurs des connaissances plus étendues, l'auteur anglais pense qu'il suffirait, pour l'instant, d'exiger cette instruction élémentaire absolument nécessaire pour bien diriger ses propres affaires. Disons, en passant, qu'un commencement de satisfaction vient d'être donné à ce vœu en Belgique où une loi récente a dispensé du cens électoral les citoyens justifiant d'une certaine instruction primaire, plus étendue d'ailleurs que celle indiquée dans Stuart-Mill.

Assurément, savoir lire, écrire et compter, constitue le minimum de ce qu'on peut exiger. Mais est-ce bien nécessaire pour être électeur? Je ne le pense pas. On confond ici deux choses distinctes : l'instruction et le jugement. Je ne doute pas qu'en général une instruction développée rende le jugement plus droit et plus précis, mais quelle peut être la valeur de cette instruction, qu'au dire de M. Stuart-Mill lui-même, un homme quelque peu intelligent peut acquérir en deux ou trois mois. A vrai dire, les connaissances élémentaires ne sont pas une garantie de bon sens, et le bon sens est tout ce qu'il faut à un honnête homme pour bien choisir son député. Chaque électeur a ses idées personnelles, bonnes ou mauvaises; pourvu qu'elles soient licites, nous ne pouvons lui en demander compte. Peu importe que ces idées soient le résultat de la passion politique irréfléchie ou d'un raisonnement fondé sur des motifs discutables, peu importe que l'électeur soit ou non capable de défendre son opinion et même d'en comprendre la portée, nous ne devons retenir que ceci : c'est un électeur et il a une opinion. Or il est absolument inutile que cet individu sache lire, écrire ou compter pour choisir parmi les candidats l'homme qui a les mêmes idées que lui, et, s'il a le bon sens de choisir l'homme qui représente le mieux son opinion, on ne peut pas dire qu'il ait mal voté; tout au plus pourrons-nous dire que le représentant choisi par cet électeur et cet électeur lui-même ont de mauvaises idées.

C'est précisément là, qu'apparaît l'utilité pratique de la culture intellectuelle dans la question du suffrage. Elle sert à former l'esprit des hommes, elle leur donne des idées qu'ils n'auraient jamais eues, elle modifie ces opinions toutes faites qu'accueille si bien l'ignorant dont elles flattent les passions. C'est ainsi que l'instruction pourra avoir une influence quelconque sur le résultat des scrutins; mais personne ne peut priver un citoyen de ses droits parce qu'il ne sait pas lire; malgré son ignorance, il a une opinion; il se peut qu'elle soit mauvaise, mais nul ne peut légitimement s'opposer à la manifestation d'une idée, parce qu'il ne la juge pas saine.

En admettant que tout citoyen ait le droit de vote, ne pouvons-nous pas nous demander avec M. Mill, si chacun doit avoir une voix égale sans distinction. Ce sont là deux propositions bien différentes. « N'avoir pas de voix dans les affaires générales est une chose, voir accorder aux autres une voix plus puissante à cause d'une capacité plus grande pour la direction des intérêts communs, est une autre chose. Ces deux choses ne sont pas simplement différentes, elles sont incommensurables. Chacun a le droit de se sentir insulté, de n'être compté pour rien et d'être regardé comme n'ayant aucune valeur; personne, si ce n'est un sot, ne peut se sentir offensé parce que l'on reconnaît qu'il y en a d'autres dont l'opinion et même le désir sont autrement à considérer que son opinion et son désir. ».

Le publiciste anglais en conclut qu'on devra accorder d'autant plus de poids au vote d'un individu que sa supériorité intellectuelle sera plus grande. Mais s'il est facile d'augmenter le poids du suffrage d'un citoyen en lui accordant plusieurs voix, on se heurte immédiatement à l'impossibilité de trouver la commune mesure, sur laquelle on puisse comparer les intelligences. A peine pourrait-on s'attacher à la possession des diplômes ou à la supériorité de la fonction. Mais en admettant même que tous les diplômés soient des capacités, point très contestable, il est bien certain que la réciproque n'est pas vraie. D'autre part, si l'on s'attache à la supériorité de la fonction, on risque encore de se tromper étrangement; car les fonctions supérieures peuvent être occupées par des hommes médiocres, et la supériorité de l'homme dépend moins du degré de la fonction que de la façon dont il s'en acquitte.

D'ailleurs, en supposant qu'un critérium puisse être trouvé, il faudrait encore combattre le système du vote plural au nom du droit. Dans un pays comme la France où les charges sont égales pour tous, où l'impôt est payé également par tous, où le service militaire est obligatoire pour tous, les droits de tous doivent être égaux. Chacun a droit à son bulletin de vote et chacun n'a droit qu'à celui-là.

En un mot nous repoussons toutes les conditions restrictives du suffrage universel. Nous pensons que tout individu dont le jugement est présumé mûr et qui ne s'est point rendu indigne, par sa faute, a le droit de prendre part au choix des représentants du pays. Tous ceux-là ont un droit égal, et tout système qui tend à rompre cette égalité est, par cela même, antidémocratique. Les droits doivent être égaux comme les charges; il ne faut pas d'exclusions. De quel droit en effet exigerait-on de la partie de la nation qui n'a point été consultée, l'obéissance aux lois faites par la partie qui détient le droit de suffrage? La force, seule, au début, et l'habitude ensuite ont pu obtenir un pareil résultat.

Car tout individu que la loi peut contraindre à payer des impôts, à produire un travail, à servir dans les armées, a le droit de prendre sa part des affaires publiques et peut exiger qu'on ne dispose pas de sa personne sans son aveu. C'est là un de ces droits naturels qu'il n'est permis à personne de violer, pas même une nation entière envers un seul homme. « C'est, dit Stuart-Mill, une injustice personnelle que refuser à quelqu'un, à moins que ce ne soit pour éviter de plus grands maux, le privilège élémentaire d'apporter sa voix dans la décision d'affaires où il est aussi intéressé que les autres. Dans une nation adulte et civilisée, il ne devrait pas y avoir de parias, pas d'hommes frappés d'incapacité, si ce ne n'est pas leur propre faute. Tout homme est dégradé, qu'il le sache ou non, lorsque d'autres, sans le consulter, s'emparent d'un pouvoir illimité sur sa propre destinée. »

# CHAPITRE II

HISTOIRE DE LA CAPACITÉ ÉLECTORALE DEPUIS 1789

Il n'est pas d'objet sur lequel la législation ait plus varié que le droit électoral. Dans un pays comme la France où presque tous les régimes, depuis un siècle, ont inscrit dans leur constitution, avec une sincérité plus ou moins grande, le principe de la souveraineté nationale, ces variations se comprennent; le droit électoral n'a, en effet, d'autre objet que de régler la mise en œuvre de cette souveraineté. On conçoit facilement que ces règles puissent changer suivant les gouvernements, suivant l'esprit public, suivant les circonstances, selon que l'on entend plus ou moins largement la souveraineté du peuple. La France, depuis cent ans, a passé par les systèmes politiques les plus divers, depuis le despotisme militaire jusqu'à la démocratie la plus libérale, elle a essayé les régimes les plus différents depuis le Césarisme impérial jusqu'à la République, en passant par la royauté quasi-absolue et la monarchie constitutionnelle. A chacun de ces régimes correspond un système électoral différent, conséquent avec les principes de son origine et conforme aux nécessités de son existence.

## I. LA RÉVOLUTION.

Lorsque les États généraux, six semaines après leur réunion, se furent transformés en Assemblée nationale constituante, ils se virent en présence d'une œuvre immense, abolir le régime féodal, organiser la France et lui donner une Constitution en harmonie avec les propositions contenues dans la Déclaration des droits de l'homme, ces admirables vérités de bons sens politique et d'équité sociale que l'on appelle si justement « les immortels principes de 89.»

L'Assemblée nouvellement élue n'eut pas l'idée de faire immédiatement une loi électorale. Le système, auquel elle devait son origine, était condamné par le nouvel état de choses. Mais la Constituante, considérant le pouvoir législatif comme une délégation faite par le peuple, pensait que la réglementation de cette délégation était une matière exclusivement constitutionnelle et se réservait de régler le droit électoral dans la Constitution même. Cependant bien avant le vote de la Constitution, l'Assemblée dut s'occuper de la capacité des électeurs. Appelée à organiser les municipalités et les nouveaux départements, dans son désir de décentraliser, elle donna une base élective aux nouvelles administrations locales. Les conditions de l'électorat devant être les mêmes pour toutes les élections, on régla la matière dans la loi du 22 décembre 1789 organisant les administrations départementales.

La loi reconnaît en principe la qualité de citoyen à tous les Français, mais elle les divise en deux classes, les citoyens actifs et les citoyens passifs; sont actifs tous les Français qui réunissent les conditions imposées par la loi pour être électeur primaire. Ces conditions sont les suivantes :

1° Être Français ou devenu Français ;

*b*

2° Être majeur de vingt-cinq ans accomplis ;

3° Être domicilié en fait dans le canton, au moins depuis une année;

4° Payer une contribution directe de la valeur locale de trois journées de travail ;

5° N'être point dans l'état de domesticité, c'est-à-dire de serviteur à gages.

L'article 5 de la loi excluait encore des assemblées primaires les banqueroutiers, les faillis et les débiteurs insolvables. Cette incapacité avait un caractère essentiellement pénal et l'exclusion de ces individus ne tenait pas aux conditions mêmes de l'électorat.

Les conditions imposées par la Constituante aux électeurs sont faciles à justifier. Il était tout naturel de n'admettre que des français pour le choix des représentants et des administrateurs ; on écartait les femmes, quoique l'admission des femmes à l'électorat eût été une thèse soutenue devant la Constituante ; cette question fut résolue alors comme elle l'est encore aujourd'hui et comme elle doit l'être encore longtemps. Les femmes furent exclues des droits politiques. En cela on ne violait pas plus la Déclaration des droits de l'homme à leur égard qu'on ne faisait à l'égard des mineurs, en décidant qu'on ne pourrait être citoyen actif avant l'âge de vingt-cinq ans. On ne peut voter sans avoir acquis une certaine maturité d'esprit, qui vient avec l'âge. Les constituants fixèrent vingt-cinq ans sans autres motifs que la tradition et l'usage ; c'est ainsi que l'ordonnance royale du 24 janvier 1789, sur les élections aux États généraux, avaient fixé pour les électeurs du premier degré l'âge de vingt-cinq ans.

La loi du 22 décembre 1789 imposa encore, pour être citoyen actif, l'obligation de résider en fait dans le canton depuis un an au moins. En édictant cette condition, l'assemblée obéit au désir d'exclure les vagabonds et voulut garantir la sincérité des élections, qui n'est assurée que si les électeurs sont au courant des besoins de leur pays et peuvent connaître les hommes entre lesquels ils ont à faire un choix.

L'Assemblée fut peut-être moins bien inspirée en reléguant
parmi les citoyens passifs les serviteurs à gages et les prolétaires
ne payant pas même la valeur locale de trois journées de travail.
On excluait les domestiques, parce qu'on ne leur supposait pas
l'indépendance suffisante pour choisir. Les députés ne s'aperçurent
point que cette dépendance matérielle existait chez presque tout
le monde, que l'employé dépendait de son chef comme l'ouvrier
de son patron et que cependant leur indépendance morale était
jugée suffisante pour leur permettre de prendre part aux élections.
A vrai dire, l'exception faite par la Constituante pour les serviteurs à gages est peu justifiable et l'on est revenu à des sentiments
plus justes en ne la reproduisant pas, lors de l'établissement du
suffrage universel.

Quant à l'exclusion des prolétaires ne payant pas un impôt
égal à trois journées de travail, elle nous choque singulièrement
aujourd'hui ; mais il ne faut pas oublier que, dans l'application,
elle se trouvait excessivement restreinte. L'Assemblée pensait,
non sans raison, que pour choisir des hommes capables d'assurer
la prospérité du pays il fallait avoir un intérêt quelconque au
maintien de l'ordre et que cet intérêt ne pouvait exister chez
les vagabonds et les gens sans aveu ne possédant absolument rien. L'intérêt naissait, dès que l'on possédait la
moindre chose. Aussi le cens exigé est-il des plus modiques,
trois journées de travail ; cet impôt est bien léger, surtout dans
le système financier de la Constituante qui supprimait les impôts
indirects, de sorte que bien peu de citoyens ne payaient pas une
contribution directe égale au prix de trois journées de travail.

La loi n'indiquait que la base du cens sans la déterminer exactement. Dans certaines villes les municipalités fixèrent le prix
de la journée de travail, comme celle d'un ouvrier industriel.
Des réclamations se firent entendre et sur la pétition des habitants de Troyes, la Constituante, par la loi du 25 janvier 1790,
fixa pour l'avenir le prix de la journée de travail à vingt sous au

maximum, en ayant bien soin de déclarer que cela ne pouvait rien faire préjuger sur le prix effectif à payer aux ouvriers et que, d'ailleurs, l'Assemblée se réservait le droit de modifier ce chiffre.

La loi du 22 décembre 1789 créait, par son article 12, une singulière compétence. Elle donnait le contentieux électoral aux assemblées primaires ou aux assemblées électives, qu'elle instituait juges des contestations élevées par ceux qui en faisaient partie ou qui prétendaient en faire partie, et cela sans distinguer si la difficulté portaient sur la capacité de l'électeur ou sur les opérations électorales. Cette disposition méconnaissait trop les vrais principes pour subsister longtemps. La loi du 15 mai 1791 vint l'abroger. Elle ne laisse aux décisions des assemblées électorales qu'un caractère provisoire et donna la juridiction aux tribunaux de district, pour tout ce qui concerne la capacité des citoyens, et aux autorités administratives, pour tout ce qui touche à la validité des opérations de l'assemblée électorale. Cette distinction a toujours été reproduite.

La loi de 1789 laissait de côté la question du vote de l'armée. Elle fut réglée par la loi des 21 février-21 mars 1790. Les militaires en activité de service conservaient leur domicile politique dans la commune où ils l'avaient avant de partir. Ils pouvaient y voter, s'ils s'y trouvaient à l'époque d'une élection, à condition toutefois qu'ils n'y tinssent pas garnison, car le droit de suffrage était enlevé à tous les militaires sous les drapeaux. La Constituante pensait, avec raison, qu'il était difficile de concilier la liberté indispensable aux électeurs avec les nécessités de la discipline. Mais c'était aller bien loin que de priver de leurs droits politiques plusieurs centaines de mille de citoyens, à une époque où l'on était d'autant plus jaloux de pareils droits qu'ils avaient l'attrait de la nouveauté. Cela apparut bien plus nettement lorsque l'Assemblée constituante arriva au terme de ses travaux, et que les élections législatives approchèrent : elle sembla même regretter sa première décision et rendit le droit de vote à tous les soldats. Ce fut l'objet de la loi du 6 juillet 1791, qui fut votée sans discussion, sur le rapport de Dameunier. Elle décidait que tous les militaires, officiers ou soldats des armées de terre et de mer « domiciliés habituellement dans les lieux où ils se trouveront, soit en garnison, soit de service, pourront y exercer les droits de citoyen actif, s'ils réunissent les conditions requises. »

C'est dans le même esprit que fut votée la loi des 11-15 janvier 1791. Afin d'éviter toute difficulté lors des élections, elle disposait que les fonctionnaires publics pourraient exercer leurs droits électoraux dans le lieu où ils exerçaient leurs fonctions, encore qu'ils n'auraient pas l'année de domicile exigée par la loi du 22 décembre 1789. C'était une omission qu'il était de toute justice de réparer.

L'Assemblée arrivait à son terme; elle adopta la Constitution, le 3 septembre 1791. Son œuvre était achevée; elle avait vaillamment tenu le serment du Jeu de paume; désormais, il lui fallait tenir le champ libre à l'exécution de la Constitution et à la réunion du Corps législatif, dont les constituants s'étaient eux-mêmes exclus par un sentiment aussi chevaleresque qu'imprudent.

La Constitution de 1791 résume l'œuvre constitutionnelle de l'Assemblée nationale. En ce qui concerne les conditions pour être citoyen actif, elle reproduit les dispositions de la loi de 1789, auxquelles elle ajoute les deux suivantes : elle veut d'abord que l'on soit inscrit, dans la municipalité de son domicile, au rôle de la garde nationale, et, en second lieu, que l'on prête le serment civique, c'est-à-dire que l'on jure « fidélité à la nation, à la loi et au roi. » La Constitution reproduit l'incapacité prononcée par la loi de 1789 contre les banqueroutiers, les faillis et les insolvables : elle ajoute les personnes en état d'accusation. Mais l'on ne retrouve plus l'incapacité portée contre les enfants qui auraient reçu une portion de l'hérédité paternelle, sans payer leur part virile des dettes de leur père mort insolvable.

Enfin, la Constitution conserve le système électoral que la loi de 1789 avait elle-même emprunté à l'ancien régime. Elle décide que les élections se feront au second degré et que les citoyens actifs seront simplement chargés de choisir les électeurs. Le comité de constitution avait même proposé trois degrés : ce système fut repoussé, parce qu'il arrivait à rendre l'élu complètement étranger aux électeurs primaires.

Pour être électeur, la loi de 1789 n'imposait que cette double condition : être citoyen actif et payer une contribution égale à la valeur de dix journées de travail. La Constitution modifia cette dernière condition en l'aggravant. Au lieu d'exiger un cens pour être éligible à l'électorat, elle veut que l'on justifie d'un revenu immobilier de 200 ou de 150 journées de travail, selon que l'on se trouve dans une ville de plus ou de moins de 6,000 habitants, — ou d'un loyer d'une habitation évalué sur le rôle des contributions à un revenu de 150 ou de 100 journées de travail, suivant la même distinction, — ou bien que l'on est fermier ou métayer de biens évalués à un revenu de 400 journées de travail.

Comme on le voit, la Constitution de 1791 admettait une sorte de suffrage universel au premier degré et de suffrage censitaire au second. Le suffrage universel direct ne manqua pas d'un certain nombre de partisans. Il fut notamment défendu par un membre peu écouté de la Constituante et qui devait avoir plus tard une terrible renommée, Robespierre ; mais il ne réussit à grouper autour de lui que quelques voix, parmi lesquelles celle de Grégoire. Les constituants n'admettaient point que chacun fût apte à désigner l'homme qui pourrait le mieux conduire les affaires du pays, mais ils croyaient chaque citoyen capable de désigner celui en qui il a confiance ; de là, deux degrés d'électeurs. D'autre part, pour que l'électeur puisse bien choisir, il lui faut des qualités intellectuelles, une moralité et une indépendance qui ne peuvent être données que par une certaine aisance ; de là, les dispositions restreignant le nombre des citoyens pouvant être nommés électeurs du second degré.

Quoi qu'il en soit, cette combinaison de suffrage à deux degrés était sincèrement démocratique et d'une application relativement simple. Malheureusement, elle ne fut guère pratiquée que pour les élections à l'Assemblée législative. Peu de temps après, les passions s'agitèrent avec fureur, les violences s'accrurent rapidement; on ne vit que des restrictions injurieuses et liberticides dans les garanties imposées par la Constituante. On les supprima pour arriver bientôt, sans aucune préparation, au suffrage universel qui fonctionna sans dignité, parce qu'il était sans liberté. C'est alors que l'on voit la loi outrageusement violée par ceux-là mêmes qui étaient chargés de l'appliquer, et l'histoire des monuments législatifs n'est plus qu'un objet de curiosité au milieu de l'arbitraire des faits.

L'insurrection victorieuse du 10 août 1792 réclamait à grands cris la déchéance. L'Assemblée législative, dans le sein de laquelle la famille royale s'était réfugiée, n'osa la prononcer. Après avoir constaté « que les dangers de la patrie étaient parvenus à leur comble, que la conduite du chef du pouvoir exécutif avait éveillé des défiances provoquant partout le vœu de sa déchéance, que cependant elle n'avait point qualité pour le prononcer, » l'Assemblée législative, considérant « que, dans les circonstances extraordinaires où l'ont placée des événements imprévus par toutes les lois, elle ne peut concilier ce qu'elle doit à sa fidélité inébranlable à la Constitution avec la ferme résolution de s'ensevelir sous le ruines du temple de la Liberté plutôt que de la laisser périr, qu'en recourant à la souveraineté du peuple, et prenant en même temps les précautions indispensables pour que ce recours ne soi pas rendu illusoire par la trahison, » convoquait une Convention nationale.

Par un acte du même jour, la Législative, dans une véritable loi électorale, conservait le suffrage au second degré, mais supprimait complètement les garanties introduites par la Constituante. On faisait disparaître la distinction entre les citoyens actifs et passifs. Pour être admis aux assemblées primaires, il suffisait d'être Français, d'avoir vingt et un ans, d'être domicilié depuis un an, de vivre de son revenu ou de son travail, et de n'être pas en état de domesticité. On changeait aussi des dispositions constitutionnelles. Il y avait là, comme une sorte de coup d'État, que les circonstances excusaient peut-être ; l'Assemblée paraît l'avoir compris elle-même, et ce souci se révèle dans la forme même de la loi. Elle reconnaît qu'elle n'a pas le droit de soumettre à des règles impératives, l'exercice de la souveraineté nationale ; aussi elle se contente « d'inviter » les citoyens à se conformer aux règles qu'elle va établir.

Les citoyens obéirent à l'invitation législative, et se conformèrent aux règles prescrites pour les élections à la Convention. Cette Assemblée se réunit le 21 septembre 1792. Son premier acte fut d'abolir la royauté et de proclamer la République. Que restait-il de la Constitution de 1791 ? A peu près rien. Tout ce qui touche au droit électoral était supprimé, l'organisation du pouvoir exécutif disparaissait entièrement, la représentation nationale était complètement modifiée ; il n'y avait plus de Constitution La Convention, réunissant par la force des choses tous les pouvoirs entre ses mains, crut devoir faire une Constitution nouvelle. Dès le 11 octobre 1792, elle nomma un comité de constitution composé de Sieyès, Vergniaud, Brissot, Condorcet, Gensonné, Pétion, Danton, Barrère et Payne. Ce comité dont la majorité était girondine, se mit immédiatement à l'œuvre. Le rapport de Condorcet fut prêt le 15 février 1793. Ce projet de constitution, essentiellement démocratique, était presque enfantin, tellement il poussait loin les idées de Rousseau. Personne n'en était fort partisan, mais personne non plus n'osait repousser la trop fréquente intervention du peuple, dont chacun se réclamait dans les heures difficiles. Dans le projet, le peuple était réuni dans ses comices à chaque instant. Non seulement il lui fallait élire les députés, mais encore les membres du conseil exécutif, les administrateurs de toute catégorie, les juges et les membres du jury national. Ce n'était pas tout ! Les assemblées primaires pouvaient délibérer sur des projets de lois, et les envoyer au Corps législatif ; enfin, toutes les lois devaient être ratifiées par elle. Avec ce régime, les électeurs n'eussent pas été un seul jour tranquilles. La Constitution établissait le suffrage universel direct ; les conditions de l'électorat étaient les suivantes : être Français, avoir vingt et un ans, être domicilié depuis un an dans le canton.

En fin de compte, le comité cherchait à concilier les nécessités du régime représentatif, avec le système démocratique de Rousseau, inapplicable dans une grande nation : en fait, on arrivait à la démagogie et à l'oppression. Cependant ce projet Girondin ne plut guère à la Montagne. Les Jacobins le trouvèrent liberticide, et Marat le déclara infâme, comme tout ce que faisaient les « intrigants, » expression par laquelle il désignait les Girondins ; le club prépara un contre-projet. Malgré les pressantes objurgations de Vergniaud et de Condorcet, qui voulaient faire voter le projet au plus vite pour mettre un terme à la dictature de la Convention, la discussion traîna en longueur. Le 31 mai, elle fut interrompue, comme l'on sait ; le 2 juin, l'insurrection arrachait à la Convention la mise en accusation de 22 membres de la Gironde et le projet de constitution s'en alla avec ses auteurs. La Convention nomma un nouveau comité de constitution, qui fut composé des membres du comité de Salut public auxquels on adjoignit Hérault-Séchelles, Ramel, Matthieu, Couthon et Saint-Just. Le projet était prêt ; c'était celui du club des Jacobins. Il y eut un semblant de discussion, et le 24 juin la nouvelle Constitution etait votée.

Cette Constitution était moins démagogique que celle des Girondins ; elle était par cela même plus sensée ; elle n'érigeait pas tous les pouvoirs en rivaux sans hiérarchie en leur donnant à tous la même origine. Pour les représentants du pouvoir exécutif, le peuple n'avait plus qu'un droit de présentation au troisième degré, et si d'une part les députés n'étaient que mandataires pour une partie de la législation, ils était représentants pour la plus grande. Mais ce que la Constitution étendait dans les pro-

portions les plus considérables, c'était le domaine de la capacité
électorale.

Elle déclarait électeur tout individu âgé de vingt et un ans,
né ou devenu français. Devenait français :

1° Tout étranger remplissant ces deux conditions : *a)* Résider
depuis un an en France, *b)* y vivre de son travail — acquérir une
propriété, — épouser une française, — adopter un enfant, —
nourrir un vieillard.

2° Tout étranger qui est jugé par le Corps législatif, avoir
bien mérité de l'humanité.

On retrouve dans ces formules la bizarre sentimentalité de
cette grande époque. La Constitution, d'autre part, privait de
l'exercice des droits de citoyens, tous les individus condamnés
à des peines afflictives ou infamantes, et tous ceux qui acceptaient
des fonctions ou des faveurs émanées d'un gouvernement non
populaire De plus elle suspendait l'exercice des droits politiques,
pour toutes les personnes en état d'accusation, et pour toutes
celles se trouvant sous le coup d'un jugement par contumace.
Avec les lois contre les suspects, cette disposition ne devait pas
manquer d'applications.

En réalité, la Convention déclarait électeur, à peu près tous
les individus âgés de vingt et un ans, qui se trouvaient sur le
territoire et cela sans aucune garantie, presque sans condition de
nationalité. C'était ouvrir trop largement les portes de la France,
et peut-être eût-on bientôt regretté cette disposition, si la Constitution avait été appliquée.

La Constitution fut acceptée par le plébiscite du 9 août 1793,
qui donna 1,801,918 oui contre 11,610 non. Cela représentait
à peu près le tiers des électeurs. La Convention s'était réservé le
droit de fixer la date de la mise en vigueur de la Constitution,
une fois qu'elle fut acceptée, on ne se pressa pas pour le faire.
Les dangers de la République, croissant sans cesse à l'intérieur
et à l'extérieur, l'Assemblée dut prendre les mesures que néces-
sitaient les circonstances. Une loi du 19 vendémiaire an II, ajourna

la mise en vigueur jusqu'à la paix et établit jusque-là un gouvernement révolutionnaire, c'est-a-dire qu'elle organisa la dictature
du comité de Salut public.

L'histoire du droit n'a rien à voir dans cette période et c'est
seulement après le 9 thermidor an II, après l'exécution de Robespierre, au jour où l'on réclame la mise en vigueur de la Constitution de 1792, que nous devons reprendre cet historique.

On était en pleine réaction thermidorienne. Les amis de Robespierre, craignant d'être atteints, demandaient la mise à exécution
de la Constitution. De leur côté les Thermidoriens ne se croyaient
pas assez forts pour braver l'opinion jacobine; ils essayèrent de
gagner du temps. Un décret du 30 germinal an III, ordonna de
faire les lois organiques annoncées par la Constitution. Cet ater-
moiement fut le signal d'une insurrection. Le 12 germinal, la Convention fut envahie par l'émeute; le courage de la majorité fut
à la hauteur des circonstances; elle sut résister et prononcer la
déportation, sans jugement, de quatre de ses membres, qu'elle
considéra comme les auteurs de l'émeute : Collot d'Herbois, Barrère, Billaud-Varenne et Vadier.

Cependant la Convention ne pouvait pas tarder à donner satisfaction au vœu populaire, mais elle voulait modifier la Constitution
démagogique de 1793. Le 29 germinal an III, elle nomma une
commission de onze membres, qui, sous prétexte de faire les lois
organiques nécessaires à la mise en vigueur de la Constitution,
devait en faire une autre. La commission fut composée de Lare-
veillère-Lepeaux, Thibeaudeau, Lesage, Boissy d'Anglas, Creuzé-
Latouche, Louvet, Berlier, Daunou, Lanjuinais, Durand-Mail-
lane et Baude. On n'osait pas détruire franchement la Constitution
de 1793, qui avait été sanctionnée par le peuple; toutefois ses
partisans voyaient bien que l'on atermoyait pour arriver à ce
résultat que réclamaient ouvertement les sections thermido-
riennes. «Une députation sectionnaire, dit M. Mignet, alla jusqu'à appeler la constitution de 1793, une Constitution décemvirale dictée par la terreur. » Ses partisans indignés se préparèrent

à imposer son exécution par la force. Le 1ᵉʳ prairial la Convention fut envahie par l'insurrection des faubourgs aux cris : « Du pain, et la Constitution de 1793. » Une véritable bataille s'engagea dans la salle des séances ; le député Féraud, que la multitude confondit avec le rédacteur de l'*Orateur du peuple*, Fréron, chef de la jeunesse dorée, fut massacré, et sa tête mise au bout d'une pique. Boissy d'Anglas, qui présidait la séance, ne quitta pas le fauteuil et, au milieu des outrages et des menaces, attendit que les sections viennent délivrer la Convention. Mais le parti jacobin n'était plus organisé pour la lutte insurectionnelle ; l'émeute fut vaincue, vingt-huit conventionnels furent arrêtés, et six envoyés à l'échafaud.

Après la victoire définitive de la Convention, le comité des Onze au lieu d'apporter les lois organiques complémentaires de la Constitution de 1793, présentèrent un projet complet de constitution qui devint la Constitution du 5 fructidor an III. Elle fut approuvée par un plébiscite du 1ᵉʳ vendémiaire an IV et la Convention se sépara le 4 brumaire suivant (26 octobre 1795). A partir de ce moment le peuple recouvre l'exercice du droit électoral dont, en fait, il avait été privé depuis l'établissement du gouvernement révolutionnaire.

La Constitution revint au système de 1789 et rétablit le suffrage à deux degrés. Elle impose les conditions suivantes pour être électeur primaire.

1° Etre Français.

2° Avoir vingt-cinq ans accomplis.

3° Demeurer depuis un an sur le territoire de la République.

4° Etre inscrit sur le registre civique de son canton.

5° Payer une contribution foncière ou personnelle, ou bien avoir fait une ou plusieurs campagnes pour l'établissement de la République.

La Constitution de l'an III était plus avare de la qualité de français que celle de 1793. Pour être naturalisé français il fallait avoir vingt et un ans, déclarer son intention de se fixer en France,

y résider pendant sept ans effectifs, y payer une contribution et
de plus y posséder une propriété foncière ou un établissement
agricole ou bien épouser une femme française.

Comme sous la Constituante la majorité politique était fixée à
vingt-cinq ans au lieu de vingt et un an, comme le faisait l'acte
du 10 août 1792. Mais, d'autre part, moins rigoureuse que cette
loi, la Constitution n'exigeait des électeurs qu'une résidence
annuelle sur le territoire de la République et non dans le canton.
Elle voulait de plus que chaque citoyen payât une contribution
foncière ou personnelle, mais contrairement à ce qui s'était fait
en 1789, on n'en fixait pas le minimum. Pour être électeur il
suffisait d'être inscrit au rôle des contributions.

Enfin il fallait être inscrit sur les registres civiques de son
canton. Pour obtenir leur inscription les jeunes gens devaient
justifier qu'ils savaient lire, écrire et exercer une profession
mécanique. Les électeurs primaires étaient donc soumis à la condition de savoir un métier; on reconnaît là les préoccupations
inspirées au dix-huitième siècle par les théories sociales de Rousseau. Heureusement cette condition ne devait être exigée qu'à
partir de l'an XII et en l'an XII la Constitution aura vécu depuis
longtemps.

Quant aux conditions pour être électeur du second degré, la
Constitution de l'an III reproduit à peu près celle de 1791. Il
faut être électeur primaire et remplir l'une de ces conditions —
dans une ville de 6,000 habitants et au-dessus, être propriétaire,
usufruitier ou fermier d'un bien, dont le revenu est estimé à
200 journées de travail ou locataire d'une maison estimée à un
revenu de 150 journées de travail au rôle des contributions; —
dans une ville au-dessous de 6,000 habitants, être propriétaire
ou usufruitier d'un bien de 150 journées de travail de revenu
ou locataire ou fermier d'un bien ou d'une maison de 100 journées de revenu, d'après l'estimation faite au rôle des contributions; — enfin dans les campagnes, être propriétaire ou usufruitier d'un bien de 150 journées de revenu ou locataire ou fermier

d'un bien de 200 journées de revenu, d'après l'estimation faite au rôle des contributions. Comme on le voit, c'est la manière de compter et à peu près les chiffres de la Constituante.

Enfin, comme en 1792, on excluait du corps électoral, les domestiques à gage, attachés au service de la personne ou du ménage, les interdits, les faillis, les héritiers immédiats détenteurs de tout ou partie de la succession d'un failli, et les individus en état d'accusation ou sous le coup d'un jugement par contumace.

La Constitution de l'an III reproduisait donc dans presque tous ses détails le système électoral de 1791. On voulait reprendre les traditions d'un gouvernement modéré et l'on empruntait aux constituants ce mode de suffrage, dont on semblait devoir se bien trouver. Les conventionnels, avertis par la terrible expérience d'une lutte de cinq ans, cherchèrent à éviter dans la Constitution les fautes qui avaient perdu celle de 1791. Cependant la nouvelle Constitution ne devait pas résister à la première épreuve qu'on allait en faire. Toutefois cela tenait moins à ses vices intrinsèques qu'à l'état général des esprits rebelles au système de modération, qu'aurait voulu inaugurer la Constitution.

Depuis l'établissement du Directoire, la réaction contre les idées jacobines avait changé de nature ; d'abord républicaine et conventionnelle, elle était devenue royaliste. Les directeurs, dès leur entrée en fonction, eurent à craindre le résultat des élections de l'an V. Dans l'espoir de le changer, ils firent voter une loi du 30 ventôse an V obligeant les électeurs du second degré à prêter le serment suivant : « Je promets attachement et fidélité à la République et à la Constitution de l'an III. Je m'engage à les défendre de tout mon pouvoir contre les attaques de la royauté et de l'anarchie. » Par là on faisait des électeurs du second degré une espèce de fonctionnaires. Cependant il faut croire qu'ils tinrent assez mal leur serment, puisqu'ils eurent successivement et l'anarchie sous le directoire et la monarchie sous la Constitution de l'an VIII.

Aux élections de l'an V, la majorité passa à l'opposition réactionnaire. Suivant une doctrine admise à cette époque, le Directoire trouva tout simple de s'imposer par la force; après s'être assuré du concours de l'armée, il décide, le 19 fructidor an V, que les élections étaient le résultat d'une conspiration royaliste et que la gravité des circonstances excusait et nécessitait des mesures extraordinaires. On cassait les élections royalistes dans quarante-huit départements; deux directeurs, Barthélemy et Carnot soupçonnés de royalisme, étaient déportés avec quarante et un membres du conseil des Anciens, douze du conseil des Cinq-Cents; on supprimait un grand nombre de journaux et l'on déportait leurs propriétaires et leurs rédacteurs. Et, pour prévenir le retour de pareilles élections, le Directoire prend les mesures les plus arbitraires. Il impose à tous les citoyens le serment de haine à la royauté et à l'anarchie. Il prive de leurs droits politiques les parents et alliés jusqu'au troisième degré des émigrés et des chefs des rebelles de la Vendée et des chouans (L. 29 fructidor an V articles 10 et 12). Il frappe de la même peine tous les ci-devant nobles et anoblis, à moins qu'ils aient fait partie d'une assemblée nationale, qu'ils soient militaires en activité de service ou qu'ils prouvent avoir contribué à conquérir la liberté, à fonder la République, à la défendre par leur courage, à la servir dans les fonctions civiles ou militaires et être toujours restés bons républicains (L. 9 frimaire an VI). Enfin la même incapacité atteint les individus ayant rempli des fonctions civiles ou militaires parmi les rebelles (L. 5 ventôse an VII). Par ces mesures on excluait du corps électoral, tous les électeurs royalistes et le Directoire pouvait espérer que les élections de l'an VI lui enverraient une majorité républicaine.

Mais la Constitution avait vécu; l'arbitraire du gouvernement devint la seule loi politique. A partir du coup d'Etat du 19 fructidor an V, nous nous trouvons à nouveau en présence d'un gouvernement révolutionnaire et celui qui fait l'histoire des lois n'a plus qu'à constater leur violation.

Les proscriptions et les mesures liberticides de l'an V avaient arrêté violemment la réaction royaliste. Malheureusement ce coup de force profita moins au Directoire qu'à la démagogie. Aux élections de l'an VI, dans lesquelles on devait élire un tiers des conseils plus cent quatre-vingt-six membres proscrits, le pays envoya des députés jacobins. Le Directoire ne les ménagea pas plus qu'il n'avait ménagé les royalistes l'année précédente. Par une loi du 22 floréal an VI, il cassa cent cinquante élections sans pourvoir aux vacances. Grâce à ce coup d'État, la majorité lui resta encore pendant un an.

Les élections de l'an VII ne furent pas plus heureuses. Le Directoire se composait alors de Sieyès qui venaient d'y remplacer Rebwel, de Treilhard élu en l'an VI, de Lareveillère, de Merlin et de Barras. Le conseil des Cinq-Cents, craignant un nouveau coup d'État de la part du Directoire, en fit un pour son propre compte. Il contesta la validité de l'élection de Treilhard et prononça sa déchéance. Lareveillière et Merlin, pour éviter le même sort, envoyèrent leur démission. Le conseil remplaça aussitôt, le 30 prairial an VII, les trois directeurs par Gohier, Roger-Ducos et le général Moulin.

La Constitution était encore une fois violée; ces coups d'État successifs des différents pouvoirs les uns contre les autres fatiguaient la nation. Les nouveaux directeurs comprirent qu'il était impossible de vivre ainsi sous un régime de tolérance sans constitution. Sieyès et Roger-Ducos s'entendirent pour faire une constitution destinée à remplacer celle de l'an III, qu'on n'appliquait plus depuis l'an V. Ils cherchèrent un homme sur lequel ils puissent compter et le trouvèrent dans Bonaparte, qui jusqu'ici ne s'était point compromis avec les Jacobins comme Augereau, Bernadotte ou Jourdan.

Quand tout fut prêt, les deux directeurs firent voter la suppression du Directoire par le conseil des Anciens qui adhéra au coup d'État. La résistance des Cinq-Cents, ne s'appuyant sur aucune fraction de l'opinion, ne pouvait être sérieuse. Bonaparte les dispersa par la force. Mais le soir même une partie des Anciens et des Cinq-Cents se réunirent et remirent le gouvernement entre les mains de trois consuls, Sieyès, Roger-Ducos et Bonaparte, puis ils se séparèrent en s'ajournant au 1ᵉʳ ventôse. La résistance des conseils fut donc insignifiante et le coup d'État du 18 brumaire fut pour ainsi dire bien accueilli, tellement le régime anarchique et violateur des lois, dont le pays était accablé depuis plusieurs années, avait énervé le sens moral de la nation et détruit le respect de la légalité. « La violation des lois et les coups d'État contre les assemblées, dit M. Mignet, avaient été si fréquents sous la Révolution que l'on avait pris l'habitude de ne point les juger sur leur légitimité, mais d'après leurs suites. » (*Hist. de la Rév.* ch. xiv.)


## II. LA CONSTITUTION DE L'AN VIII

L'historien du droit électoral pourrait sauter par-dessus la période de quatorze ans qui va suivre. Son rôle se borne à constater la déchéance du peuple souverain, qui bientôt n'aura même plus la force de défendre les droits illusoires qu'on lui laisse. Mais la secousse révolutionnaire avait été si forte, les esprits étaient si fatigués, que l'on avait plus besoin d'ordre que de liberté ! D'ailleurs si la nation salua le 18 brumaire, comme la renaissance du calme et de la tranquillité, c'est un peu parce qu'il était l'œuvre de Sieyès que l'on considérait comme le vrai représentant des principes de 1789 et que personne ne croyait que ce peuple, qui avait balayé Louis XVI et les royalistes, Robespierre et les Jacobins, pût jamais tomber entre des mains assez fortes pour l'asservir.

Sieyès seul avait eu l'intuition de ce qui allait arriver. Ce n'est qu'après beaucoup d'hésitations qu'il choisit Bonaparte pour exécuter le coup de force dont il avait besoin pour débarrasser la France de la Constitution de l'an III. Il eût préféré un général

c

moins illustre quoique populaire. Malheureusement les hommes
en vue ne pouvaient guère lui convenir ; ils étaient tous ou compromis avec les royalistes comme Pichegru, ou mêlés aux Jacobins comme Jourdan ou suspects à tous comme Moreau. Sieyès
craignait également la royauté et la terreur ; il ne voulait ni des
amis de Cadoudal, ni des clubistes du manège. Il voulait fonder
définitivement la République en lui donnant une Constitution
dans laquelle il éviterait les vices des constitutions antérieures et
équilibrerait les diverses délégations de la puissance unique et
souveraine résidant dans le peuple. En voulant prévenir les excès
de la démocratie il allait tomber dans l'oligarchie ; c'est précisément le caractère dominant de la constitution qu'il proposa,
constitution dans laquelle tous les pouvoirs venaient se résoudre
dans une jurie constitutionnaire irresponsable et toute puissante.

Les craintes de Sieyès sur l'esprit d'envahissement de Bonaparte se réalisèrent immédiatement. Peut-être pensait-il que la
grandeur de son passé en imposerait à son jeune collègue ; il fut
vite détrompé. Le général relégua les deux autres consuls au
second plan et fit siens les résultats du coup d'État que Sieyès
avait conçu et préposé. Il adopta cependant une partie des idées
constitutionnelles de l'ancien constituant. Il conserva précieuse-
ment toutes les garanties introduites dans le projet contre les
excès populaires et supprima sans hésiter toutes les précautions
prises contre les abus de pouvoir du gouvernement. Cette rup-
ture de l'équilibre dans l'harmonieuse mécanique de Sieyès ne
pouvait qu'aboutir à la servitude d'une part, au despotisme de
l'autre. C'est ce qui arriva ; le projet de Sieyès, ainsi transformé
et modelé sur le tempérament dictatorial du premier consul,
devint la Constitution de l'an VIII. Cette Constitution se résumait
en un homme seul, et, comme dit un éminent historien, « en un
homme qui changerait bientôt la France en un régiment et qui
ne ferait entendre dans le monde, jusque-là agité par une si
grande commotion morale, que le pas de son armée et le bruit de
sa volonté. »

Les idées de Sieyès étaient profondément modifiées depuis
1789. Instruit par le spectacle de dix ans de révolution, il voulait protéger la République contre le double danger des élections
irréfléchies et des usurpations de pouvoir. Pour cela il voulait
que la souveraineté du peuple se manifestât non par le choix
direct des autorités, mais par l'expression de sa confiance. Le
peuple désignait les hommes en qui il mettait sa confiance et
c'était parmi eux que l'on choisissait les hommes appelés à détenir
les pouvoirs publics. Ce choix était réglé par des combinaisons
ingénieuses, qui défendaient la République contre les usurpations
en limitant rigoureusement tous les pouvoirs les uns par les
autres. C'est à cette condition seule, que la souveraineté du peuple
pouvait rester sauve avec le système, parce que en fin de compte
tout venait de lui. Mais ces garanties supprimées, l'expression de
la confiance des électeurs n'était plus qu'un vain simulacre destiné à leur dissimuler la confiscation de tous leurs droits.

D'après la Constitution de l'an VIII, étaient citoyens tous les
Français âgés de vingt et un ans accomplis, qui se faisaient inscrire
sur le registre civique de leur arrondissement et qui y résidaient
au moins un an depuis cette inscription. On ne pouvait donc être
citoyen qu'à vingt-deux ans accomplis. La Constitution conservait
les incapacités prononcées antérieurement contre les faillis, les
interdits et les serviteurs à gages.

Tous les citoyens domiciliés dans un même arrondissement
formaient un collège électoral, ce collège choisissait dans son sein
le dixième des noms et formait ainsi une première liste sur
laquelle étaient nommés les administrateurs et les juges de l'arrondissement. Chaque liste d'arrondissement désignait le dixième
des citoyens la composant pour former la liste départementale
sur laquelle on prenait les administrateurs et les juges du département. Enfin dans chaque département les citoyens, portés sur la
liste départementale, choisissaient un dixième d'entre eux pour former la liste nationale sur laquelle étaient pris les membres du
gouvernement et des grands corps de l'État.

Tous les trois ans, les électeurs étaient appelés à combler les vides faits dans chaque liste. En même temps ils avaient le droit de rayer ceux qui avaient perdu leur confiance et de les remplacer par d'autres. Cette radiation obligeait le citoyen qui en était l'objet, s'il était en fonctions, à les résilier immédiatement. Mais la radiation sur une liste n'entraînait pas la radiation sur les autres listes où l'on pouvait être porté. Enfin on adopta pour les élections un système de sectionnement qui rendait à peu près impossible la formation d'une majorité pour la radiation d'un citoyen.

Le premier consul trouva la souveraineté ainsi réduite encore dangereuse ; aussi dans l'article 14 de la Constitution, il stipula expressément que les listes ne seraient dressées qu'en l'an IX. Jusque là le gouvernement se réservait le droit de nommer à tous les emplois et toutes les personnes nommées par lui durent figurer sur les premières listes. De plus, le choix du gouvernement n'était limité par la nécessité de l'inscription sur les listes que pour les emplois formellement désignés par la loi ou la Constitution. En résumé le premier consul allait nommer à tous les emplois par lui-même, par ses agents ou par son Sénat trop bien composé pour faire un choix désagréable. Il s'assurait ainsi un personnel, qui devait figurer de plein droit sur les listes de confiance, dont on ne pourrait jamais l'exclure. Par conséquent le gouvernement se trouvait à peu près complètement dispensé de recourir aux citoyens que lui désignait la confiance du peuple. Le droit électoral, réduit presque à rien en théorie, était en fait absolument supprimé.

La constitution de Sieyès eût été nécessairement ou démocratique ou oligarchique, suivant l'esprit qui eût animé les membres de la jurie constitutionnaire. La constitution de Bonaparte, au contraire, fut franchement monarchique, quoique le pouvoir absolu n'eût été donné au premier consul que pour dix ans. Ce n'était qu'une étape vers la monarchie héréditaire ; un second pas fut fait en l'an X. Après que la paix d'Amiens eut porté à son comble la gloire du premier consul et que l'attentat de Saint-

Régent eut accru sa popularité, la Constitution fut modifiée par un sénatus-consulte du 10 thermidor an X, qui est d'ailleurs lui-même une constitution complète. Le sénatus-consulte donna à Bonaparte le consulat à vie et le droit de désigner son successeur.

Le droit électoral fut profondement modifié ; on supprima complètement les listes de confiance, dont on avait fait l'expérience en l'an IX. Le droit des citoyens eût été certainement beaucoup plus étendu qu'en l'an VIII, si le gouvernement consulaire eût observé scrupuleusement la Constitution. Malheureusement la réforme fut plus théorique que pratique et, en fait, elle n'eut pas de bien grandes conséquences.

Chaque circonscription de canton, d'arrondissement et de département formait un collège électoral ; les conditions, requises pour être électeur, étaient les mêmes qu'en l'an VIII.

Le collège électoral du canton est formé par tous les électeurs qui y sont domiciliés. Il se réunit sous la présidence d'un électeur, désigné tous les cinq ans par le premier consul, et présente deux candidats pour chaque place vacante de juge de paix, de suppléant et de conseiller municipal dans une ville de plus de 5,000 habitants. Le premier consul choisit les maires et adjoints parmi les conseillers municipaux. L'assemblée de canton nomme ensuite un membre par 500 habitants au collège d'arrondissement et un membre par 1000 habitants au collège de département. Ces membres des collèges électoraux doivent être domiciliés dans l'arrondissement ou le département et sont élus à vie. De plus, les membres du collège départemental doivent être pris parmi les 600 plus imposés du département. Chaque collège de département présente deux candidats à chaque place de conseiller général et deux noms pour former la liste sur laquelle on prend les sénateurs. Chaque collège indistinctement présente deux noms pour être inscrits sur la liste où sont choisis les députés. Les collèges électoraux ne peuvent se réunir que sur la convocation expresse du gouvernement et celui-ci n'est tenu de convoquer les électeurs que si un collège de département ou d'arrondissement se trouve réduit à moins de deux tiers de ses membres.

Tel était dans son ensemble le droit électoral établi par le sénatus-consulte du 16 thermidor an X. Il laissait si peu de droits au peuple, et ces droits furent si mal respectés que l'absolutisme régnant ne fut jamais gêné par ce semblant d'élection, et que, jusqu'à la fin de l'empire, aucun acte ne modifia sur ce point le sénatus-consulte du 16 thermidor, pas même celui du 22 floréal an XII, qui consolida les dispositions de l'an X en établissant l'empire héréditaire.

Pendant quatorze ans, la France fut ainsi soumise au régime de la dictature impériale. L'éclat de la gloire militaire l'aveugla pendant cette période au point de lui faire oublier ses libertés perdues. Dans l'enivrement de la victoire on acceptait tout, les levées d'hommes par décret, les impôts illégaux, les violations de la Constitution, tout se résumait en un homme, Napoléon, et lorsqu'au lendemain de la conspiration de Mallet, l'empereur s'écriait : « Un homme est-il donc tout, les institutions et les serments ne comptent plus » son étonnement était naïf ; il avait tout ramené à lui, les institutions et les serments, tout se confondait en lui, et lui manquant, tout manquait.

On le vit bien en 1814 ; lorsque la victoire eut quitté les aigles du conquérant et qu'il fut sur le point de tomber, il ne trouva aucune institution sur laquelle il pût étayer sa fortune chancelante ; il ne rencontra que des hommes d'autant plus hostiles dans ses malheurs qu'ils avaient été plus serviles dans sa prospérité. Le 1er avril 1814, le Sénat nomma un gouvernement provisoire, composé de Talleyrand, du général de Beurnonville, du comte de Jaucourt, du duc de Dalberg et de l'abbé de Montesquiou. Le 3, le Sénat prononça la déchéance de Napoléon et de sa famille, à laquelle le Corps législatif adhéra. L'empereur, abandonné par ceux-là mêmes dont il avait été le bienfaiteur, signa son abdication le 11 avril. Dès le 6, le Sénat impérial avait appelé au trône Louis XVIII, et décrété une nouvelle constitution.

Cette constitution établissait le régime représentatif. Elle conservait les collèges électoraux de l'an X avec les mêmes conditions, et chaque département devait envoyer au Corps législatif un nombre de députés égal à celui qui lui était assigné sous l'empire.

Le Corps législatif accepta cette constitution; mais on comptait sans Louis XVIII, qui refusa d'accepter une constitution ayant pour base la souveraineté du peuple. C'était le fond de la déclaration de Saint-Ouen. Le roi revenait, en vertu de son droit héréditaire, appuyé sur le droit divin. Mais comprenant les nécessités de la situation, il consentait à octroyer à ses sujets une charte constitutionnelle, qui fut publiée le 4 juin 1814, et sur laquelle nous allons revenir.

On sait quel fut le sort de cette première restauration. Le roi Louis XVIII semblait regretter la charte; il la pratiquait sans franchise et sans sincérité, non pas qu'il fût personnellement hostile à des idées modérées et libérales, mais il subissait l'influence de son milieu. Le pays éprouva une certaine déception qui ne fut pas étrangère au succès de Napoléon, lorsqu'il revint de l'île d'Elbe.

A peine de retour à Paris, avant de se mettre à la tête des armées qui devaient repousser la coalition européenne, Napoléon tint le langage le plus libéral pour se concilier le concours des Chambres, dont il avait besoin. Il fit appeler Benjamin Constant et le chargea de rédiger une Constitution à base représentative; il se montra disposé à faire un certain nombre de concessions à la liberté et à laisser mettre quelques barrières à son absolutisme. L'empereur était-il sincère? M. de Villemain ne le croit pas. Toutes ces concessions, d'après lui, étaient faites à regret et sous l'empire de la nécessité, et, si Napoléon fût revenu victorieux, il eût probablement retiré tout ce qu'il accordait.

Quoi qu'il en soit, la Constitution des Cent-Jours, présentée comme acte additionnel aux constitutions de l'Empire, établissait le régime représentatif. On maintenait les collèges électoraux organisés par le sénatus-consulte de l'an X, avec cette différence qu'ils se complétaient dorénavant, au fur et à mesure des vacances, au lieu de ne le faire que s'ils étaient réduits aux deux tiers de leurs membres. Les conditions pour être citoyens et membres des collèges électoraux sont les mêmes qu'en l'an X. Chaque collège de département ou d'arrondissement élit le nombre de députés qui lui est assigné dans un tableau annexe à l'acte. En somme, on conserve le suffrage universel à deux degrés, on abolit les listes de candidatures et l'on organise une représentation directe et médiate. De plus, de nouveaux collèges étaient créés, qui, composés d'industriels et de commerçants, devaient nommer des députés particuliers pour l'industrie et le commerce.

L'acte additionnel est du 22 avril 1815. Deux mois après, le 22 juin, Napoléon abdiquait en faveur de son fils que les Chambres proclamèrent le lendemain empereur, sous le nom de Napoléon II.

Mais les alliés ne voulaient pas plus traiter avec Napoléon II qu'avec son père ; il leur fallait le rétablissement de Louis XVIII. Les Chambres y consentirent à condition que le roi accepterait la constitution qu'elles allaient préparer. Un projet fut présenté ; cinquante-sept articles furent adoptés le 7 juillet. Le 8, le roi rentra à Paris, empêcha par la force les Chambres de se réunir et remit purement et simplement en vigueur la charte de 1814.

### III. LE SUFFRAGE CENSITAIRE

Avec la Restauration, nous entrons dans une nouvelle période de l'histoire électorale. Le suffrage universel est supprimé, jusque dans les apparences que l'empire avait conservées. L'exercice du droit de suffrage est soumis à la condition du payement d'un cens électoral. D'après cette théorie, ceux-là seuls ont besoin d'être représentés, qui ont intérêt à la conservation de l'ordre et ceux-là seuls sont supposés avoir intérêt au maintien de l'ordre, qui ont une fortune à conserver. Le critérium, auquel, on reconnaît la fortune d'un citoyen digne d'être électeur, est le chiffre d'impôts directs payés par lui. De là ce principe que nul ne pourra être électeur s'il ne paye un minimum d'impôts directs fixé par la loi électorale.

La charte de 1814 établissait le système suivant : elle faisait élire les députés par des collèges électoraux qu'une loi ultérieure devait organiser. Mais la charte fixait elle-même les conditions de l'électorat. Elle ne parlait pas de résidence, mais elle portait que le droit de suffrage appartiendrait seulement aux personnes payant 200 francs d'impôts directs et âgées de 30 ans. On éliminait ainsi la plus grande partie des électeurs qui, en l'an X, composaient les collèges électoraux. Quant à l'exercice du droit, la charte le limitait encore en ne permettant de choisir les députés que parmi les personnes âgées de quarante ans et payant 1,000 francs d'impôts directs.

La charte ne posait que les bases du droit électoral et laissait à une loi le soin de le réglementer complètement. Cette loi ne fut pas faite avant le retour de l'île d'Elbe. Ce fut seulement après la seconde abdication de Napoléon, lorsque le roi de retour à Paris eut empêché les Chambres de se réunir pour délibérer sur le projet de constitution, que l'on fit, non pas une loi, mais une ordonnance royale. Cette ordonnance est datée du 13 juillet. C'était déjà une violation de la charte, mise en vigueur quatre jours auparavant.

Cette ordonnance dissout la Chambre des députés et fixe la date des nouvelles élections ; elle règle en même temps les formes dans lesquelles elles seront faites. Le préambule annonce que cette réglementation ne sera que provisoire et que la loi électorale sera l'objet des premières délibérations de la nouvelle Chambre.

En principe, l'ordonnance conserve les collèges électoraux tels qu'ils existaient dans les arrondisssements et les départements. Chaque collège d'arrondissement élit un nombre de candidats égal au nombre de députés attribués au département. On obtient ainsi une liste de candidats sur laquelle le collège de département doit choisir au moins la moitié des députés du département. Quant au reste, il les choisit comme il l'entend. Les collèges d'arrondissement n'ont donc qu'un droit de présentation et l'ordonnance établit ainsi une sorte de suffrage censitaire au second degré. Il est vrai que, violant la charte, elle abaissait, de trente à vingt-cinq ans, l'âge nécessaire pour faire partie des collèges électoraux, mais elle ne changeait rien au cens d'imposition. Avec ce système, le collège de département étant pris parmi les six cents plus imposés, la Chambre ne représentait plus que la richesse foncière, industrielle ou commerciale, comme si la fortune était la seule force vive de la nation.

Un pareil mode de votation, appliqué dans une époque de double réaction contre l'autoritarisme impérial et contre les principes de la Révolution, ne pouvait donner que ce qu'il donna, une Chambre violente dans son esprit excessif de conservation, exagérée dans ses revendications maladroites et surannées, mesquine dans ses vengeances, provocante dans tous ses actes. Ce fut la honte de la Restauration. Une plaisanterie du roi devint sa condamnation dans le présent et sa flétrissure dans l'histoire : « Nous avons vraiment une Chambre introuvable, » s'écria-t-il en apprenant le résultat des élections. Le mot resta, mais Louis XVIII ne fut pas longtemps sans regretter sa trouvaille.

L'ordonnance du 13 juillet devait être remplacée par une loi. Le gouvernement présenta un projet établissant un système d'élections à deux degrés, combiné de façon à mettre le résultat dans la main du ministre. Le projet déplut à tout le monde : au public, parce qu'il était antilibéral; à la Chambre, parce qu'il établissait le renouvellement partiel. Les ultras voyaient bien que le projet du gouvernement aurait pour résultat de leur faire perdre, à bref délai, la majorité dans la Chambre. Les ministres appuieraient, en effet, plus volontiers les hommes qui les soutiendraient que ceux qui leur dictaient des lois. Aussi, avec un roi qu'ils accusaient de « jacobinisme, » semblait-il nécessaire aux ultras d'avoir une Chambre qui lui imposât la contre-révolution. L'extrême droite repoussa pour ce motif le projet du gouvernement, et, par l'organe de M. de Villèle, déposa un contre-projet établissant le suffrage à deux degrés. Étaient électeurs tous les citoyens payant 50 francs d'impôts ; ils choisissaient, parmi les personnes payant 300 francs, des électeurs au second degré qui élisaient les députés parmi ceux payant 1,000 francs. Ce projet, à tous égards, valait mieux que celui du gouvernement. Il donnait plus de sincérité à la représentation nationale et se rapprochait, plus que l'autre, des principes du gouvernement représentatif. Ce caractère est singulier dans un projet émané des ultras, mais cela s'explique par ce fait que, s'illusionnant sur les sentiments du pays, ils croyaient obtenir dans les élections une majorité qui, avec le projet du gouvernement, passerait aux ministériels. Cette idée semble, d'ailleurs, avoir été partagée par les libéraux, car leur attitude en cette affaire ne peut s'expliquer autrement. Ils défendirent le projet antilibéral du gouvernement, parce qu'ils espérèrent qu'en mettant les élections dans les mains du ministère, on éviterait au moins la majorité ultra-royaliste et que la royauté était alors pour les principes nouveaux de la société civile une plus sûre forteresse que la représentation nationale. Dans cette discussion, chose bizarre, on vit les droits du régime représentatif défendus par l'extrême droite de la Chambre introuvable et attaqués par la partie libérale de l'Assemblée. C'est, d'ailleurs, un spectacle fréquent sous la Restauration de voir les mêmes principes défendus ou mis en avant par les partis, suivant l'intérêt du moment.

Au dernier moment, les ultras réfléchirent que leur projet, excellent s'ils avaient la majorité dans le pays, serait leur ruine dans le cas contraire. Ils n'osèrent jouer le tout pour le tout et transigèrent avec le gouvernement. Le résultat de cette transaction fut un projet dans lequel les collèges électoraux se composaient des citoyens payant 300 francs d'impôts directs, d'un certain nombre de citoyens choisis parmi les plus imposés au-dessous de 300 francs ; enfin, d'une troisième catégorie d'électeurs nommés par le roi. La Chambre des pairs, où s'était réfugié l'esprit libéral de l'époque, fit justice du projet, que le gouvernement défendit mollement, et le repoussa.

Les ultras irrités présentèrent immédiatement un nouveau projet. Ils le firent à la tribune par le ministre Vaublanc, qui se sépara de ses collègues et se tourna contre eux. La Chambre vota le projet, mais le roi ne daigna pas même l'envoyer à la Chambre des pairs.

Les violences de la Chambre introuvable fatiguèrent Louis XVIII. Le roi fut surtout très irrité du désir de sa mort que dissimulaient à peine les ultras, dans l'espoir de voir arriver au trône le comte d'Artois. Après beaucoup d'hésitations, il se décida à dissoudre cette Chambre, qui finissait par absorber l'autorité royale. Ce fut presque un coup d'État, au moins dans la forme. Le 5 septembre 1816, une ordonnance prononça la dissolution de la Chambre des députés, convoqua les collèges électoraux et remit purement et simplement en vigueur les dispositions de la Charte concernant les élections.

Elles ne furent pas favorables aux ultras. Malgré leur forte organisation, malgré la pression qu'ils exercèrent du haut des positions officielles qu'on ne leur avait pas enlevées, ils perdirent la majorité. Elle passa aux amis du ministère, alors dirigé par Richelieu, Decazes et Lainé ; elle fut fournie par la haute bourgeoisie et les fonctionnaires, qui remplacèrent les hobereaux de province, dont la Chambre introuvable était pleine.

En réalité, depuis 1814, la matière capitale du droit électoral était réglée par simples ordonnances. Après les élections, le gouvernement voulut de nouveau faire la loi qui devait compléter la Charte et que celle-ci promettait. Le projet fut présenté par le ministre de l'intérieur, Lainé. Attaqué violemment par l'extrême droite, par Castelbajac, Labourdonnaye, Villèle, il ne fut voté que par 32 voix de majorité, et grâce à l'appui des doctrinaires, Royer-Collard et Camille Jordan. La lutte fut plus vive encore à la Chambre des pairs, où la majorité ne fut que de 18 voix. La loi fut promulguée et sanctionnée le 5 février 1817.

C'est la loi électorale fondamentale sous la Restauration. Les conditions de l'électorat sont ainsi fixées :

1° Être Français ;

2° Jouir de ses droits civils et politiques ;

3° Être âgé de trente ans accomplis ;

4° Payer 300 francs de contributions directes ;

5° Avoir son domicile politique dans le département où l'on veut voter. Ce domicile est, en principe, où l'on a son domicile réel ; mais, en accomplissant les formalités prescrites par la loi, on peut le transporter dans un autre département, pourvu qu'on y paye des impôts.

Pour satisfaire à la quatrième condition, il n'était pas nécessaire de payer 300 francs d'impôts dans le département, il suffisait d'y payer un impôt quelconque, pourvu que le chiffre des impôts directs payés dans toute la France par le même individu atteignît 300 francs.

En réalité, la loi de 1817 était en concordance parfaite avec la Charte et ne la violait sur aucun point. Les députés étaient élus au scrutin de liste et renouvelés par cinquième, comme le voulait la Charte. En matière de contentieux électoral, la loi posait les vrais principes en décidant que les difficultés relatives à la jouissance des droits civils seraient définitivement jugées par les Cours royales, tandis que celles concernant les contributions ou le domicile politique le seraient par le conseil d'État. Ce système faisait environ 140,000 électeurs.

Cette loi dura trois ans, et trois renouvellement partiels eurent lieu sous son empire. Les résultats furent excellents : au premier renouvellement, en 1817, si la majorité resta aux ministériels, si La Fayette, B. Constant et Manuel échouèrent, on vit arriver Laffite, Casimir Périer, Dupont (de l'Eure), Chauvelin et d'Argenson. En 1818, lors du second renouvellement, les libéraux gagnèrent encore du terrain. La Fayette fut élu dans la Sarthe et Manuel dans la Vendée. Les ultras disparurent presque complètement. Mais le ministère se scinda, M. de Richelieu tendant vers la droite et M. Decaze vers la gauche. Le parti ministériel fit comme le ministère, et il y eut dès lors un centre gauche et un centre droit. Cette situation amena une dislocation du ministère, à la suite de laquelle le duc de Richelieu se retira. Le gouvernement passa aux mains de son collègue Decaze, qui, n'osant pas prendre la présidence du conseil, la confia au général Dessolles.

En 1819, la gauche vit ses forces croître suffisamment pour inquiéter les royalistes sur les effets de la loi de 1817. Un incident leur fournit une belle occasion de l'attaquer. Le département de l'Isère envoya à la Chambre l'ancien évêque constitutionnel, Grégoire, homme digne et respectable à tous égards, mais que sa courageuse conduite pendant la Convention avait rendu odieux aux réacteurs. Tous les royalistes firent explosion. L'élection de Grégoire fut invalidée pour un vice de forme, et l'on accusa de tout le mal la loi de 1817, contre laquelle se tourna tout ce qui n'était pas sincèrement libéral.

M. de Serres, qui commença à cette époque sa marche rétrograde, prépara, de concert avec M. de Broglie, une nouvelle loi électorale. Son projet établissait des collèges d'arrondissement et des collèges de département. Ce dernier était formé de tous les membres des collèges d'arrondissement payant 600 francs d'impôts directs. Ces électeurs voteraient donc deux fois, au département et à l'arrondissement. Chaque collège de département et d'arrondissement élisait un certain nombre de députés pour sept ans. La Chambre se renouvelait intégralement.

Ce projet causa une vive irritation dans la classe moyenne qui vit là un retour vers la Chambre introuvable. Trois ministres : Dessolles, Louis et Gouvion Saint-Cyr, donnèrent leur démission plutôt que de soutenir un pareil projet. Le ministère et le roi l'amendèrent cependant avant de le porter à la Chambre, et il fut ainsi modifié : les collèges d'arrondissement seraient composés des électeurs payant un cens de 300 francs; ils éliraient des électeurs au second degré pour former le collège de département. La Chambre serait dissoute au bout de cinq ans et renouvelée ntégralement, après quoi l'on reviendrait au renouvellement partiel.

Tel était le projet que le ministère Decaze allait présenter aux Chambres le 14 février 1820, lorsque la veille au soir, le duc de Berry fut assassiné. Ce crime était l'œuvre isolée d'un fanatique; les royalistes en rendirent responsable le parti libéral tout entier. Il y avait là autant d'injustice et d'insanité que dans la motion du député Clauzel de Coussergues, accusant le ministre Decaze de complicité avec l'assassin Louvel. La sortie extravagante de Clauzel fut désavouée par le parti royaliste modéré. Mais ce même parti ne sut pas faire justice des accusations ridicules portées contre les libéraux, et devint le promoteur de toutes les mesures de réaction que la mort du duc de Berry semblait justifier.

La Chambre commença par trouver que le projet de loi électorale Decaze laissait la porte trop grande ouverte à la Révolution. Le duc de Richelieu, qui venait de remplacer Decaze au ministère, dut présenter un nouveau projet. Les collèges d'arrondissement ne devaient plus que choisir des candidats parmi lesquels le collège de département, composé comme dans le premier projet, élisait les députés. On remettait ainsi la nomination de la Chambre des députés entre les mains de quelques milliers de grands propriétaires ou de grands industriels.

La loi rencontra une vive opposition au sein de la Chambre. Pendant la discussion, des troubles éclatèrent à Paris et si, à ce moment, il se fût trouvé quelques hommes prêts à organiser l'insurrection, elle se fût vite transformée en une révolution victorieuse qui eût balayé les Bourbons. Mais il n'en fut pas ainsi : les troubles n'eurent d'autre effet que d'épouvanter les hésitants et de les rallier autour du projet amendé. Ce fut la loi du 20 juin 1820.

Cette loi créait des collèges d'arrondissement et de département. Les premiers étaient composés de tous les électeurs à 300 francs. Les seconds étaient composés des plus imposés de chaque arrondissement jusqu'à concurrence du cinquième du nombre total des électeurs de l'arrondissement. Ceux-ci votaient à la fois au département et à l'arrondissement. C'est pourquoi cette loi est connue sous le nom de « loi du double vote. » Il devait y avoir 430 députés, dont 172 élus par les collèges de département; on conservait le renouvellement partiel.

Cette loi créait une classe de privilégiés parmi les privilégiés. Les effets de cette situation se firent sentir immédiatement. La gauche, vers 1820, fut réduite dans des proportions considérables, et l'on vit revenir quantité de députés de la Chambre introuvable. Ce succès ne laissa pas que d'inquiéter beaucoup Louis XVIII et le duc de Richelieu, son ministre. La marche rétrograde s'accentua aux élections de 1821 ; les ultras gagnèrent du terrain au détriment du centre ministériel. M. de Richelieu fut trouvé trop modéré par la droite triomphante, qui n'eut de repos que lorsqu'il fut remplacé par M. de Villèle.

Dans le cours de l'année, le pays fut de nouveau effrayé des exécutions qui recommençaient la terreur blanche, Berton à Saumur, Caron à Mulhouse, les quatre sergents de la Rochelle à Paris. Aussi, aux élections de 1822, la droite ne l'emporta que grâce à la pression scandaleuse et aux fraudes électorales que s'empressa de couvrir le ministre de l'intérieur, Corbière. B. Constant et Daunou ne furent pas réélus, mais la Vendée nomma Manuel, malgré tous les efforts de l'administration.

A la fin de 1823, dans le but de changer la loi électorale, le gouvernement prononça la dissolution de la Chambre des députés. Il lui fallait une majorité sûre, qui ne fût pas le résultat d'une coalition. Il l'obtint et la grossit par des moyens frauduleux et attentatoires à la sincérité des élections. La gauche fut réduite à dix-neuf membres et l'on se retrouva en présence d'une seconde Chambre introuvable. Le ministère avait alors une trop bonne majorité pour ne pas désirer la conserver le plus longtemps possible. C'est dans ce but que fut votée la loi du 9 juin 1824, qui, violant l'article 37 de la Charte, établissait le renouvellement intégral et septennal de la Chambre des députés.

La Chambre élue en 1824 devait durer jusqu'en 1831, mais, dès 1827, elle était usée, tiraillée dans tous les sens. M. de Villèle, ne pouvant plus compter sur sa majorité, se décida à dissoudre la Chambre. Le gouvernement recommença en 1827 ce qui avait si bien réussi en 1824, mais, malgré tous ses efforts, le pays nomma cent quatre-vingts libéraux environ, à peu près autant de membres de la droite et soixante-dix ultras. Le roi prit ses ministres dans la fraction la plus modérée de la droite. Ce choix rallia le centre gauche, qui devint ministériel, et la gauche sembla s'accommoder assez facilement des nouveaux ministres ; l'opposition passa à l'extrême droite, de telle sorte que la majorité du ministère n'était que le fait d'une coalition. Cela rendait sa situation d'autant plus difficile que le roi, ne pouvant se consoler du progrès des idées libérales, n'attendait qu'une occasion pour se débarrasser de ses ministres. Elle se présenta bientôt. Le gouvernement présenta deux projets de lois pour introduire le système électif dans l'Administration des départements et des communes. Sur une question de priorité, à laquelle M. de Martignac attachait une importance capitale, le ministère fut battu par la coalition de la gauche et de l'extrême droite excitée par le roi. L'autorité des ministres fut si ébranlée qu'ils durent tomber. S'ils restèrent jusqu'au 9 août 1829, ce fut à cause des difficultés de personnes que rencontra le roi pour former un ministère ultra.

Ce ministère parut au *Moniteur* le 9 août 1829 ; ce fut une véritable provocation. On y avait réuni les trois noms les plus impopulaires de l'époque et à juste titre : Polignac, l'inepte conseiller du parti de la reine en 1789, La Bourdonnaye, l'homme de la terreur blanche et Bourmont, le traître de Ligny, le lâche accusateur du brave des braves. La Chambre se réunit le 2 mars 1830 au milieu de l'effervescense générale. Tous les esprits libéraux, sans distinction de nuances, se réunirent pour voter l'adresse en réponse au discours du trône. Aux provocations du gouvernement la Chambre répondit par un langage à la fois ferme et modéré. Elle fut votée par 221 voix contre 181. Le roi prorogea immédiatement la Chambre au 1er septembre, mais, dès le 16 mai, il en prononçait la dissolution.

Les élections eurent lieu le 22 juin et, chose inouïe, on recula celles de la Seine et de dix-neuf autres départements au 12 et au 24 juillet. Malgré tout, le succès du parti libéral fut complet. Les 221 furent tous réélus et la gauche en outre gagna 53 sièges.

Dans ces circonstances le gouvernement se décida à faire un coup d'État et le roi Charles X signa les fameuses ordonnances. La première suspendait la liberté de la presse ; la seconde ordonnait la dissolution de la Chambre, qui ne s'était point encore réunie, c'est-à-dire qu'elle cassait les élections ; la troisième reformait la loi électorale ; la quatrième convoquait les collèges électoraux pour le 3 septembre.

L'ordonnance sur les élections réduisait le nombre des députés à 238 ; elle supprimait le double vote ; elle laissait subsister les collèges de département et d'arrondissement, mais ces derniers ne faisaient plus que présenter des candidats aux premiers qui nommaient les députés. L'ordonnance semble ne rien modifier aux conditions de l'électorat et de l'éligibilité, mais au fond elle y apporte une restriction immense. On ne fera plus entrer dans le calcul du cens électoral que l'impôt foncier et l'impôt personnel et mobilier ; on exclut les patentes. Par là, on enlevait le droit électoral à un grand nombre de commerçants et d'industriels et les élections devenaient la chose des grands propriétaires fonciers, tous plus ou moins grands seigneurs.

On sait comment furent accueillies les ordonnances. Nous n'avons point à raconter l'insurrection qui renversa les Bourbons, ni les événements qui amenèrent l'avènement de Louis-Philippe. La nouvelle charte fut une sorte de constitution que les Chambres votèrent comme une loi ordinaire, sous couleur de modifier la Charte de 1814, dont on supprimait le préambule comme blessant la dignité nationale.

En ce qui concerne la capacité électorale la charte portait seulement dans son article 32 qu'il fallait avoir vingt-cinq ans et réunir les conditions prescrites par la loi, pour être électeur. Elle promettait en effet dans son article 30 une loi qui organiserait les collèges électoraux.

Cette loi fut celle du 19 avril 1831. Il y avait 459 députés élus au scrutin uninominal par tous les électeurs domiciliés dans la circonscription. Étaient électeurs tous les Français âgés de vingt-cinq ans et payant deux cents francs d'impôts directs dans n'importe quelle partie de la France. Le cens électoral était abaissé à 100 fr. pour les capacités, c'est-à-dire pour les personnes en possession de certaines fonctions ou de certains titres universitaires. La réforme, sans être bien étendue, était faite dans un sens libéral en tous points. La Chambre était élue pour cinq ans et renouvelable intégralement.

Cette loi ne fut pas modifiée durant le règne de Louis-Philippe. Elle complétait la Charte. En même temps le gouvernement donna satisfaction à la promesse d'introduire le système électif dans le recrutement des conseils locaux, par la loi du 28 mars 1831 pour les conseils municipaux et par la loi du 22 juin 1833 pour les conseils généraux et d'arrondissement.

La pratique du régime parlementaire ne tarda pas à réveiller les aspirations libérales; la loi électorale fut trouvée iniquement restrictive; on regardait surtout comme injuste d'exclure, à cause de leur manque de fortune, les hommes qui avaient donné des preuves de supériorité. L'adjonction de toutes les capacités aux électeurs censitaires devint le terrain de combat du parti libéral. L'opposition lança son projet de réforme électorale qui, avec la loi sur les incompatibilités, lui servit à battre en brèche le ministère Guizot. Les ministres, disposant de 100 voix de majorité, l'emportèrent dans la Chambre, les deux propositions furent repoussées ; néanmoins il devint incontestable que l'opinion publique se trouvait avec la minorité. Une grande agitation se produisit après la session en faveur de la réforme électorale. Elle profita surtout aux républicains qui, démontrant l'illogisme de fixer un cens de cent francs plutôt que de deux cents francs, demandèrent bientôt le suffrage universel.

## IV. LE SUFFRAGE UNIVERSEL

M. Guizot qui, par peur de l'esprit révolutionnaire, avait combattu la proposition, pourtant si modérée de M. Duvergier de Hauranne, allait déchaîner une révolution sur la monarchie. On sait dans quelles circonstances elle éclata le 22 février 1848, aux cris de « vive la réforme. » Le 24, la royauté de juillet disparaissait sous l'émeute, sans rencontrer le moindre appui ; elle semblait s'écrouler d'elle-même. La réforme électorale allait être faite, beaucoup plus complète qu'on ne l'avait espérée et peut-être qu'on ne l'aurait voulue.

Un gouvernement provisoire, composé de Lamartine, Dupont de l'Eure, Ledru-Rollin, Arago, Marie, Garnier-Pagès jeune et Crémieux, fut nommé et s'installa à l'Hôtel de ville. L'un de ses premiers actes fut de convoquer une Assemblée nationale consti-tuante. Les électeurs durent se réunir en vertu d'un décret du 5 mars.

Ce décret décide que le suffrage sera universel, direct et secret. On admettait au droit électoral tous les Français âgés de vingt et un ans et ayant six mois de résidence dans leur commune. Ce décret accomplissait ainsi la réforme politique la plus grave que l'on ait faite depuis la Révolution. L'Assemblée devait avoir 900 membres, répartis dans les départements au prorata de la population. Le décret n'était fait que provisoirement pour les élections à la Constituante à qui il appartiendrait de faire une loi électorale définitive.

Les élections eurent lieu le 19 avril et l'Assemblée se réunit le 4 mai. La Constitution fut promulguée le 4 novembre. Elle consacrait l'établissement du suffrage universel et appelait au droit électoral tous les Français âgés de vingt et un ans et jouissant de leurs droits civils et politiques. Une loi devait déterminer les incapacités et les incompatibilités. Cette loi fut celle du 15 mars 1849. Elle exigea pour l'exercice du droit électoral, six mois de domicile dans la commune ; c'était peu à ce moment. M. de Champvans avait demandé un an. M. Ferdinand de Lasteyrie, pensant que le suffrage universel devait être au moins éclairé, aurait voulu qu'on exigeât, sinon dès 1849 au moins depuis 1855, la connaissance de la lecture et de l'écriture pour l'inscription sur une liste électorale. Cette disposition fut repoussée, comme contraire à l'article 25 de la Constitution qui ne mettait point cette condition à l'exercice des droits électoraux. La loi décidait en outre que, pour être inscrit sur la liste, il suffisait d'acquérir les conditions d'âge et de résidence avant sa clôture. Quant aux militaires et aux marins, ils conservaient leur qualité d'électeurs mais ils restaient inscrits sur les listes de la commune où ils se trouvaient lors de leur appel sous les drapeaux.

Deux mois après le vote de cette loi, l'Assemblée constituante se séparait. Les électeurs envoyèrent au Corps législatif une majorité monarchique. Elle se montra bientôt très effrayée de quelques élections partielles comme celle de Carnot, de Vidal et de Paul de Flotte, l'ancien insurgé de juin, à Paris. Elle n'eût dès lors aucune tranquillité avant d'avoir modifié la loi électorale. On alla avec une rapidité extraordinaire. Le ministre de l'intérieur Baroche chargea une commission extraparlementaire de proposer un projet. Elle entra en fonction le 5 mai, le projet fut prêt le 8, et le rapporteur de la commission législative, Léon Faucher, déposa son rapport le 18 mai. La loi fut combattue par les hommes les plus éminents de l'Assemblée, Lamartine, le général Cavaignac et Victor Hugo. Mais la crainte du socialisme l'emporta, et la loi fut votée le 31 mai 1850.

Cette loi portait de six mois à trois ans le temps d'habitation nécessaire dans une commune pour être inscrit sur la liste électorale. De plus, la preuve du domicile ne pouvait être faite que par l'inscription au rôle des contributions depuis trois ans ou par une déclaration du père de famille ou du patron chez lequel l'électeur habitait. On n'avait pas osé supprimer le suffrage universel ; mais, par ces dispositions, on rayait d'un seul coup sur les listes le tiers des électeurs, plus de trois millions. On privait ainsi de leurs droits à peu près tous les ouvriers industriels, dont on craignait l'esprit socialiste. C'était ce que voulait l'Assemblée qui fut, dès lors, frappée d'une impopularité dont elle ne devait pas tarder à recueillir les fruits, et que le président de la République sut habilement exploiter au profit de son ambition.

Louis Bonaparte, n'espérant plus faire prolonger ses pouvoirs par une revision régulière de la Constitution, se décida à tenter un coup d'État. Il prépara tout à l'ombre du ministre Léon Faucher, qui ne s'aperçut de rien. Sûr de l'armée, connaissant l'impopularité de l'Assemblée, le président voulut encore se concilier les sympathies de ceux que la loi du 31 mai avait atteints. Il en fit proposer l'abrogation. Les différents partis ne s'entendirent pas, le plus grand désordre régna dans l'Assemblée, et le projet du gouvernement fut repoussé par 359 voix contre 349. Ce vote rendit l'Assemblée si impopulaire que Bonaparte ne rencontra qu'une résistance insignifiante lorsque le 2 décembre il empêcha par la force les représentants de se réunir et en fit arrêter un certain nombre.

Le décret du 2 décembre prononçait la dissolution de l'Assemblée, abrogeait la loi du 31 mai et rétablissait le suffrage universel. Cette disposition fut pour beaucoup dans le succès du coup d'État. On rendait aux ouvriers ce que l'Assemblée leur avait enlevé ; aussi ceux-ci, sans faire éclater un grand enthousiasme pour Louis Napoléon, se montrèrent peu disposés à défendre la Législative contre un coup de force qui, sur le premier moment, ne semblait atteindre qu'elle. « Est-ce que vous croyez, disait un ouvrier à Baudin, que nous allons nous faire tuer pour vous conserver vos vingt-cinq francs par jour. »

La constitution de 1852 établissant une Chambre des députés et la loi du 31 mai 1850 étant abrogée, il fallait réglementer à nouveau les conditions de l'électorat. Ce fut l'objet d'un décret organique du 2 février 1852. Le droit électoral est acquis à tout Français âgé de vingt et un ans, jouissant de ses droits civils et politiques, sans condition de cens et ayant six mois de résidence dans sa commune. Les soldats étaient inscrits dans leurs communes respectives, mais ils ne pouvaient voter que s'ils s'y trouvaient à l'époque des élections. Néanmoins, pour les plébiscites et l'élection du président de la République, ils voteraient au corps.

La liste électorale est dressée dans chaque commune par le maire et comprend les électeurs habitant la commune depuis plus de six mois à l'époque de la clôture définitive de la liste. Elle sert aussi bien pour les élections politiques que pour les élections aux conseils généraux, d'arrondissement et municipaux.

Les conditions requises pour être électeur ne furent plus modifiées sous l'Empire et restèrent jusqu'au bout celles du décret du 2 février 1852. Ce sont, d'ailleurs, les conditions normales dans lesquelles le suffrage universel peut s'exercer librement. Aussi, après la chute de l'Empire, le nouveau gouvernement n'a rien changé à ce qui concerne l'électorat.

Cependant, depuis la loi du 10 avril 1871, une réforme importante a été opérée. Sous l'Empire, on ne distinguait point entre les élections politiques et les élections aux conseils locaux. En 1871, le législateur a pensé que dans ces dernières élections on devait exiger des électeurs de plus grandes garanties, et qu'on ne pouvait se mêler des élections locales qu'autant que l'on avait dans la commune une résidence assez longue pour s'y être créé quelque intérêt ou quelque affection, qui vous attache au pays. C'est pourquoi l'on a demandé une résidence d'un an. Il y eut, désormais, dans chaque commune deux listes, l'une dite politique, l'autre municipale. La loi du 10 août 1871 décida que les élections au conseil général se feraient sur la liste municipale.

La condition uniforme de résidence, établie par la loi de 1871, fut modifiée par la loi du 7 juillet 1874 qui, en principe, porta le domicile à deux années, mais réduisit ce délai à un an et même à six mois pour certaines personnes, et supprima la condition elle-même pour certaines autres.

Pour compléter l'énumération des lois relatives à la capacité des électeurs, il nous reste à citer deux lois, la loi du 27 juillet 1872 sur le recrutement de l'armée qui, dans son article 5, porte que les hommes présents au corps ne prendront part à aucun vote, et la loi du 19 juin 1872 qui dispense de toute condition de résidence l'Alsacien-Lorrain qui, après avoir opté pour la France, viendra s'établir dans une commune française.

Nous sommes arrivé à la fin de ce long historique de la capacité électorale. On a vu par quelles péripéties diverses a passé le droit du peuple et comment il est arrivé à la plénitude actuelle, pareil à un balancier qui, après de violentes oscillations, reprend peu à peu son équilibre naturel.

Maintenant il nous faut entrer dans l'étude des textes en vigueur. Pour être actuellement électeur, il faut satisfaire à ces quatre conditions : 1° Être Français ; 2° avoir vingt et un ans ; 3° avoir un certain domicile ; 4° n'être point frappé d'incapacité électorale. Chacune de ces conditions fera l'objet d'un chapitre particulier. En outre, pour exercer son droit, on doit se faire inscrire sur une liste électorale. Nous examinerons ce point dans le septième chapitre de cette étude, que nous terminerons par une comparaison rapide de la législation française et des législations étrangères.

# CHAPITRE III

Pour réclamer au maire d'une commune l'inscription d'une personne sur la liste des électeurs, il faut établir que cette personne est Française. Le but de ce chapitre est précisément de déterminer quels sont les Français.

La capacité électorale n'appartenant pas aux femmes, nous laisserons de côté tout ce qui concerne exclusivement la nationalité des femmes ; nous ne toucherons pas aux nombreuses questions que font naître le mariage et sa dissolution, au point de vue de la nationalité de l'épouse. Nous nous bornerons à cataloguer les individus du sexe masculin qui sont Français et qui peuvent jouir de leurs droits de citoyens, en remplissant les autres conditions prescrites par la loi.

On naît ou l'on devient Français. En outre, on peut le devenir soit par l'effet d'un droit, soit par suite d'une faveur. Nous aurons donc trois classes de Français : 1° Les Français par leur origine ; 2° les Français en vertu d'un droit ; 3° les Français par l'effet d'une faveur. Nous verrons ensuite qu'elle est la situation faite au point de vue électoral aux habitants des colonies et à quelles conditions ils sont citoyens français. Enfin, comme pour être inscrit sur une liste électorale, il faut, non seulement avoir été Français, mais l'être encore, nous aurons à déterminer comment on perd cette qualité.

## I. LES FRANÇAIS PAR DROIT DE NAISSANCE

Pour déterminer la nationalité d'un individu, deux systèmes sont en présence : — ou bien l'on s'attache au *jus soli*, et l'on déclare Français tout individu né sur le sol de la France, sans se préoccuper de la nationalité de ses parents — ou bien l'on s'attache, au contraire, au *jus sanguinis*, et l'on déclare Français tout individu né d'un Français, sans se préoccuper du lieu de sa naissance.

En France, l'ancien droit admettait le premier système, conséquence naturelle de la féodalité qui confondait, en une même unité morale, la terre et les hommes qui se trouvaient dessus. Ces principes traditionnels étaient tellement entrés dans les mœurs de la nation, que non seulement ils persistèrent pendant la période révolutionnaire, mais que lors de la rédaction du Code civil, le conseil d'État et le premier consul, l'un par un motif politique, l'autre par conviction juridique, les introduisirent dans la nouvelle loi ; ce ne fut que devant l'opposition du tribunat qu'ils disparurent et furent remplacés par le principe contraire, qui fixe la nationalité, d'après l'origine, et non d'après le lieu de naissance[1]. Cette législation est toujours allée en s'affermissant à mesure que l'idée moderne des nationalités prenait une consistance plus nette.

Le principe est posé dans les articles 10 et 9 du Code civil. L'article 10 porte que l'enfant né d'un Français à l'étranger est Français, et que l'enfant né en France d'un étranger est étranger ; d'où l'on conclut que tout enfant né en France d'un Français est Français.

1. Locré, *Travaux prép. du C. civ.* — I p. 431 et II p. 58.

Depuis la rédaction du Code civil, le législateur est un peu revenu sur ces principes absolus. Nombre d'individus, nés en France sur les frontières, invoquaient la nationalité étrangère de leurs parents pour se soustraire aux charges du service militaire. Ils restaient étrangers et leurs enfants naissaient étrangers. Il y avait ainsi des familles absolument françaises par leur situation, dont les membres ne quittaient jamais la France et, cependant, échappaient aux charges françaises. Leur nombre devint si considérable, surtout dans le département du Nord, que l'attention des pouvoirs publics fut attirée sur cette situation scandaleuse. Ils crurent y trouver un remède dans les dispositions qui font l'objet de la loi du 7 février 1851. Cette loi déclare Français les enfants nés en France d'étrangers qui, eux-mêmes, y sont nés. C'est, on le voit, un retour aux vieux principes, au *jus soli*.

En résumé, sont Français par naissance :

1° Les enfants nés d'un Français en France ou à l'étranger ;

2° Les enfants nés en France d'un étranger qui, lui-même, y est né.

Examinons maintenant comment l'on applique ces principes :

Les difficultés ne se présentent que si le père et la mère de l'enfant n'ont pas la même nationalité. Il est évident que s'ils sont tous deux Français ou tous deux étrangers, l'enfant suit la condition commune de ses parents. Pour résoudre les difficultés que peut présenter la différence de nationalité des parents, il faut d'abord distinguer si l'enfant est légitime ou naturel.

A. L'enfant est légitime. — Le cas ne peut se présenter que si l'un des époux change de nationalité après le mariage, puisqu'en se mariant la femme suit toujours la condition de son mari. Dans ce cas, l'enfant doit appartenir à la nationalité du père. C'est, en effet, d'une façon générale l'esprit de notre législation que l'enfant suive la condition civile du père ; celui-ci est le chef de la famille, c'est à lui qu'incombe le devoir d'éducation ; il est tout naturel que l'enfant ait sa nationalité. C'est en vain que M. Laurent proteste contre cette théorie, aussi fausse, selon lui, en droit civil qu'en droit naturel ; en droit civil, parce qu'elle n'est pas écrite dans la loi ; en droit naturel, parce qu'un père n'a pas le droit d'imposer une nationalité à son enfant. Il usurpe sur le droit de l'enfant, et ce droit quel est-il ? « C'est, dit le jurisconsulte belge, le droit de réclamer la nationalité que lui donne son origine, la race dont il est issu, le sang qui coule dans ses veines. Or, dans l'espèce, l'enfant appartient à deux races, il a deux patries. » M. Laurent en conclut que l'on doit lui reconnaître le droit de choisir. Ces idées sont fort justes, mais la théorie que nous défendons n'a rien qui leur soit contraire ; nous ajouterons même qu'elle complète le système de M. Laurent. Que dit, en effet, la loi ? L'enfant suivra la nationalité de son père jusqu'à sa majorité. Jusque-là, il n'a pas grand intérêt à être plutôt d'une nation que d'une autre. Le jour où cet intérêt naît, on lui laisse le choix. Veut-il être Français, comme celui de ses parents qui est resté Français ? D'après l'article 10, il le peut en remplissant les conditions de l'article 9. Veut-il suivre, au contraire, la patrie de son père devenu étranger ? Il n'a qu'à rester comme il est. Son droit de choisir sa patrie est donc absolu, et la théorie que nous soutenons ne diffère de celle de M. Laurent qu'en ce qu'elle fixe la nationalité de l'enfant pendant sa minorité, tandis qu'elle reste indécise dans son système.

Un projet de loi sur la nationalité, actuellement soumis aux délibérations du Sénat, tranche fort nettement cette question en posant le principe que la naturalisation du père de famille entraîne *ipso jure* celle de ses enfants mineurs [1].

---

1. Voici le texte de ce projet de loi, qui a été préparé par le Conseil d'État et dont l'initiative appartient à M. le sénateur Batbie.

ART. PREMIER. — Est Français tout individu né d'un Français en France où à l'étranger.

ART. 2. — Est français tout individu né en France de parents inconnus. Lorsque sa filiation est établie pendant sa minorité par reconnaissance ou par jugement, il suit pour l'avenir la nationalité du père ou celle de la mère si la filiation n'est établie que vis-à-vis d'elle.

ART. 3. — Est Français tout individu né en France d'un étranger qui lui-même y est né. — Il peut, néamoins, à partir de l'âge de dix-huit ans jusqu'à

Sont donc Français les enfants légitimes d'un père français, et
étrangers les enfants légitimes d'un père devenu étranger au

l'âge de vingt-deux ans accomplis, décliner pour l'avenir sa qualité de français,
par une déclaration faite soit devant l'autorité municipale du lieu de sa résidence,
soit devant les agents diplomatiques et consulaires de la France à l'étranger en
fournissant la preuve qu'il appartient à la nationalité paternelle. — Cette déclaration sera transmise au ministre de la justice qui devra en accuser réception. Dans
l'*année* qui suivra son enregistrement, le ministère public pourra y contredire
devant le tribunal du dernier domicile ou du lieu de naissance du déclarant.
— L'engagement dans les armées de terre ou de mer, l'entrée dans les fonctions
publiques et dans les écoles du gouvernement, à l'âge fixé par les lois et règlements, emporteront renonciation au droit de décliner la qualité de Français.

Art. 4. — Devient Française la femme étrangère qui épouse un Français. —
Devient Française la femme d'un étranger qui se fait naturaliser Français. —
Deviennent Français les enfants mineurs de vingt et un ans d'un père ou d'une
mère survivante qui se fait naturaliser français.

Art. 5. — Peuvent être naturalisés français, à partir de l'âge de dix-huit
ans jusqu'à l'âge de vingt-deux ans accomplis, en prouvant qu'ils ont eu en
France une résidence habituelle de trois ans pendant les cinq années qui ont
précédé leur demande en naturalisation : 1° L'individu né en France d'un étranger. 2° L'individu né en France ou à l'étranger d'un Français qui a perdu cette
qualité. Dans les deux cas, la naturalisation est conférée sur demande, par décret,
le conseil d'État entendu. — Sont dispensés de la condition d'âge et de résidence les mêmes individus : 1° S'ils servent où s'ils ont servi dans les armées de
terre ou de mer. S'ils ont satisfait à la loi du recrutement sans exciper de leur
nationalité.

Art. 6. — Les individus qui voudront user, pendant leur minorité, du bénéfice des article 3 et 5 de la présente loi, ne pourront le faire qu'avec le concours
de ceux dont le consentement est requis pour la validité de leurs actes.

Art. 7. — En deØors des cas prévus par les articles précédents, tout étranger qui veut être naturalisé Français doit remplir les deux conditions suivantes :
Avoir obtenu, à partir de l'âge de vingt et un ans accomplis, sur demande
adressée au Président de la République, l'autorisation d'établir son domicile en
France. 2° Avoir résidé en France pendant trois années à compter du jour où la
demande d'admission à domicile a été enregistrée au ministère de la justice. —
Est assimilé à la résidence en France, le séjour en pays étranger pour l'exercice
d'une fonction conférée par le gouvernement français. — L'admission à domicile
est périmée si elle n'a pas été suivie dans le délai de cinq années d'une demande
en naturalisation, ou si la demande en naturalisation a été rejetée.

Art. 8. — Il est statué sur la demande en naturalisation, après enquête
sur la moralité de l'étranger, par un décret du Président de la République rendu
sur le rapport du ministre de la justice, le Conseil d'État entendu. — Si la
demande est rejetée, il ne peut être formé de nouvelle demande d'admission à
domicile avant un délai de deux années.

Art. 9. — Le délai de trois années de domicile fixé par l'article 7 peut-
être réduit à une année en faveur des étrangers qui ont rendu à la France des

moment de leur naissance, sauf à eux à réclamer le bénéfice de l'article 10 du Code civil dans l'année de leur majorité.

services importants, qui y ont apporté des talents distingués, qui ont introduit en France soit une industrie, soit des inventions utiles, qui y ont formé de grands établissements ou créé de grandes exploitations agricoles.

ART. 10. — L'étranger admis par autorisation du Président de la République à établir son domicile en France y jouit de tous les droits civils. — L'autorisation obtenue par le mari profite à la femme ; l'autorisation obtenue par le père ou la mère survivant profite aux enfants mineurs.

ART. 11. — La naturalisation obtenue en France donne à l'étranger tous les droits comme elle lui impose toutes les charges des Français. — Dans tous les cas le changement de nationalité ne produit d'effet que pour l'avenir.

ART. 12. — Perdent la qualité de Français : 1° Le Français naturalisé à l'étranger ; toutefois s'il est encore soumis aux obligations du service militaire, l'autorisation du gouvernement sera nécessaire pour la validité de la naturalisation. — 2° La Française qui épouse un étranger. — 3° Le Français qui a décliné la qualité de Français conformément à l'article 3 de la présente loi. — 4° Le Français qui, ayant accepté sans autorisation du Président de la République, des fonctions publiques conférées par un gouvernement étranger, les conserverait nonobstant l'injonction du gouvernement Français de les résigner dans un délai déterminé. — 5° Le Français, qui, sans autorisation du Président de la République prend du service militaire à l'étranger, sans préjudice de l'application des lois pénales qui frappent le Français qui se soustrait aux obligations du service militaire. — 6° Le Français condamné à raison de l'un des faits prévus par les article 75 à 85 du Code pénal. — 7° Le Français qui possède, achète ou vend des esclaves et participe, soit directement soit indirectement, à tout trafic ou exploitation de ce genre, ainsi que le Français qui, possesseur d'esclaves, par héritage, don ou mariage, ne les a pas affranchis ou aliénés dans le délai d'un an, à partir de sa mise en possession ou s'il est en possession actuelle à partir de la promulgation de la présente loi.

ART. 13. — La perte de la qualité de Français dans les cas prévus aux paragraphes 1 et 3 de l'article 12, s'étend à la femme et aux enfants mineurs, à la double condition qu'ils ne résident pas en France et que la nationalité nouvelle leur soit acquise par le fait de la naturalisation à l'étranger du mari ou du père.

ART. 14. — Le Français qui a perdu sa qualité peut la recouvrer, pourvu qu'il réside ·en France, en obtenant sa réintégration du Président de la République. — La réintégration s'étend à la femme et aux enfants mineurs. — Les Français qui ont perdu leur qualité dans les cas prévus par les paragraphes 3, 4, 5, 6 et 7 de l'article 12 ne peuvent les recouvrer qu'en se conformant aux prescriptions de l'article 7 de la présente loi.

ART. 15. — La Française qui a épousé un étranger et dont le mariage est dissous, recouvre la qualité de Français aux conditions indiquées au premier paragraphe de l'article précédent. — Dans le cas où le mariage est dissous par la mort, la réintégration emporte la naturalisation de ses enfants mineurs.

ART. 16. — Toute admission à domicile, obtenue antérieurement à la présente loi sera périmée si, dans un délai de cinq années à compter de la promul-

A ce propos, on s'est demandé si, pour fixer la nationalité des enfants d'après celle de leur père, il fallait considérer le moment de la conception ou celui de la naissance. La question présente un intérêt considérable quand le changement de nationalité du père se place entre ces deux époques. L'intérêt est plus grand encore s'il s'agit d'enfants naturels ; mais nous pouvons, dès à présent élucider cette question, la solution nous paraissant la même, qu'il s'agisse d'enfant légitime ou d'enfant naturel.

Il existe, sur ce point, un système assez pratique qui a rencontré un grand nombre de partisans. C'est celui qui applique à la matière la règle : *Infans conceptus pro nato habetur quoties de commodo ejus agitur.* On regarde comme un avantage pour l'enfant la qualité de Français. Par conséquent, on le déclare Français si, au moment de sa conception, son père était Français et qu'il ne le soit plus au moment de sa naissance[1].

Ce système n'a rien qui nous séduise. Cette interprétation peut paraître avantageuse pour la France, mais elle est arbitraire. Dans la situation de l'enfant, je ne vois pas ce qui peut faire supposer qu'une nationalité lui est plus avantageuse qu'une autre. En général, cela aboutira à lui donner une nationalité de droit que sa conduite répudiera, car, dans la plupart des cas, il suivra son

---

gation, elle n'a pas été suivie d'une demande en naturalisation ou si la naturalisation a été rejetée.

ART. 17. — Les individus nés en France d'étrangers, qui auront l'âge de dix huit ans au jour de la promulgation de la présente loi, pourront invoquer le bénéfice de l'article 5 sans condition de résidence.

ART. 18. — Les enfants mineurs d'un étranger naturalisé Français antérieurement à la présente loi pourront acquérir la nationalité française en se conformant aux dispositions de l'article 5 précité.

ART. 19. — Sont et demeurent abrogés : la loi du 15 décembre 1790 ; les article 9, 10, 11, 12, 13, 17 à 21 du Code civil ; les décrets des 6 avril 1809 et 26 août 1811 ; le décret du 27 avril 1848 ; les lois des 22 mars 1849, 7 et 11 février 1851 ; 28 mars 1858, 20 juin 1867, 16 décembre 1874 et 14 février 1882 et en général toutes dispositions antérieures contraires à la présente loi.

ART. 20. — La présente loi est applicable à la Martinique à la Guadeloupe et à la Réunion.

1. Coin-Delisle, C. C. I, art. 10 n° 10 et 11. — Demante, *Cours analytique de C. civ.*

père, qui l'élèvera à sa guise. D'ailleurs, il serait facile de créer des hypothèses dans lesquelles une nationalité étrangère serait plus avantageuse pour un enfant que la nationalité française. Que deviendrait la règle dans ce cas? Il faudrait la faire fléchir ou laisser le fait contrecarrer brutalement le droit. En outre, en admettant que cette hypothèse ne se réalise jamais, je ne sais pas jusqu'à quel point nous sommes autorisés à étendre ainsi, en vertu d'un brocard qui n'a rien de législatif, une règle qui n'est inscrite dans le Code que pour les cas spéciaux des articles 725 et 906. Ce sont des exceptions qu'on ne peut étendre par analogie. ,

La loi elle-même, pour la légitimité, a dû fixer une période assez longue; or, si le changement de nationalité a lieu entre le sixième et le dixième mois précédant la naissance, qui pourra affirmer que le père était encore Français au moment de la conception? D'ailleurs, les articles 9 et 10 disent « les enfants nés; » ils ne font aucune allusion à la conception, et je ne vois pas pourquoi l'on veut absolument traduire le mot « né » par le mot « issu, » alors qu'il est d'une interprétation facile et logique dans son sens ordinaire.

Il nous paraît donc beaucoup plus simple de s'en tenir au fait même de la naissance et de déclarer que l'enfant suit la nationalité de son père à ce moment. La naissance est d'abord un fait facile à constater, sur le moment de laquelle il ne peut y avoir de doute sérieux, à moins de circonstances extraordinaires. D'ailleurs, c'est seulement en naissant que l'enfant acquiert une personnalité; c'est à partir de ce moment qu'il est quelqu'un et qu'il a droit à une nationalité. Auparavant, ce n'est rien, et sa personnalité est si peu accusée qu'une théorie de médecine légale, que nous n'approuvons pas absolument, ne considère pas comme criminel l'avortement causé avant une certaine époque de la grossesse. L'enfant n'est une personne qu'au moment de sa naissance, et, au moment de sa naissance, il doit suivre la condition et la nationalité de son père.

B. L'enfant est naturel.— Dans ce cas, nous devons faire plusieurs distinctions. Quatre hypothèses sont possibles :

*a*) L'enfant n'est reconnu par personne. — C'est un enfant trouvé.

Dans ce cas, il n'y a pas de doute; on le déclare Français, non en vertu du *jus soli*, non parce qu'il est né sur le sol français, mais parce qu'on le suppose né d'un Français, comme le sont la plupart des enfants qui naissent sur notre territoire. C'est le seul motif qui nous fasse repousser le système de M. Richelot, d'après lequel cet enfant, pouvant être étranger, ne pourrait qu'invoquer le bénéfice de l'article 9. Cette théorie est, au fond, absolument arbitraire, car cet enfant peut aussi bien être né d'un Français que d'un étranger, et, s'il est né d'un étranger, il peut parfaitement n'être pas né sur le sol français, surtout si on le trouve près des frontières. Alors l'article 9 ne lui serait plus applicable. La seconde supposition n'a rien de plus invraisemblable que la première. Il y a, dans notre sens, un décret du 4 juillet 1793 qui les déclare « enfants naturels de la patrie ; » il est vrai qu'il ne faisait qu'appliquer le principe du *jus soli* alors en vigueur. Mais il y a un décret du 19 janvier 1811, non déclaré inconstitutionnel par le Sénat, qui décide que les enfants trouvés, élevés aux frais de la France, étaient à la disposition de l'État.

*b*) L'enfant n'est reconnu que par sa mère. — Il suit sa condition et devient Français si la mère est Française.

*c*) L'enfant n'est reconnu que par son père. — Il me semble que la même solution doit intervenir.

*d*) L'enfant a été reconnu par son père et par sa mère, qui sont de nationalités différentes.— Cette hypothèse est délicate et prête à controverse. Les uns, comme M. Duranton [1], veulent que l'enfant suive toujours la condition de la mère. Les autres, comme MM. Richelot et Laurent, pensent que l'enfant doit opter

1. Duranton, C. C. 1, p. 80 et suiv.

*e*

entre les deux nationalités[1]. D'autres encore, comme MM. Demo-
lombe, Valette et Marcadé, sont d'avis que l'enfant suive sans
distinction la nationalité du père.

Nous repoussons le premier et le troisième système comme trop
absolus et le second comme arbitraire; il nous paraît difficile de
le justifier en droit, et nous ne voyons pas dans quelle forme
se ferait l'option. Nous croyons qu'il faut distinguer deux cas :

1° La reconnaissance est faite simultanément par le père et
par la mère. Il existe entre eux un lien qui ressemble beaucoup
au mariage. Le père naturel a la plus grande partie des droits du
père légitime. Il n'y a aucun motif de décider, quant à la nationalité, autrement que dans l'hypothèse d'un mariage légitime.
L'enfant suit la nationalité du père.

2° La reconnaissance est faite successivement. L'enfant suit
alors la nationalité de celui qui l'a reconnu le premier. En effet,
tant que le second n'a pas reconnu son enfant, celui-ci se trouve
dans l'une des deux hypothèses qui précèdent (b ou c), et par
conséquent sa nationalité est certaine. Nous pensons que cette
nationalité, une fois acquise, ne peut être changée que par le fait
de l'intéressé : une autre personne, en le reconnaissant, ne peut
changer sa situation malgré lui. « La qualité de Français, dit
Dalloz, une fois imprimée par la naissance, ne se perd que par
l'un des moyens énoncés dans les articles 17 et 18 du Code
civil[2]. » La reconnaissance postérieure du père ne peut donc
avoir plus d'effet sur la nationalité du fils naturel que n'en aurait
un second mariage sur celle d'un enfant légitime.

En résumé, seront Français :

1° Les enfants trouvés en France ;

2° Les enfants naturels reconnus par un père français, pourvu
que cette reconnaissance précède celle de la mère ou lui soit
simultanée ;

---

1. Richelot, I, p. 111. — Laurent, *Traité de droit civil*, I, 33. Sur Proudhon
I, p. 123.
2. Dalloz. — V° *Droits civils et politiques*.

3° Les enfants naturels reconnus par une mère française, uniquement ou avant d'être reconnus par leur père.

Tel était, dans son ensemble, le système du Code civil sur les français par le fait de leur naissance. La loi du 7 février 1851 est venue créer une seconde catégorie de Français par droit de naissance. Ce sont les enfants nés en France d'étrangers qui eux-mêmes y sont nés.

Nous avons déjà indiqué la situation scandaleuse à laquelle le législateur de 1851 a voulu porter un remède. Cette loi, sans doute, n'est pas conforme aux principes du Code ; c'est un retour en arrière, une nouvelle application de l'ancien droit. Mais cette dérogation aux principes théoriques n'est-elle pas largement jus-tifiée par le but pratique qu'on s'est efforcé d'atteindre ? Cette loi de 1851 a été l'objet d'une critique des plus vives de la part de l'un de nos savants maîtres. Malgré l'autorité attachée à son nom, nous pensons qu'il exagère « les conséquences déplorables » entraînées par cette loi. « Cette loi, dit-il, rétablit la naturalisa-tion volontaire, comme droit commun et cela sous des conditions plus simples qu'aucune de celles qu'avait exigées la Constitution révolutionnaire ; il suffit d'une résidence un peu prolongée en France et le gouvernement se voit dans cette triste alternative, ou de refuser l'hospitalité en France, ou de laisser devenir Fran-çais des hommes qu'il juge indignes de ce nom, et dont l'insou-ciance est telle qu'ils dédaignent de faire un pas pour obtenir la qualité de Français. »

Personne ne conteste que telle soit la conséquence de la loi ; mais est-ce tant à déplorer ? Voici des personnes qui sont éta-blies sur notre territoire depuis plusieurs générations, elles y ont leurs intérêts et leurs affections, elles ont peut-être perdu jusqu'au souvenir de leur origine étrangère, elles se considèrent comme Françaises au même titre que leurs voisins, et souvent même c'est à cause de cela qu'elles ne font pas les démarches nécessaires pour obtenir la naturalisation, elles sont Françaises en fait, la loi fait-elle donc trop en les déclarant Françaises et en donnant une sanction légale à un fait acquis? Elle ne fait pas autre chose, et la preuve que telle est bien sa pensée, c'est qu'au moment où intervient cette sanction, elle permet à celui qu'elle atteint, de décliner les effets de la sanction légale si, pour une raison ou pour une autre, il a conservé des sentiments étrangers. Celui qui ne le fait pas devient Français, *ipso jure*. C'est vrai, mais pourquoi serait-il indigne d'être Français celui-là qui, pour payer sa bienvenue dans la nation, accepte immédiatement la plus lourde charge imposée par la France à ses enfants et part sous ses drapeaux ?

S'il eût été plus conforme aux principes théoriques de notre législation de laisser ces étrangers à une nationalité, qu'eux-mêmes ont parfois oubliée, eût-il été conforme aux principes de la morale politique de voir ces Français de fait profiter des avantages de la nationalité sans en supporter les charges? Et quel scandale causait dans les villages du Nord ce fait annuel : des enfants nés dans le même pays, élevés à la même école, dont tous les intérêts et toutes les affections étaient concentrés autour du même clocher, les uns partaient pour un pénible service de sept ans et les autres restaient chez eux, et cela, parce que l'un de leurs ancêtres était né à quelques kilomètres de là, de l'autre côté de la frontière. Ce que le législateur a voulu, c'est prévenir cette situation, bien plus que faire disparaître l'incertitude que pouvait présenter la preuve de la nationalité.

La preuve de ce que j'avance est dans ce fait que le remède apporté a paru insuffisant ; c'était assez, en effet, d'exciper de son extranéité pour rester étranger en droit, et la situation odieuse, qu'avait voulu faire disparaître le législateur de 1851, reparaissait.

Aussi s'est-on montré plus exigeant, et la loi du 16 décembre 1874 est venue s'ajouter à la loi de 1851. Désormais on impose la qualité de Français à tout individu qui se trouve dans le cas prévu par la loi de 1851, à moins qu'il ne prouve qu'il est resté étranger, non seulement en droit, mais en fait. On ne veut plus de ces individus qui, vivant en France comme des Français, ne songent à invoquer leur extranéité que pour échapper aux charges toujours croissantes de la loi militaire.

En vain prétendait-on que cette loi devait détruire la naturalisation. Les faits prouvent le contraire. Le mouvement des naturalisations n'a subi aucune variation sensible par l'application de la loi de 1851. « Quel sera l'étranger assez fou pour recourir aux conditions difficiles et onéreuses de la naturalisation? » s'écriait M. Beudant. — « Ce sera celui qui n'est pas né en France, » annotait M. Valette [1]. Et ceux-là sont encore nombreux.

En un mot, avant la loi de 1851, tous les étrangers échappaient au service militaire, alors même qu'ils appartenaient à une famille habitant la France depuis plusieurs générations, toutes les fois que le fait de la naissance de leur ancêtre sur le territoire avant 1789 n'était point prouvé, c'est-à-dire presque toujours, et sans courir d'autres risques que le danger chimérique d'une expulsion possible. Depuis 1851, ils n'échappaient plus qu'en faisant acte d'étrangers, en excipant de leur extranéité. Depuis 1874, cela ne suffit plus, il faut prouver son extranéité. Cette tendance vers le principe absolu que tous ceux qui vivent en France doivent la servir, s'accentuera peut-être encore si les Chambres votent les dispositions contenues à cet égard dans le projet de loi préparé par le conseil d'État.

La loi de 1874 contient même une innovation très caractéristique que reproduit le projet de loi ; c'est que les mineurs pourront entrer dans les écoles du gouvernement ou faire leur volontariat d'un an, à condition de renoncer, dès ce moment, avec l'assistance de leur représentant légal, au droit de décliner la qualité de Français à l'époque de leur majorité.

Notons que l'individu français, en vertu de la loi de 1851, ne le devient pas par bienfait de la loi. C'est un Français d'origine ;

[1]. *Mélanges Valette*, t. XIX, à la bibliothèque de la Faculté de droit de Paris.

mais il l'est seulement sous cette condition résolutoire qu'il ne déclinera pas cette qualité à l'époque de sa majorité.

En résumé, sont Français d'origine :

1° L'individu né en France ou à l'étranger d'un Français ;

2° L'enfant trouvé en France, c'est-à-dire celui dont les parents sont inconnus, ou, ce qui légalement revient au même, que ses parents n'ont point reconnu ;

3° L'enfant naturel reconnu par son auteur Français, avant de l'avoir été par celui de ses auteurs qui est étranger. Si la double reconnaissance est simultanée, la nationalité du père l'emporte ;

4° L'enfant né en France d'un père étranger qui lui même y est né, à condition que dans l'année qui suit sa majorité, il n'excipe pas de sa qualité d'étranger.


## II. — DES PERSONNES POUVANT RÉCLAMER LA QUALITÉ DE FRANÇAIS EN VERTU D'UN DROIT

Un certain nombre de personnes étrangères peuvent avoir des raisons particulières de tenir à la France. Ces individus ont paru intéressants au législateur, et il a semblé trop rigoureux de ne leur laisser que la naturalisation pour acquérir la qualité de Français. On a cru qu'en raison de leur situation ils avaient droit à des égards particuliers, et l'on a même pas voulu laisser à l'arbitraire du gouvernement le droit de les exclure ou de les admettre.

L'acquisition de la nationalité n'est pas une faveur qu'ils réclament, c'est un droit qu'ils invoquent. Ces individus sont :

1° Les étrangers nés en France (Art. 9, C. civ.) ;

2° Les enfants d'un ex-Français (Art. 10, C. civ.) ;

3° Les enfants d'un étranger naturalisé Français (Art. 2. L. 7 février 1851) ;

4° Les descendants d'un coréligionnaire fugitif (Art. 22, L. des 9-15 décembre 1790.)

## A. *Étrangers nés en France.*

La disposition de l'art. 9 du Code civil est un reste de vieilles traditions juridiques, et l'effet d'une transaction entre les partisans absolus du *jus soli* et les défenseurs de l'idée moderne que la nationalité se transfère avec le sang. Bonaparte eût voulu qu'on déclarât Français tous les individus nés en France, « car, disait-il, ces individus sont vraiment Français, ils ont l'esprit français, les habitudes françaises, et de plus, l'attachement que chacun porte naturellement au pays qui l'a vu naître, » et il insistait sur ce point dans l'intérêt même du pays au point de vue de la conscription. Cette idée ne triompha pas ; néanmoins l'on ne put s'empêcher de reconnaître qu'il y avait un certain lien entre l'homme et le pays qui l'a vu naître, et que ce lien méritait d'être favorisé. De là, l'article 9. On déclarait étranger l'individu né en France d'un étranger, mais s'il était attaché réellement à notre pays, on lui rendait facile l'acquisition de la qualité de Français Il suffit, pour cela, que dans l'année de sa majorité, il déclare avoir l'intention de se fixer en France ou, s'il n'y réside pas, qu'il fasse soumission d'y fixer son domicile et qu'il vienne s'y établir dans l'année.

Il devient donc Français par le seul fait de sa volonté, sans intervention du gouvernement à cette double condition : 1° qu'il fasse la déclaration de fixer son domicile ; 2° qu'il la fasse dans l'année de sa majorité.

Notons que cette faveur ne s'applique qu'aux enfants nés en France. La loi dit « nés, » il ne suffirait donc pas qu'ils y fussent simplement conçus. D'ailleurs, je crois qu'en matière de fixation de nationalité il faut toujours et uniquement s'attacher au fait de la naissance.

Il est tout simple, que la naissance sur un sol assimilé à celui de la France, produise les mêmes effets. Par conséquent l'article 9, peut-être invoqué, par un enfant né aux colonies ou né sur un navire français en pleine mer.

Quant à la forme dans laquelle doit être faite la déclaration, la loi n'en parle pas. Mais on peut sans témérité dire qu'elle doit être reçue dans la forme des actes de l'état civil. La déclaration devra donc être faite devant le maire, officier de l'état civil, ou si l'intéressé se trouve à l'étranger, devant les agents diplomatiques ou consulaires, compétents pour recevoir les actes d'état civil de nos nationaux. Nous pensons même que cette déclaration pourrait être valablement reçue par tout individu, à qui la loi, en raison de circonstances extraordinaires, donne momentanément le caractère d'officier de l'état civil.

La déclaration doit être faite dans l'année de la majorité : une divergence d'opinions s'est produite à ce sujet et l'on s'est demandé s'il s'agissait de la majorité fixée par la loi française ou de la majorité étrangère. Pour ma part je n'hésite pas à croire qu'il s'agit de la majorité fixée par la loi étrangère.

La majorité de chaque individu doit en effet être déterminée par son statut personnel. Or, avant d'avoir fait la déclaration de l'article 9, l'individu est étranger, son statut est donc la loi étrangère. D'ailleurs, si cette loi fixe la majorité après vingt et un ans, il est possible qu'elle ne reconnaisse point à un mineur la capacité nécessaire pour changer de nationalité ; nous créerions ainsi deux patries au même individu, situation qu'il faut éviter autant que possible.

En vain objecte-t-on, qu'il est peu probable que les rédacteurs du Code civil, aient fait dépendre d'une loi étrangère, le délai pendant lequel pourrait être réclamé le bénéfice de l'article 9. L'objection porte à faux ; le délai ne dépend pas du tout de la loi étrangère, il est toujours d'un an ; son point de départ seul peut varier. Quant à l'objection tirée de ce que la Constitution de l'an VIII, dans son article 3, et la loi du 3 décembre 1849 fixent l'âge de vingt et un ans pour la naturalisation, elle n'a pas grande valeur. La loi française, ne dit pas qu'on doit se faire naturaliser à vingt et un ans, mais qu'elle n'admettra pas les étrangers à la naturalisation avant cet âge, encore qu'ils aient la capacité nécessaire pour changer de nationalité avant cette époque, d'après la loi de leur pays. On a même voulu argumenter contre notre système, en s'appuyant sur l'article premier de la loi de 1852 qui se réfère à la majorité française. Or nous trouvons précisément là un argument tout à fait décisif en faveur de notre opinion. La loi de 1851 en effet, pour permettre à des Français de prendre une nationalité étrangère, s'en réfère à la majorité française (car les individus qu'elle vise sont Français). *A contrario* et par analogie, pour autoriser des étrangers à réclamer la nationalité française, ne doit-elle pas s'en référer à la majorité étrangère ?

Le Code civil limite à un délai assez court, l'exercice de la faveur qu'il accorde à ces étrangers. Certains individus nés en France, se croyant Français, se laissaient porter sur les listes de recrutement, et faisaient leur service militaire. Plus tard, lorsqu'ils s'apercevaient de leur erreur, il était trop tard pour invoquer le bénéfice de l'article 9. Ils devaient se faire naturaliser comme des étrangers ordinaires, après avoir supporté les charges du service français. Une telle situation appelait un correctif, qui fut l'objet de la loi du 22 mars 1849.

Cette loi autorise à faire la déclaration de l'article 9, sans délai fatal à partir de sa majorité, l'individu né en France d'un étranger : 1° s'il sert ou s'il a servi dans les armées françaises, 2° s'il a satisfait à la loi du recrutement militaire, sans exciper de son extranéité. La loi suppose donc que l'on peut être inscrit par erreur sur les tableaux de recrutement, puisque la loi de 1832, sur le service militaire, exclut les étrangers.

Je ne crois pas que les dispositions de la loi de 1849 soient applicables aux engagés dans la légion étrangère. Les soldats de ce régiment, pour acquérir la qualité de Français, doivent recourir à la naturalisation : c'est d'ailleurs la pratique constante de l'administration. La légion étrangère est un corps tout spécial qui, pour ainsi dire, ne fait pas partie de l'armée française ; il ne peut

être employé sur le territoire continental de la France. L'engagement dans la légion est certainement une preuve de sympathie
pour notre pays, mais il ne crée pas un titre légal suffisant pour
invoquer l'article 9, en vertu de la loi du 22 mars 1849. Cette
façon de voir restreint l'application de la loi de 1849, mais je
crois que le législateur n'a eu en vue que certaines situations de
fait assez intéressantes pour attirer sa sollicitude.

### B. *Enfants nés d'un ex-Français.*

Le lien, formé par le sang, qui unit à la France l'enfant d'un
ex-Français, est bien aussi fort que celui qui résulte des hasards
de la naissance. Aussi sa situation mérite une faveur au moins
aussi grande que la précédente. Telle fut sans doute la pensée qui
inspira l'article 10 du Code civil, puisqu'il accorde aux enfants
de l'ex-Français, un privilège plus étendu que celui donné à
l'étranger, né sur le sol français.

L'enfant de l'ex-Français peut *toujours* acquérir la qualité de
français en faisant la déclaration de l'article 9. En disant « toujours, » le Code n'entend pas qu'il peut faire cette déclaration
depuis sa naissance jusqu'à sa mort, mais seulement qu'il n'est
pas enfermé dans le délai de l'article 9. En un mot, l'enfant né
d'un ci-devant Français est dans la situation de l'étranger qui se
trouve dans le cas prévu par la loi du 22 mars 1849.

Je remarque que les termes de l'article 1er sont très généraux
et qu'ils s'appliquent à tout enfant né d'un ex-Français sans que
l'on se préoccupe ni du sexe du ci-devant Français ni de la façon
dont il est devenu Français ; malgré les autorités contraires, je
n'hésite pas à croire que cette disposition s'applique aussi bien
aux enfants de celui qui n'était Français que par naturalisation
qu'à ceux d'un Français d'origine. Je pense en outre que l'article
ne permet pas non plus de distinguer entre les manières dont le

ci-devant Français a perdu sa qualité, et le bénéfice de cette disposition doit être certainement appliqué au fils d'une Française
qui a perdu sa nationalité par son mariage.

La rédaction de l'article 10 peut faire naître un doute. Il ne
vise que les enfants « nés à l'étranger » d'un ci-devant Français.
Que faudrait-il décider à propos des enfants nés en France d'un
ex-Français? Ces enfants tombent évidemment sous le coup de
l'article 9, mais ne pourraient-ils point invoquer l'article 10?
J'avoue que la négative me paraîtrait excessive, car les motifs qui
ont fait introduire l'article 10 dans le Code militent bien plus
fortement dans l'espèce, puisqu'aux souvenir du sang se joint le
fait de la naissance sur le sol français.

Mais dans ce cas, ne devrait-on pas appliquer la loi du 7 février
1851, au moins si le ci-devant Français est né en France? Les
deux naissances successives sur le sol s'y trouvent et l'enfant doit
être Français de plein droit. Cette conclusion me paraît forcer un
peu l'esprit de la loi de 1851. Il est vrai qu'elle est conforme à
son texte, il est vrai que cette interprétation rend rigoureusement exacte la rédaction de l'article 10 du Code civil. Néanmoins
j'hésite à appliquer la loi de 1851, car évidemment ce n'est pas
là l'hypothèse qu'elle a voulu prévoir. Elle a voulu rendre légalement Française, une famille qui en fait l'était déjà, qui avait ses
habitudes, ses intérêts, ses affections en France, qui y résidait
depuis longtemps. Ce n'est assurément pas le cas qui nous occupe ;
aussi malgré les apparences logiques de cette interprétation, tout
en reconnaissant que la lettre de la loi n'y répugne pas, son esprit
nous semble y faire trop rigoureusement obstacle pour que nous
l'admettions.

Le projet de loi sur la nationalité fait disparaître toutes ces
difficultés. Il assimile l'étranger né sur notre sol et l'enfant né
en France ou à l'étranger d'un ci-devant Français et les oblige
tous deux à recourir au bénéfice d'une naturalisation exceptionnelle dont les conditions sont dans l'article 5 du projet.

### C. *Enfants nés d'un étranger naturalisé.*

Nous arrivons maintenant au cas prévu par l'article 2 de la loi du 7 février 1851, réglant la situation des enfants d'un étranger naturalisé Français après leur naissance. Aucun doute ne peut s'élever sur la nationalité des enfants nés après la naturalisation. Nés d'un Français, ils sont Français.

Avant 1851 la situation des enfants nés avant la naturalisation était très nette ; nés d'un étranger, ils étaient étrangers. Il y avait cependant quelque chose de singulier à voir des frères, le plus souvent sans grande différence d'âge, être de nationalités différentes, d'autant plus que, dans la plupart des cas, tous étaient avec leur père dans sa nouvelle patrie. La loi de 1851 a fourni un moyen très simple de faire cesser cette anomalie.

L'article 2 de la loi porte que l'article 9 du Code civil est applicable aux enfants de l'étranger naturalisé, quoique nés en pays étrangers, s'ils étaient mineurs lors de la naturalisation.

Cette disposition excellente se conçoit parfaitement ; je comprends moins bien celle qui suit : « A l'égard des enfants nés en France ou à l'étranger qui étaient majeurs à cette même époque, l'article 9 du Code civil leur est applicable dans l'année qui suivra celle de la date de la naturalisation. » Que les enfants mineurs, dans cette hypothèse, bénéficient de l'art. 9, rien de mieux ; ils sont encore trop jeunes pour avoir d'autres sentiments que ceux du chef de la famille, et on leur doit une très grande facilité pour acquérir la qualité de Français. A vrai dire, ils font encore partie intégrante de cette famille qui devient Française de fait par la naturalisation de son chef. Il n'en est pas de même des enfants majeurs ; ils ne font plus partie de la famille, ils en sont sortis pour fonder une famille nouvelle. A ce point de vue ils sont sur le même pied que leur père et je ne vois pas trop pourquoi la naturalisation de celui-ci devient un droit pour ceux-là.

Il eût été bien préférable de les soumettre aux formalités ordinaires de la naturalisation et de ne pas leur accorder le bénéfice
de l'article 9. D'autant plus que, par suite de la façon dont est
rédigée la loi de 1851, on peut soutenir et l'on a soutenu que le
délai d'un an partait non du jour de la naturalisation, mais du
1ᵉʳ janvier qui suit cette naturalisation. On ne saurait trop pro-
tester contre cette opinion, car le législateur a simplement
voulu accorder aux individus qu'il avait en vue, un délai semblable à celui de l'article 9. C'est d'ailleurs ce qui ressort
d'une façon incontestable du travail du rapporteur de la loi,
M. Benoît-Champy.

La loi de 1851, en ne permettant aux enfants mineurs d'un
naturalisé que d'acquérir la qualité de Français à l'époque de
leur majorité, avait un grave inconvénient. Elle empêchait ces
jeunes gens, dont l'intention était en général d'être Français le
plus tôt possible, d'entrer dans les écoles du gouvernement pour
lesquelles est fixée une limite maximum d'âge inférieure à 21 ans :
après 1872, elle leur rendait impossible l'engagement conditionnel d'un an dans l'armée française. Lors de la discussion
de la loi du 10 décembre 1874, cette situation avait déjà frappé
l'un des membres de l'Assemblée nationale, M. Méline, qui avait
proposé d'assimiler l'enfant mineur d'un naturalisé, né antérieurement à la naturalisation, à l'enfant né en France d'un étranger
qui lui-même y est né. Cette disposition parait aux inconvénients
que je viens de signaler. L'amendement fut cependant repoussé.
Mais il fut repris en 1881 au Sénat par M. Batbie et trois de ses
collègues et devint la loi du 14 février 1882.

D'après cette loi, les enfants mineurs d'un étranger naturalisé,
nés antérieurement à la naturalisation, « peuvent, soit s'engager
volontairement dans les armées de terre et de mer, soit contracter
l'engagement conditionnel d'un an, soit entrer dans les écoles du
gouvernement à l'âge fixé par les lois et règlements, en déclarant
qu'ils renoncent à la qualité d'étrangers et qu'ils adoptent la
nationalité française. »

La déclaration doit être faite avec l'assentiment du père, à son défaut celui de la mère, ou, à défaut de père et de mère, avec l'autorisation du conseil de famille, conformément au statut personnel.

La loi de 1882 accorde encore la même faveur, et aux mêmes conditions, aux enfants mineurs d'un Français qui aura perdu sa qualité par l'une des causes de l'article 17 du Code civil, si le père recouvre sa nationalité d'origine, conformément à l'article 18.

Remarquons que cette disposition laissait de côté les enfants mineurs d'une Française qui a perdu sa qualité par son mariage et qui la recouvre après la dissolution du mariage, conformément à l'article 19 du Code civil. C'était évidemment une lacune qu'est venue combler la loi du 28 juin 1883, en accordant à ces enfants le bénéfice de la loi du 14 février 1882.

### D. *Descendants d'un religionnaire fugitif.*

Jusqu'à présent, le privilège de réclamer la qualité de Français n'a été accordé qu'à des enfants du premier degré; nous allons la voir donner maintenant *in infinitum* aux descendants d'un ex-Français, dans un cas tout spécial ; nous voulons parler des descendants des religionnaires fugitifs.

La politique intolérante de Louis XIV et de Louis XV avait contraint à l'émigration un grand nombre de familles françaises qui ne partageaient point la foi catholique; on connaît l'édit du 5 mai 1669 et surtout le fameux édit du 17 octobre 1683 révoquant l'édit pacificateur d'Henri IV, l'édit de Nantes. Il y avait là une injustice criante que la Révolution s'efforça de réparer dans la mesure du possible. Dès 1789, la Constituante avait rappelé les protestants à la jouissance des droits civils. Mais cette disposition n'atteignait que les religionnaires fugitifs vivant encore et laissait en dehors de la patrie française les enfants de ceux qui étaient morts. Une loi des 9-15 décembre 1791 vint combler cette lacune et décider que tous les descendants des religionnaires fugitifs, à quelque degré que ce soit, pourraient réclamer la qualité de Français en rentrant en France et en déclarant qu'ils viennent s'y fixer.

On a soutenu, mais sans beaucoup de fondement, à mon sens, que la loi de 1790 avait été abrogée par l'article 10 du Code civil, qui limite les cas où le descendant d'un Français qui a perdu cette qualité peut l'acquérir. Rien ne prouve que les rédacteurs aient en vue l'hypothèse de la loi de 1790, et ce serait sans doute forcer leur pensée que de l'étendre jusque-là. D'ailleurs, en fait, on ne la considère pas comme abrogée; on l'a appliquée plus d'une fois en des occasions célèbres, et dernièrement encore à propos d'un membre de l'Académie française.

Cependant, aujourd'hui le souvenir des religionnaires fugitifs commence à être bien éloigné; ceux d'entre leurs descendants, qui n'ont pas encore réclamé la qualité de Français, ne paraissent pas avoir des sentiments bien vifs pour la France. A vrai dire, cette loi est presque sans objet, puisqu'on ne la voit invoquer que très rarement et toujours par des personnes ayant un intérêt personnel et direct à réclamer la nationalité française. Aussi le projet de loi fait-il bien de supprimer une loi qui désormais ne peut être invoquée que dans des sentiments complètement étrangers au patriotisme.

III. LES FRANÇAIS PAR SUITE D'UNE FAVEUR.

A. *Du recouvrement de la qualité de Français.*

Nous allons maintenant étudier les cas où l'on devient Français, non en vertu d'un droit que l'on invoque, mais par l'effet d'une faveur que l'on sollicite et que le gouvernement est toujours libre d'accorder ou de refuser. Nous laissons toujours de côté les cas intéressant spécialement les femmes.

Les personnes qui rentrent dans cette catégorie se divisent en deux classes : 1° celles qui, jadis Françaises, ont perdu cette qualité et demandent à la recouvrer; 2° celles qui n'ont jamais été Françaises et demandent à le devenir.

Le Français, qui a perdu sa nationalité en vertu de l'une des causes énumérées à l'article 17 ou à l'article 21, pourra la recouvrer aux conditions de l'article 18, c'est-à-dire :

1° Obtenir par décret la permission de rentrer en France ;

2° Y rentrer et déclarer qu'on veut s'y fixer;

3° Renoncer à toute distinction contraire à la loi française.

Cette troisième condition visait surtout les titres de noblesse ; elle perdit bientôt son objet principal; cependant, elle devrait s'appliquer si le Français se trouvait revêtu de titres ou dignités incompatibles avec la qualité de citoyen français. En vertu de ce texte, par exemple, le gouvernement pourrait refuser le décret nécessaire pour rentrer en France, à un membre d'une congrégation religieuse non reconnue qui refuserait de se séparer de sa congrégation.

Notons qu'une fois les trois conditions remplies, le gouvernement ne saurait s'opposer à ce que l'individu recouvre sa qualité de Français. Néanmoins, il ne devient Français que par faveur, puisque l'accomplissement de la première condition dépend absolument du gouvernement. Cette condition est excellente, en ce qu'elle permet à la fois au gouvernement de déjouer toutes les fraudes et de juger si vraiment le pétitionnaire a mérité la réintégration qu'il sollicite.

Enfin, je crois qu'après l'accomplissement de la triple condition, l'article 18 s'applique sans difficultés et sans distinctions. Je ne vois pas bien comment l'on justifie les différences que l'on veut faire entre les Français d'origine et les Français par naturalisation, et entre la naturalisation autorisée conformément au décret du 26 août 1811 et celle qui ne l'est pas.

Les Français qui perdent leur qualité en vertu de l'article 21 sont dans une situation plus grave que ceux frappés par l'article 17. Ce sont les Français qui, sans autorisation du gouvernement, prennent du service militaire à l'étranger. En effet, pour recouvrer la qualité de Français il leur faut : 1° obtenir par décret la permission de rentrer en France; 2° Recourir aux formes de la naturalisation ordinaire. Cependant ces personnes peuvent, en vertu de l'article 12 du décret du 26 août 1811, obtenir des lettres de relief du chef de l'État. L'effet de ces lettres est double : 1° Elles leur fait remise des peines qu'ils peuvent avoir encourues par application du décret de 1811; 2° Elles mettent le ci-devant Français dans la situation de celui qui a perdu la qualité de Français en vertu de l'article 17 et par suite lui permettent de recouvrer la qualité de Français en remplissant les conditions de l'article 18 du Code civil.

### B. *De la naturalisation.*

La seconde classe des Français, ayant acquis cette qualité par l'effet d'une faveur, sont les naturalisés.

A l'époque de la révolution de février 1848, la matière de la naturalisation était réglementée par l'article 3 de la Constitution du 22 frimaire an VIII, les sénatus-consultes des 26 vendémiaire an XI, et 19 février 1808, par l'ordonnance du 4 juin 1814, et par la loi du 14 octobre 1814.

La Constitution de l'an VIII édictait les conditions nécessaires pour être apte à la naturalisation, à savoir : 1° Avoir vingt et un ans accomplis; 2° Déclarer qu'on a l'intention de se fixer en France; 3° Y résider dix années consécutives à partir de cette déclaration.

L'avis du Conseil d'État du 20 prairial an XI vint modifier cette législation, en ajoutant cette condition que désormais il faudrait obtenir du chef de l'État l'autorisation de résider en

f

France. D'où il résultait que les dix ans, imposés par la Constitution de l'an VIII, ne commençaient à courir que du jour où l'étranger avait obtenu l'autorisation de résider.

Mais le sénatus-consulte du 26 vendémiaire an XI réduisit à une année le stage un peu long de l'an VIII pour les étrangers « qui rendront ou auraient rendu des services importants à la République, qui apporteront dans son sein des talents, des inventions ou une industrie utile, ou qui formeront de grands établissements. » Cette exception, faite seulement pour cinq ans, fut rendue définitive par le décret du 19 février 1808.

Jusqu'à ce moment, après l'accomplissement des conditions, la naturalisation était de plein droit et l'étranger devenait Français sans qu'aucun acte du gouvernement intervînt. C'était d'ailleurs la tradition. Un décret du 17 mars 1809 y mit fin en décidant que dorénavant la naturalisation ne serait accordée, après l'accomplissement des conditions, que par décret de l'empereur.

Notons que la naturalisation ne conférait pas l'éligibilité, et il en fut ainsi jusqu'à l'ordonnance du 4 juin 1814 qui décida qu'aucun étranger ne pouvait être membre de la Chambre des pairs ou de la Chambre des députés, à moins que, par d'importants services rendus, il n'ait obtenu des lettres de naturalisation avec l'approbation des Chambres, c'est-à-dire que ces lettres devaient avoir la forme d'une loi. C'est ce qu'on appela la grande naturalisation.

Cette législation resta en vigueur jusqu'à la loi du 3 décembre 1849 sur la naturalisation et le séjour des étrangers en France. Cette loi ne modifia pas les principes de la législation existante; elle conserva les conditions antérieures de la naturalisation ordinaire, et consacra et la naturalisation exceptionnelle du décret de 1808 et la grande naturalisation de l'ordonnance de 1814. Elle exigea seulement que le décret fut pris sur avis favorable du Conseil d'État pour toutes les naturalisations, tandis qu'auparavant l'avis du Conseil d'État n'était demandé que pour les naturalisations exceptionnelles.

La Constitution du 14 janvier 1852 modifia sur deux points la loi de 1849 :

1° Elle supprima implicitement la nécessité de l'avis favorable du Conseil d'État, puisqu'elle enlevait au Conseil son pouvoir propre et que dorénavant la décision appartenait au président en son Conseil d'Etat. Le décret dut seulement être pris, le Conseil d'État entendu.

2° Elle supprime la grande naturalisation. En effet le décret-loi du 2 février 1852, sur les élections, déclare éligibles tous les électeurs âgés de vingt-cinq ans, comme l'avait déjà fait le décret du gouvernement provisoire du 5 mars 1848. Tous les naturalisés, étant électeurs, devenaient éligibles. Il est vrai que l'on a soutenu que le décret de 1852 n'avait pas cette portée. Quoi qu'il en soit, la question est aujourd'hui sans intérêts en présence du texte de la loi du 29 juin 1867 qui remanie la matière et qui est actuellement la loi en vigueur.

Elle introduit les modifications suivantes :

1° Elle consacre définitivement la suppression de toute distinction entre la grande naturalisation et la naturalisation ordinaire. Il n'y a plus qu'une naturalisation qui produit toujours les mêmes effets, ceux de la grande naturalisation ;

2° Elle assimile à la résidence en France le séjour à l'étranger pour l'exercice d'une fonction conférée par le gouvernement français ;

3° Enfin elle réduit à trois ans le stage précédemment fixé à dix ans.

Par conséquent pour être naturalisé Français il faut actuellement :

1° Avoir vingt et un ans accomplis. Remarquons qu'ici la loi fixe l'âge de la majorité française. Elle a jugé que l'enfant mineur à son point de vue était incapable de changer de nation. Elle n'a même pas admis qu'il eût un représentant pour cet acte. Mais si, comme je le pense, c'est à cause de sa minorité que la loi française ne lui permet pas de demander sa naturalisation, il eût mieux valu fixer, au lieu de vingt et un ans, la majorité de l'enfant telle qu'elle est déterminée par son statut personnel, car c'est seulement à ce moment qu'il cesse d'être incapable. On aurait pu simplement réserver l'âge de vingt et un ans pour le cas où la majorité étrangère serait inférieure à vingt et un ans.

2° Obtenir son admission à domicile par décret du Président de la République.

3° Résider effectivement trois ans en France. Notons que le délai court non pas du jour du décret, mais du jour de l'enregistrement de la demande au ministère de la justice. Par exception, le délai est réduit à un an pour ceux qui auront rendu des services importants à l'État, qui auront introduit en France soit une industrie, soit des inventions utiles, qui y auront apporté des talents distingués, qui y auront formé de grands établissements ou créé de grandes exploitations agricoles.

4° Obtenir un décret de naturalisation, rendu après enquête sur la moralité de l'étranger par le Président de la République sur le rapport du ministre de la justice, le Conseil d'État entendu.

### IV. DE LA PERTE DE LA QUALITÉ DE FRANÇAIS

Pour être inscrit sur une liste électorale il ne suffit pas d'avoir été Français, il faut l'être encore. Après avoir énuméré quels sont les Français, nous devons déterminer ceux qui ne le sont plus.

Le législateur ne considère plus aujourd'hui la qualité de national comme indélébile. Ce système, dit de l'allégeance perpétuelle, qui avait l'inconvénient de donner deux patries au même individu, est actuellement abandonné. On pense maintenant que chacun peut abandonner sa patrie et en adopter une autre au gré de ses intérêts, de ses affections, de ses caprices même. Cependant la loi française ne veut pas que l'on renonce à notre na-

tionalité par une simple abdication ; il faut qu'un fait précis in-
tervienne pour faire perdre la qualité de Français. Ces faits sont
les suivants :

1° *La naturalisation acquise en pays étranger*.

La loi prend ce mot dans son sens le plus large ; elle entend
par là tout acte de volonté par lequel le Français acquiert une nationalité étrangère. Mais le simple désir d'acquérir cette nationalité, même manifesté par une demande en naturalisation, ne suffit
pas pour vous faire perdre la qualité de Français. Il faut que la
demande soit accueillie et que la nationalité étrangère vous soit
acquise.

On ne saurait évidemment assimiler à une naturalisation, un
acte qui autorise simplement un Français à jouir de certains
droits privés à l'étranger et ne fait que le relever de certaines
incapacités civiles. Telles sont la dénization en Angleterre, l'acquisition du droit de bourgeoisie dans les cités qui ne constituent pas des états souverains et où, par suite, ce droit ne peut
équivaloir à l'octroi de la nationalité.

Mais la naturalisation, une fois acquise, suffit pour faire perdre
la nationalité française et cela sans que l'on ait à rechercher les
intentions du ci-devant Français. L'effet serait identique alors
même qu'il serait prouvé que l'intéressé n'a changé de pays que
pour se soustraire aux prohibitions de la loi française. Cependant
la jurisprudence paraît être dans le sens contraire [1].

La doctrine, que nous soutenons, nous semble résulter sans
contestation de la netteté des termes de l'article 17 qui ne permet aucune restriction. Cependant elle offre un grave inconvénient
en ce qui concerne les obligations militaires. Le projet de loi,
actuellement au Sénat, y remédie, en exigeant l'autorisation du
gouvernement français pour la validité de la naturalisation à l'étranger de nos nationaux tant qu'ils sont soumis au service militaire.

1. C. Cass. 19 juillet 75 ; D. 76, 1, 5. — C. Paris 30 juin 1877. — Trib.
de la Seine 31 janv. 1877.

Remarquons bien que pour que la perte de la nationalité française soit encourue, il faut qu'il y ait un acte de volonté de la part de l'intéressé. L'article 17 n'a pu viser que ceux qui veulent quitter leur patrie et non ceux à qui l'on impose une nationalité étrangère contre leur gré, contre leurs sentiments, quelquefois même à leur insu, comme dans la plupart des républiques de l'Amérique du Sud, où l'on acquiert la nationalité en y achetant une terre, en y épousant une femme, parfois même en venant simplement s'y fixer.

2° *Acceptation non autorisée de fonctions publiques à l'étranger.*

Il faut évidemment se placer dans le cas où l'acceptation de ces fonctions n'entraîne pas la naturalisation de celui qui les accepte, sinon nous retombons dans notre première hypothèse.

Il y a là une peine prononcée contre celui qui abandonne sans souci les intérêts de sa patrie. Le décret de 1811 l'assimilait à celui qui se fait naturaliser sans autorisation et le frappait des mêmes peines : Défense de rentrer sans lettres de relief sous peine d'expulsion et d'emprisonnement en cas de récidive — confiscation — suppression de la faculté de succéder. Aucun texte n'ayant jusqu'ici abrogé le décret de 1811 absolument régulier puisque sa constitutionnalité n'a pas été contestée par le Sénat, il ne faut pas hésiter à le déclarer encore en vigueur, au moins dans toutes ses dispositions qui ne sont point incompatibles avec les lois postérieures.

D'ailleurs il est très simple d'éviter toutes ses déchéances en demandant l'autorisation, qu'en fait on accorde très facilement. Ajoutons que l'acceptation de toute fonction ne fait pas perdre la qualité de Français, il faut qu'elle réunisse les deux caractères suivants :

1° Qu'elle soit conférée par le gouvernement régulier du pays étranger, c'est-à-dire celui qui est reconnu par la France.

2° Qu'il s'agisse d'une fonction publique. L'appréciation de la nature de la fonction est un point souvent très délicat, qu'il faut laisser déterminer à la sagesse des juges. Le juge devra statuer, d'après la nature des attributions conférées aux fonctionnaires. Il pourra faire aussi entrer en ligne de compte la solution de ces questions : le fonctionnaire a-t-il prêté serment? à qui? par qui est-il payé? quel est son titre officiel? qu'elle autorité a signé sa nomination? etc. Le projet fait disparaître ces difficultés en laissant au gouvernement le soin d'apprécier si les fonctions sont ou non publiques et en décidant que la qualité de Français ne sera perdue de ce chef qu'autant que l'intéressé conservera ses fonctions, nonobstant l'injonction du gouvernement français d'avoir à les résilier dans un délai déterminé.

3° *Établissement à l'étranger sans esprit de retour.*

Le code ne définissant pas l'esprit de retour et n'indiquant aucun événement de nature à en faire supposer la perte, il y avait là une question fort difficile laissée à l'appréciation des tribunaux. Le code se bornait à dire que les établissements de commerce ne sont jamais faits sans esprit de retour. La constitution du 5 fructidor an III, avait sur ce point une disposition un peu arbitraire mais fort nette; elle considérait comme ayant perdu l'esprit de retour tout citoyen ayant résidé sept années hors du territoire de la République. Cette disposition visait surtout les émigrés; aussi le code ne l'a pas conservée et l'a remplacée par l'article 17 § 3.

L'application de cet article a toujours été fort délicate ; elle le devient d'autant plus aujourd'hui que les moyens de communication et de déplacement sont plus rapides et plus multipliés. Cette disposition était un peu surannée dans notre code ; aussi le projet de loi fait-il disparaître cette cause de perte de la nationalité.

4° *Entrée au service militaire d'une puissance étrangère ou affiliation à une corporation militaire étrangère sans autorisation du gouvernement (article 21).*

Les ordres de chevalerie militaire n'existant plus aujourd'hui, la seconde disposition de l'article 21 devient inutile. Mais la pre-

mière reste en vigueur, et tout Français, qui s'engage dans une
armée étrangère, doit en demander l'autorisation qui ne lui est
accordée qu'à cette double condition : 1° qu'il ne portera jamais
les armes contre la France ; 2° qu'en cas, de guerre avec la
France, il quittera spontanément le service étranger.

S'il agissait autrement et portait les armes contre la France, il
serait passible des peines de l'article 75 du Code pénal. Si d'autre part il s'engage sans autorisation, son cas est plus grave que
celui des Français énumérés dans l'article 17. Non seulement
il perd sa qualité de Français, mais encore il est frappé des peines
portées à l'article 25 du décret de 1811 et ne peut être réinté-
gré dans la qualité de Français qu'après avoir obtenu des lettres
de relief.

Notons que, par l'entrée au service militaire étranger, il faut
entendre l'engagement dans une armée étrangère régulière. La
jurisprudence est formelle sur ce point. On a plusieurs fois jugé
que l'engagement dans une troupe de partisans, à la solde d'un
prétendant, ne faisait pas perdre la qualité de Français.

Le projet de loi maintient cette cause de perte de la nationalité. Mais il abroge les décrets de 1809 et de 1811. Il se contente
de décider que la perte de la qualité de Français sera sans préjudice de l'application des lois pénales qui frappent le Français
qui se soustrait aux obligations du service militaire.

5° *Le trafic des esclaves.*

La République de 1848, revenant à une idée de la Convention,
abolit l'esclavage dans toutes les colonies françaises. Le décret du
27 avril 1848 frappe de la perte de la nationalité celui qui
achetera des esclaves ou qui, en possédant, ne les aura pas affranchis dans un délai de trois ans. Ce délai était un peu court ; une
loi du 11 février 1851 le porta à dix ans. Mais dans ce sens, la
réaction alla trop loin par la loi du 28 mai 1858 qui décida que
la déchéance ne serait pas encourue par les propriétaires d'esclaves possédés avant le décret ou provenant de successions, dona-
tions ou conventions matrimoniales.

Le projet de loi est plus radical ; il frappe de la déchéance quiconque achète ou vend des esclaves et qui participe, soit directement, soit indirectement à tout trafic de ce genre. Mais il va plus loin et frappe de la même peine celui qui, possesseur d'esclaves par héritage, don ou mariage, ne les a pas affranchis ou aliénés dans le délai d'un an, ou, s'il est en possession actuelle, dans l'année qui suivra la promulgation de la loi.

Si le projet écarte une des causes de perte de la nationalité prévues au Code civil, il en crée deux autres et frappe de cette déchéance :

1° L'individu qui, né en France d'un étranger qui lui-même y y est né, aura décliné la qualité de Français, que le projet lui accorde *ipso jure* ;

2° Le Français puni par l'un des faits prévus par les art. 75 à 85 du Code pénal. Il était, en effet, scandaleux qu'un traître puisse rentrer en France après avoir prescrit sa peine, sans que le gouvernement ait au moins le droit de l'expulser.

### V. DE L'EFFET DES ANNEXIONS ET DES DISTRACTIONS DE TERRITOIRE SUR LA NATIONALITÉ DES HABITANTS.

Notre but étant simplement de déterminer les individus remplissant la première condition imposée pour la jouissance des droits politiques, il n'entre pas dans notre sujet de traiter la matière *ex professo*. Nous nous bornerons à étudier la situation faite aux habitants des territoires annexés à la France par le traité du 24 mars 1860, cédant la Savoie et Nice, le traité du 2 février 1861 avec le prince de Monaco, cédant Menton et Roquebrune, et la convention du 8 décembre 1862 avec la Suisse sur une rectification de frontières dans la vallée de Dappes, entraînant échange de quelques parcelles de territoire. D'autre part, nous verrons la situation faite aux habitants des provinces cédées à l'Allemagne par le traité de Francfort. Nous laisserons de côté les traités de 1814 et de 1815 qui, au point de vue de la nationalité des habitants, sont sans utilité pratique.

### A. *Traité de Turin entre la France et l'Italie.*

Ce traité nous cédait la Savoie et Nice ; mais l'annexion était subordonnée au consentement des populations librement exprimé par un plébiscite. Ce vote acquis, l'article 6 réglait ainsi la situation des habitants :

Les sujets sardes, originaires de la Savoie ou de Nice ou domiciliés actuellement dans ces provinces, deviennent Français. Cependant, ils peuvent conserver la nationalité sarde, à cette double condition : 1° En faire la déclaration à l'autorité compétente dans l'année qui suivra l'échange des ratifications ; 2° dans le même délai, transporter leur domicile en Italie. Cette dernière condition ne s'applique évidemment qu'aux Sardes domiciliés dans les pays cédés.

Telle est la règle : elle comprend donc, malgré toute controverse et nonobstant le décret du 30 juin 1860, qui ne fait que répéter ce qui est déjà dit au traité : « 1° Tous les individus sardes nés sur le territoire cédé ; 2° tous les individus sardes domiciliés sur le territoire cédé au moment de l'annexion.

Des difficultés se sont élevées en ce qui concerne les mineurs. Le traité ne contenait aucune disposition à leur égard. Selon nous, aucun droit d'option ne pouvait leur être accordé du moment qu'ils n'atteignaient pas leur majorité dans le délai d'option [1]. Cependant, par interprétation du décret de 1860, les gouvernements français et italiens semblent, depuis 1874, avoir adopté le *modus vivendi* suivant : A moins d'option explicite, on considérera comme Italiens les enfants nés en Savoie ou à

---

1. En ce sens Chambéry 22 déc. 1862 et 3 mai 1875 ; D. 63, 2, 97 — 75, 2, 230.

Nice de pères originaires des provinces italiennes et qui, au moment de l'annexion, étaient encore mineurs. Rien n'est plus irrégulier ni plus illégal que cette pratique qui, d'ailleurs, n'a qu'un caractère administratif, et n'empêche pas les intéressés, dans le cas où ils ne l'accepteraient point, à faire valoir leurs droits devant les tribunaux compétents.

Lors du traité du 2 février 1862, achetant Menton et Roquebrune au prince de Monaco pour quatre millions, la question fût réglée pour les sujets monégasques, absolument comme elle l'avait été l'année précédente pour les sujets sardes.

Enfin, l'on appliqua encore les mêmes règles l'année suivante dans un petit échange de territoire avec la Suisse, par suite d'une rectification de frontières. Il n'y eut que cette différence : les habitants des parcelles cédées purent conserver leur nationalité sur leur simple déclaration, sans être astreints à un déplacement de domicile.

B. *Traité de Francfort entre la France et l'Allemagne.*

Examinons maintenant la situation des habitants des provinces cédées à l'Allemagne en 1871. Elle est réglée par le traité du 10 mai 1871, la convention additionnelle du 11 décembre 1871 et les interprétations données à ces actes par le gouvernement allemand, interprétations que le gouvernement français n'a pas toujours admises.

D'après le traité, cessent d'être Français et deviennent Allemands « les Français originaires des territoires cédés, domiciliés actuellement sur ces territoires. »

Le gouvernement allemand, interrogé sur la portée de ces expressions, répondit, par une note du 18 décembre 1871, que la disposition embrassait tous les individus nés sur le territoire cédé et non seulement, comme le voulait la France, ceux issus d'une famille déjà établie sur ce territoire.

Ainsi interprété, le traité déclarait Allemand tout individu réunissant ces deux conditions : 1° Né en Alsace-Lorraine ; 2° y ayant son domicile. Tout autre restait Français.

Mais la convention du 11 décembre 1871 étendit singulièrement cette façon de voir. Elle augmenta d'un an le délai d'option pour les individus originaires des territoires cédés, qui résidaient hors l'Europe. L'Assemblée nationale dut sanctionner cette interprétation, de sorte que devinrent Allemands tous les individus originaires d'Alsace-Lorraine sans distinguer s'ils y ont ou non leur domicile. Cette convention modifiait le traité dans le sens allemand.

Malgré ces aggravations successives du traité du 10 mai, les Français non originaires des provinces cédées, bien qu'y ayant leur domicile, restaient Français. Cependant, nonobstant la limpidité des termes du traité, le gouvernement allemand émit enfin la prétention de déclarer allemands, les Français non originaires d'Alsace-Lorraine, mais y ayant leur domicile. Et cela le 1ᵉʳ septembre 1872, un mois avant l'expiration du délai d'option ! De sorte que tous les individus : 1° nés en Alsace-Lorraine, et y étant domiciliés, 2° y étant nés, mais n'y étant plus domiciliés, 3° y étant simplement domiciliés, sans en être originaires, devenaient Allemands.

Le gouvernement français repoussa cette nouvelle prétention et l'interprétation allemande n'est pas obligatoire en France. On ne doit donc pas hésiter à inscrire sur une liste électorale l'individu qui, remplissant toutes les conditions prescrites par la loi, se serait trouvé en 1871 domicilié en Alsace-Lorraine sans être originaire du pays. Il est Français.

Pour la France sont donc devenus Allemands en principe tous les Français originaires d'Alsace-Lorraine sans aucune autre distinction. Seuls ils se trouvent atteints par le traité.

Mais ces individus n'étaient Allemands que sous cette condition résolutoire, qu'avant le 1ᵉʳ octobre 1872 ils n'exerceraient point le droit d'option que leur réservait le traité. Ils pouvaient, en effet, conserver la nationalité française, à la condition d'en faire la déclaration à l'autorité compétente et à charge pour ceux domiciliés en Alsace-Lorraine de transporter leur résidence en France.

En ce qui concerne les mineurs, malgré leurs efforts, les diplomates français ne purent faire consacrer leur droit d'option dans le traité. Mais il fut positivement entendu que tous, émancipés ou non, auraient le droit de choisir leur nationalité avec l'assistance de leurs représentants légaux.

Le droit ainsi accordé aux mineurs fut profondement modifié par un arrêté du gouverneur d'Alsace-Lorraine du 10 mai 1872. On distingua entre les émancipés et les non-émancipés. Ces derniers suivent la nationalité du père de famille. S'ils sont orphelins leur tuteur choisira pour eux: mais s'il opte pour la nationalité française, il faudra le consentement du conseil de famille. Quant aux émancipés, s'ils sont nés en Alsace-Lorraine ils sont assimilés aux mineurs non émancipés; dans le cas contraire, ils sont assimilés aux majeurs.

Cette interprétation n'a rien d'obligatoire pour nous et nous devons reconnaître pour valables les options de mineurs faites avec l'assistance du père de famille ou du représentant légal, alors même que celui-ci serait resté Allemand. Nous devons donc considérer comme Français ces individus quoique l'Allemagne de son côté les regarde comme ses nationaux.

En résumé sont restés Français :

1° Tous les majeurs originaires d'Alsace-Lorraine et y étant domiciliés qui, avant le 1er octobre 1872, ont fait la déclaration et sont émigrés.

2° Tous les majeurs originaires d'Alsace-Lorraine non domiciliés qui ont opté pour la France avant le 1er octobre 1872, ou le 1er octobre 1873, s'ils résidaient hors d'Europe.

3° Tous les mineurs ayant opté pour la France avec l'assistance de leur représentant légal dans le délai déterminé.

4° Tous les individus non originaires d'Alsace-Lorraine qui y étaient domiciliés à l'époque du traité.

Tous les autres sont devenus Allemands. Mais n'existe-t-il pas pour eux quelques facilités pour recouvrer notre nationalité.

L'Alsacien-Lorrain a perdu la qualité de Français, par suite d'un démembrement de territoire. Rien dans l'article 10 du Code civil ne fait supposer qu'il ne s'applique que dans les cas de perte prévus par l'article 17. Il semble donc que l'on ne doive pas hésiter à appliquer l'article 10 aux Alsaciens-Lorrains.

Cependant le gouvernement français hésita longtemps à le faire pour des raisons diplomatiques. Aujourd'hui toutefois l'administration appliqua l'article 18 à tous les Alsaciens qui ne sont point soumis au service militaire en Allemagne ou qui ont obtenu un permis d'émigration. Cette distinction est un peu arbitraire et et fort peu juridique, mais elle présente l'énorme avantage de constituer un *modus vivendi* accepté, au moins tacitement, par le gouvernement allemand. A *fortiori* l'administration refuse-t-elle la réintégration aux mineurs alsaciens; peut-être est-il vrai qu'en droit l'article 18 pourrait être appliqué aux mineurs nés avant la cession et l'article 10 à ceux nés après le traité; mais cela créerait probablement une source de difficultés avec l'Allemagne qu'il est beaucoup plus sage d'éviter; d'autant plus que ces jeunes gens ont toujours la ressource de la naturalisation. C'est d'ailleurs ce que font annuellement un grand nombre de jeunes gens originaires des provinces cédées en 1871. Ils viennent s'engager dans la légion étrangère et après la troisième année de leur congé, ils sollicitent la naturalisation algérienne.


## APPENDICE — LES FRANÇAIS AUX COLONIES

Aux colonies, la France a tout à la fois des sujets et des citoyens. Les sujets sont, en général, les indigènes.

Dans nos grandes colonies, l'acquisition de la qualité de Français est réglée comme en France. La loi des 29 mai-10 juin 1874 leur a rendu applicables les lois sur la naturalisation. A ce dernier point de vue, l'Algérie et la Cochinchine sont soumises à un régime spécial que nous allons indiquer.

Le droit électoral existe dans les colonies suivantes : Algérie, Martinique, Guadeloupe, Réunion, Indes françaises, Cochinchine et Sénégal. Laissons de côté la Martinique, la Guadeloupe et la Réunion, où tout se passe comme en France. Tous les habitants, blancs ou hommes de couleur, sont électeurs. Ils sont Français et rien n'empêche qu'ils viennent exercer leurs droits politiques en France, en satisfaisant aux conditions de domicile. Les hommes de couleur ont été absolument assimilés aux Français, depuis le décret du 27 avril 1848, et tous ont subi les mêmes vicissitudes pour l'exercice de leurs droits politiques, depuis cette époque. Rien d'ailleurs n'est plus régulier et plus logique que de faire voter dans ces colonies, qui sont de véritables départements d'outre-mer, les hommes de couleur à côté de leurs compatriotes blancs.

On n'en peut dire autant de ce qui se passe dans les Indes françaises, où les indigènes votent au même titre que les Français et cela sans qu'aucun texte les y autorise. C'est une pratique qui s'est introduite, on ne sait trop comment, et contre laquelle il est bien difficile de réagir. Mais si un Hindou manifestait la prétention d'exercer ses droits politiques dans la Métropole, je ne crois pas que l'on pourrait lui refuser son inscription, car s'il est citoyen à Chandernagor, il n'y a pas de raison pour qu'il ne le soit pas à Paris.

En Cochinchine, sont électeurs tous les Français et tous les Annamites qui se font naturaliser. Cette naturalisation est soumise à des règles spéciales, écrites dans le décret du 31 mai 1881. Pour y être admis, l'Annamite doit justifier qu'il réside, depuis trois ans au moins, dans la colonie, et qu'il sait parler Francais ou qu'il est décoré de la Légion d'honneur. La naturalisation est accordée par décret du président de la République, rendu sur le rapport du ministre de la marine, le conseil d'Etat entendu.

Arrivons à l'Algérie. Avant 1870, on y comptait trois classes d'individus : 1° les citoyens français ; 2° les juifs algériens ; 3° les indigènes musulmans. Un décret du 24 octobre 1870 a fait disparaître la seconde catégorie, en déclarant citoyens français, *de plano*, tous les Israélites algériens.

L'indigène musulman est Français, mais il n'est pas citoyen. Toutefois il lui est facile d'acquérir la plénitude des droits de citoyens. Il n'a qu'à le demander en déclarant qu'il renonce à son statut personnel, notamment à la polygamie, et qu'il entend, désormais, être régi par les lois civiles et politiques de la France.

Quant aux étrangers européens ou musulmans, ils doivent, pour devenir Français, recourir à la naturalisation qui, en Algérie, est particulièrement facile. Tout individu ayant trois ans de résidence réelle en Algérie, peut solliciter la naturalisation sans admission préalable à domicile. Elle lui est accordée par décret rendu sur la proposition du ministre de la justice, le conseil d'Etat entendu.

Une fois la nationalité française acquise, on peut en exercer les droits dans tous les pays soumis à la France. Rien n'empêche donc l'individu qui vient d'être naturalisé en Algérie, ou dans une colonie, de venir en France pour y exercer ses droits politiques.

# CHAPITRE IV

Si, d'une façon toute spéculative, on voulait déterminer, par voie d'exclusions, les personnes capables d'être électeurs, la première porterait sur les enfants. Il est bien certain, en effet, qu'on ne peut prendre part à la vie politique avant d'avoir atteint l'âge où l'on est reconnu civilement propre à gérer soi-même ses propres affaires. Mais ne doit-on faire aucune différence entre la majorité civile et la majorité politique ? Aux deux époques où le droit de suffrage ne fut pas l'apanage de quelques-uns, deux solutions diverses ont triomphé. Sous la Révolution, on pensait qu'il fallait écarter de la vie publique les exhubérances attribuées à la jeunesse et que l'âge vient plus tard calmer, et que l'on avait besoin d'une plus grande maturité d'esprit pour voter avec discernement que pour administrer sa fortune. Aussi la majorité politique était-elle fixée à vingt-cinq ans. Depuis l'établissement du suffrage universel, au contraire, on a jugé que tout individu, capable d'administrer ses propres affaires, pouvait prendre part à la gestion des affaires publiques, et l'on a décidé qu'il n'y avait pas de raison de distinguer entre la majorité civile et la majorité politique. Cette solution n'a jamais été sérieusement contestée, et l'âge de vingt-un ans reste définitivement celui de la majorité politique des français.

Aucune difficulté importante ne peut s'élever à propos de l'âge. Cependant cette condition du droit électoral donne lieu à deux questions. D'abord, à quelle époque doit-on avoir vingt-un ans pour être inscrit sur la liste? En second lieu, comment fait-on la preuve de son âge?

La première question est tranchée législativement; l'article 13 du décret du 2 février 1852, reproduisant la disposition de la loi du 15 mars 1849, décide que, pour être porté sur la liste, il suffit d'avoir vingt-un ans, au jour de sa clôture, c'est-à-dire le 31 mars de l'année pour laquelle la liste est faite.

Quant à la preuve, elle se fait régulièrement par la présentation de l'acte de naissance des réclamants. Pour la faciliter, l'article 24 du décret de 1852 décide que, pour cet usage, les extraits des actes de naissance pourront être délivrés sur papier libre aux intéressés.

Mais, en l'absence d'acte de naissance, la preuve peut être faite par toute autre pièce contenant l'indication de l'âge du requérant, et dont le juge de paix apprécie la valeur, par exemple, un acte de mariage, une pièce émanée de l'autorité militaire, un diplôme ou un brevet universitaire, un passeport, un livret d'ouvrier. Toutes ces pièces ne font pas preuve absolue, mais elles sont suffisantes jusqu'à preuve contraire.

# CHAPITRE V

## DU DOMICILE
## L'ÉLECTORAT POLITIQUE ET L'ÉLECTORAT MUNICIPAL

La condition du domicile a varié dans son application plus encore que celle de l'âge. Cependant, un certain domicile est tout à la fois une garantie de sincérité pour les élections et une garantie de stabilité et d'honorabilité en ce qui concerne les électeurs.

On a contesté que le domicile fût une condition de l'électorat. M. Hérold pense que ce n'est qu'une condition de l'exercice du droit électoral [1], et il appuie son dire sur les termes de l'article 13 du décret de 1852 : « La liste électorale comprend : 1° tous les électeurs habitant dans la commune depuis six mois au moins...» Ce texte prouve suffisamment, selon lui, qu'on peut être électeur sans avoir la condition du domicile. Mais, si ce texte avait la portée qu'on lui donne, il serait immédiatement contredit par la suite du même article : «... 2° tous ceux qui, n'ayant pas atteint, lors de la formation de la liste, les conditions d'âge et d'habitation, doivent les acquérir avant la clôture définitive. » La loi met donc ici sur la même ligne l'âge et le domicile et en fait deux conditions de l'électorat.

---

1. Hérold. — *Le droit électoral devant la Cour de cassation*, n° 97.

Il est évident qu'il y a des électeurs inscrits et des électeurs non inscrits. Ces derniers ne peuvent voter, mais seulement parce qu'ils ne sont point inscrits sur une liste; ils ne sont électeurs qu'à cette condition, qu'en se faisant inscrire sur une liste quelconque, ils pourraient voter. Ils peuvent ne point être inscrits sur la liste de la commune qu'ils habitent actuellement, parce qu'ils n'ont pas six mois d'habitation, mais alors c'est qu'ils ont le droit de l'être dans la commune où ils demeuraient auparavant, sinon ils ne sont pas électeurs. En un mot, un individu, qui ne peut être inscrit sur aucune liste, n'est pas électeur; il n'y a d'électeur non inscrit que celui qui, pour un motif ou pour un autre, ne réclame pas son inscription, mais qui pourrait le faire s'il le voulait. C'est ce que disait un arrêt du 13 mars 1861, posant le principe général que « tout Français résidant en France doit nécessairement avoir un domicile pour l'exercice de ses droits politiques [1]. »

D'ailleurs, la question a perdu actuellement l'intérêt pratique qu'elle avait sous l'empire du décret de 1852, où les députés étaient répartis d'après le nombre des électeurs, et non, comme aujourd'hui, d'après le nombre des habitants.

La loi française, pour cette condition, distingue entre les électeurs politiques et les électeurs municipaux. Pour les premiers, elle exige uniformément une résidence de six mois dans la commune où ils sont inscrits; pour les autres, elle fixe un délai variable, suivant qu'elle les suppose plus ou moins attachés aux intérêts locaux. Nous allons étudier d'abord la condition de résidence nécessaire pour être électeur politique, puis celle requise pour être inscrit sur la liste municipale.

### I. DES SIX MOIS DE RÉSIDENCE

En cette matière, le principe est inscrit dans l'article 13 du décret organique du 2 février 1852. On porte sur la liste

---

1. C. cass., 13 mars 1861 (Moins).

électorale les citoyens habitant la commune depuis six mois.

La loi vise non pas un domicile légal, au sens du Code civil, mais une résidence de fait. On ne peut plus, comme à l'époque du suffrage censitaire, se créer un domicile politique, indépendamment de toute habitation réelle, par l'inscription au rôle des contributions directes.

Il faut une résidence de fait de six mois dans la commune où l'on demande son inscription, et il est nécessaire qu'on y réside encore au moment où l'inscription est réclamée, puisqu'elle ne peut être requise que dans la commune où l'on habite. Mais immédiatement se pose cette question : les six mois doivent-ils précéder consécutivement la demande d'inscription, ou suffit-il qu'ils aient existé antérieurement ? La question est controversée. Plusieurs auteurs semblent admettre qu'il n'est pas nécessaire que les six mois aient précédé immédiatement la demande d'inscription, et l'un d'eux formule ainsi sa doctrine : « Nous n'hésitons pas à croire que l'inscription doit être accordée au citoyen qui, habitant réellement une commune, prouve qu'au 31 mars il y aura habité six mois, alors même que cette résidence présenterait des intervalles même d'une longue durée. »

Nous repoussons formellement cette doctrine, d'abord parce qu'elle se base sur cette opinion fausse que le domicile n'est pas une condition de la jouissance du droit électoral, mais seulement de son exercice ; et, en second lieu, parce qu'elle va directement contre l'esprit de la loi. Quel a été le but du législateur ? Ne point donner aux individus nomades le droit de prendre part aux affaires publiques, parce que ces individus ne sont en général ni sérieux, ni honnêtes ; il a vu, dans une certaine stabilité, une garantie de vie régulière et d'honorabilité, qui disparaîtrait complètement si l'on admettait que les six mois de résidence peuvent être acquis par fraction.

Il est bien certain qu'on ne doit pas appliquer brutalement cette solution et qu'on ne saurait considérer, comme ayant cessé d'habiter la commune, un citoyen qui s'absenterait, un ou plu-

sieurs mois, pour voyager soit pour ses affaires, soit même pour
son plaisir. La loi n'exige pas un domicile continu, pourvu qu'il
soit habituel[1]. Il y a là une question de fait laissée à l'appréciation du juge. C'est ce que porte formellement un arrêt de la
Cour de cassation de 1865 : « Attendu que la question de
savoir si un électeur habite plus de six mois telle commune
plutôt que telle autre, est une pure question de fait que le juge
de paix apprécie souverainement, selon les circonstances, et qui
ne peut tomber sous la censure de la Cour de cassation[2]. »
La Cour, dans cet arrêt, va peut-être un peu loin, en semblant
abandonner complètement son droit de contrôle, mais il ne
résulte pas moins de son arrêt, que la question de savoir si les
absences d'un individu constituent une interruption dans la résidence, est une simple question de fait.

Par conséquent, s'il nous fallait formuler une doctrine sur ce
point controversé, nous dirions que ceux-là seuls doivent être
inscrits sur la liste électorale, qui sont venus habiter la commune au plus tard le 30 septembre de l'année qui précède, et
qui n'ont pas cessé de l'habiter en fait jusqu'au 31 mars. D'ailleurs, après quelques hésitations, la jurisprudence de la Cour de
cassation s'est définitivement fixée en ce sens depuis 1866, où
elle rejeta le pourvoi d'un jeune homme qui, après trois ans
d'absence à l'étranger, était venu se fixer dans sa commune
d'origine et à qui l'on avait refusé l'inscription parce qu'au
31 mars il lui manquait quelques jours pour avoir acquis ses
six mois de résidence[3].

D'ailleurs la loi du 7 juillet 1874 semble avoir tranché la

---

1. C. cas., 18 nov. 1874, aff. Fresne D. 75. 1. 76. — 21 avril 1873, aff.
Dupleich, S. 80. 1. 36.
2. C. cass., 9 mai 1865, aff. Labitte.—Nombreux arrêts en ce sens, voici les
plus récents : 6 mai 1878 (Sieurani); S. 80. 1. 373. — 31 mars 1879
(Bataglini); S. 79, 1, 428.— 26 mai 1879 (Portès); S. 80. 1. 372.— 20 mai
1880 (Bardiès); S. 80. 1. 372.
3. C. cass., 3 avril 1866 (Salles); D. 66. 5. 155. — Dans le même sens  les
arrêts des 30 avril 1867 (Olivier), et 14 avril 1868 (Raynal).

question en ce sens, bien qu'elle n'ait rapport qu'à l'électorat
municipal, en disant que, pour être inscrit sur la liste, il faut
« avoir conservé sa résidence dans la commune ou être venu s'y
fixer à nouveau depuis six mois. »

Notons que pour l'inscription on ne tient absolument compte
que de la résidence, et le domicile légal dans une autre commune ne saurait prévaloir contre le fait de l'habitation dans la
commune d'inscription. Il y a de nombreux arrêts décidant
qu'en cette matière, le domicile civil est sans importance. Cela
a été jugé pour les élèves d'un établissement d'enseignement
supérieur et pour les pensionnaires d'un hospice d'incurables[1].

Mais ce point important de la résidence de fait ne doit-il pas
céder, lorsqu'il s'agit de fonctionnaires publics ou d'officiers
ministériels qui ont une résidence réglementaire pour l'exercice
de leurs fonctions ? Si un avoué de Paris, par exemple, demeure
à Saint-Germain, doit-il être inscrit sur les listes de Paris ou
sur celles de Saint-Germain ? Il semble que dans ce cas le domicile politique devrait concorder avec le domicile réglementaire.
La Cour de cassation a cependant jugé le contraire dans un arrêt
de principe, en décidant que « l'obligation de résider ne saurait
tenir lieu de l'habitation de fait[2]. » Il s'agissait, dans l'espèce,
d'un notaire résidant dans une autre commune que celle où
devait être son étude. Cette solution se comprend parfaitement,
si l'on veut se reporter aux motifs qui ont inspiré le législateur
lorsqu'il a exigé une condition d'habitation pour la jouissance
du droit électoral. La même solution a été adoptée pour un
instituteur public, pour un receveur des douanes, pour un huissier, pour un greffier[3]. C'est encore ce qui explique la solution
de la Cour de cassation dans l'affaire des sergents de ville, lors-

1. C. cass., 1865 (Colonna d'Istria) ; D. 65. 1. 237. — 7 mars 1864 (Geor-
jon, séminaire de Rodez) ; D. 64. 1. 238. — 21 avril 1877 (Fleurot); S. 77, 1,
378.
2. C. cass., 26 mars 1867 (Taddéi) ; D. 67. 1. 379.
3. C. cass., 21 mars 1864 (Versini).— 11 mai 1858 (Guelfucci, instituteur.)
— 13 mars 1865 (Violland, huissier). — 7 mars 1867 (Morati, greffier).

qu'elle rejeta la prétention de la préfecture de police de faire inscrire ses agents sur les listes des quartiers, où se trouvait le poste auquel ils étaient attachés, et de faire ainsi à volonté des électeurs dans un quartier déterminé, où l'on aurait pu, par ce moyen, changer la majorité[1].

Par conséquent, les fonctionnaires doivent justifier qu'ils habitent réellement où leur inscription est réclamée et il n'y a pas de présomption, en cette matière, qu'ils résident là où ils exercent leurs fonctions. Mais doivent-ils, comme tout le monde, établir qu'ils ont six mois de résidence effective au 31 mars, ou bien, au contraire, lorsqu'un fonctionnaire a son changement, peut-il se faire inscrire lors de la revision des listes électorales, alors même qu'au 31 mars il n'aurait pas ses six mois?

Quoi qu'il arrive, il est bien certain qu'il a le droit de rester inscrit sur la liste de son ancienne résidence jusqu'au jour où il a la possibilité de se faire inscrire sur les listes de la nouvelle. C'est incontestable, car le système contraire aurait pour résultat de priver sans motif un citoyen du droit de suffrage. Or la volonté de la loi électorale est de reconnaître ce droit à tous les citoyens, sauf ceux à qui il est formellement retiré par une disposition expresse de la loi[2].

Mais si, par exemple, le fonctionnaire arrive dans sa nouvelle résidence au mois de décembre, pourra-t-il se faire inscrire au mois de janvier sur la liste, bien qu'au 31 mars il n'aura pas six mois de résidence? Le décret du 2 février 1852 ne fait certainement aucune exception. Mais l'on a soutenu que le décret du 2 décembre 1851 n'avait pas complètement abrogé la loi du 31 mai 1850, dont l'article 5 disait que « les fonctionnaires et les ministres des cultes seront portés sur la liste électorale de la commune dans laquelle ils exercent leurs fonctions. » Or, raisonne-t-on, le décret de 1852 avait pour but le rétablissement

1. C. cass., 12 avril 1864 ; D. 64. 1. 240.
2. D. cass., 9 mai 1849 (Tannery) ; S. 49. 1. 768.

du suffrage universel ; il supprimait dans la loi de 1850 toutes
les dispositions restrictives, mais laissait subsister toutes les dispositions extensives du suffrage. Or, celle de l'article 5 est précisément l'une de ces dernières. C'est la doctrine admise par la Cour
de cassation, qui la formule ainsi dans un arrêt du 6 mars 1862 :
« Attendu que la loi du 31 mai 1850 n'a été abrogée par le décret
organique du 2 février 1852, qu'en ce qu'elle a de contraire au
susdit décret et que l'exception relative aux fonctionnaires publics
n'a rien d'incompatible ni d'inconciliable avec la loi nouvelle. »
Un arrêt du 30 avril 1866 établit encore plus énergiquement
cette doctrine : « Attendu que l'article 5 de la loi du 31 mai 1850,
aux termes duquel les fonctionnaires publics étaient autorisés à
voter dans la commune où ils exerçaient leurs fonctions, quelle
que fût la durée de la résidence dans cette commune, ne saurait
être considéré comme ayant été compris dans l'abrogation prononcée par le décret de 1851, puisqu'il tendait à favoriser et à
faciliter l'exercice du droit de suffrage d'une classe nombreuse
d'électeurs [1]. »

Cette opinion me paraît avoir été consacrée législativement par
la loi du 7 juillet 1874, dont l'article 5 est ainsi conçu : « Sont
inscrits sur la liste des électeurs municipaux, tous les citoyens...
6° qui sont assujettis à une résidence obligatoire dans la commune en qualité soit de ministres des cultes reconnus par l'État,
soit de fonctionnaires publics. » La loi, il est vrai, ne parle que
de l'inscription sur la liste municipale. Mais tous les électeurs
municipaux sont nécessairement inscrits sur la liste politique,
puisque celle-ci se compose de la liste municipale et d'une liste
complémentaire comprenant tous les citoyens qui ne réunissent
pas les conditions requises pour être sur la liste municipale,
quoique ayant déjà six mois de résidence dans la commune.

Par application de la jurisprudence de la Cour dans cette

---

1. C. cass., 6 mars 1862 (Avrisani) ; D. 67. 1. 136. — 30 avril 1866 (de
Chergé).

question, il faut conserver aussi ces deux paragraphes de l'article 5 de la loi du 31 mai 1850 : « Les membres de l'Assemblée nationale pourront requérir leur inscription sur la liste électorale du lieu où siège l'Assemblée. — Ceux qui n'auront pas requis cette inscription ne pourront voter qu'au lieu de leur domicile. » Rien en effet, d'après la Cour, n'a abrogé ces dispositions et rien ne s'oppose à ce qu'on les applique aujourd'hui en substituant aux membres de l'Assemblée nationale, les membres du Sénat et de la Chambre des députés.

Il arrive souvent qu'un citoyen a deux résidences ; le fait est assez fréquent pour les citadins qui vont passer l'été à la campagne. Où doivent-ils requérir leur inscription ? C'est une question de fait laissée à l'appréciation du juge, mais si les circonstances sont telles, qu'il soit impossible de déterminer exactement où le requérant habite le plus habituellement, l'intéressé doit opter et peut requérir son inscription dans la commune qu'il voudra ; il ne pourrait en effet être inscrit sur deux listes et commettrait un délit en usant de son droit électoral dans deux communes.

En résumé, ce que la loi exige pour l'inscription sur la liste est une résidence de fait de six mois au 31 mars, époque de la clôture des listes, sauf l'exception admise en faveur des fonctionnaires.

Quant aux signes caractéristiques de l'habitation réelle, la loi ne les détermine pas ; le juge appréciera, suivant les circonstances, mais sans tenir compte de la nature de l'habitation. Ainsi un logement en garni suffit pour établir la résidence [1]. Il n'est pas même nécessaire que l'électeur ait un logement à lui ; il peut habiter chez ses parents ou chez son patron. Mais, dans tous les cas, le juge de paix dans sa sentence doit énoncer les faits sur lesquels se fonde sa conviction, qu'il y a ou qu'il n'y a pas résidence réelle ; sinon sa décision est insuffisamment motivée et tombe sous la censure de la Cour de cassation.

1. C. cass., 14 mars 1864 (Lisieux); D. 64. 1. 237.

Quant à la preuve de la résidence, elle se fait par la production de toutes les pièces propres à établir le fait dont il s'agit; elle peut même être faite par témoins [1]. Aussi nous voyons figurer dans les arrêts comme preuves de la résidence, des quittances de contributions, des quittances de loyers, des attestations de propriétaires, des certificats émanés des patrons, des personnes notables du pays et même simplement des voisins, des publications commerciales, etc. Mais aucune de ces pièces n'a force de preuve légale et le juge est libre de les rejeter, sans même qu'elles soient combattues par la preuve contraire.

Remarquons bien, en terminant, que le pouvoir du juge de paix se borne à apprécier en fait la valeur de la pièce produite. Il ne pourrait la repousser par une raison de droit, sans qu'immédiatement son jugement devienne susceptible d'un recours en cassation. Par exemple, un juge de paix ne pourrait refuser d'examiner les pièces produites en exigeant un mode de preuve déterminé, ou bien parce que les signatures ne seraient pas légalisées. Le juge peut accorder plus de créance à une pièce légalisée qu'à une autre, mais il ne peut rendre cette formalité obligatoire, car la loi ne l'exige point.

## II. DE LA RÉSIDENCE POUR L'INSCRIPTION SUR LA LISTE MUNICIPALE [2]

La matière est réglée par l'article 5 de la loi du 7 juillet 1874 sur l'électorat municipal.

Pour être électeur municipal il faut remplir ces deux conditions :

1° Être électeur politique dans la commune ;

2° Se trouver dans l'un des cas suivants :

a) Être né dans la commune ;

b) Y avoir tiré au sort ;

1. C. cass., 25 avril 1864 (de Magnan); D. 64. 1. 239.
2. Voir à la fin du volume la note relative à la nouvelle loi municipale du 5 avril 1884.

*c*) Être inscrit au rôle des contributions directes depuis un an et résider dans la commune ou déclarer vouloir y exercer ses droits électoraux;

*d*) S'y être marié et y résider depuis un an;

*e*) Y résider depuis deux ans;

*f*) Y être fonctionnaire ou ministre d'un culte reconnu par l'État.

On voit que les individus, électeurs politiques, qui sont nés dans la commune, qui y ont tiré au sort ou qui y sont fonctionnaires, ne sont astreints à aucune condition spéciale de résidence et que par suite on doit les inscrire sur la liste, pourvu qu'au 31 mars ils aient les six mois d'habitation nécessaires pour être électeurs politiques. Dans les trois autres cas, au contraire, il faut justifier d'une résidence soit d'un an, soit de deux ans et les électeurs ne peuvent être inscrits que sur leur demande.

L'individu né dans la commune, ou qui y a satisfait à la loi militaire, est inscrit sur la liste municipale, même s'il ne revient dans la commune qu'après l'avoir quittée, pourvu toutefois qu'il ait la résidence nécessaire pour être électeur politique.

Quant aux ministres des cultes, ils ne jouissent du bénéfice de la loi de 1874 qu'autant qu'ils appartiennent à un culte reconnu par l'État. Nous pensons que la loi a seulement visé les ecclésiastiques ayant un caractère public, comme les curés, les vicaires, les professeurs des séminaires, les aumôniers des hospices ou des établissements scolaires. Mais ce serait un abus d'étendre cette disposition, non seulement aux membres du clergé régulier, mais même aux membres du clergé séculier qui n'ont pas de caractère public, comme les prêtres professeurs dans une institution libre [1].

D'autre part, d'assez nombreuses difficultés ne sont élevées sur la question de savoir à qui l'on devait reconnaître le caractère de fonctionnaire public? on a jugé qu'il appartenait aux

---

1. C. cass., 19 avril 1880 (Cortès); S. 80. 1. 269.

instituteurs communaux, aux cantonniers assermentés, aux
gardes champêtres. On l'a refusé au contraire aux instituteurs
libres congréganistes ou laïques, aux cantonniers non assermentés,
aux gardes particuliers[1]. On a encore accordé le caractère de
fonctionnaire public aux officiers ministériels résidant dans la
commune où ils doivent exercer leurs fonctions, mais on l'a refusé,
avec raison, aux avocats[2].

Remarquons que, pour être inscrit sur la liste politique, on
ne tient compte que de la résidence réelle, même pour les fonctionnaires. Une autre règle est tracée en ce qui concerne la liste
municipale ; elle se trouve dans l'article 5 n° 6 de la loi de 1874 :
« Sont inscrits sur la liste des électeurs municipaux..... 6° tous
les citoyens qui sont assujettis à une résidence obligatoire dans
la commune..... en qualité de fonctionnaires publics. »

La résidence obligatoire est le signe caractéristique de la fonction publique sur ce point et cela, sans tenir aucun compte des
fonds sur lesquels est rétribué l'agent. C'est par application de
cette idée, qu'on a reconnu ce caractère aux maîtres d'études pro-
visoires des collèges communaux, aux employés auxiliaires des
sous-préfectures, aux agents assermentés des compagnies de chemins de fer[3]. Mais on ne pourrait faire cette application au
maire, aux conseillers municipaux d'une commune, car aucun
d'eux n'est personnellement assujetti à une résidence obligatoire.

On inscrit encore sur la liste municipale, mais seulement sur
leur demande, les personnes qui, résidant dans la commune, sont
inscrites au rôle des contributions directes ou des prestations
en nature depuis plus d'un an ; elles peuvent même requérir leur

1. C. cass., 24 sept. 1874 (Calippe) ; S. 75. 1. 85.— 23 nov. 1874 (Vincent) ;
S. 75. 1. 35. — 22 avril 1879 (Nicolaï) ; S. 80. 1. 39. — 19 avril 1880
(Albert) ; S. 80. 1. 430. — 20 août 1879 (Daignères) ; S. 80. 1. 307. —
29 avril 1879 (Fabre) ; S. 81. 1. 135.
2. C. cass., 6 mars 1878 (Marraci) ; S. 78. 1. 470.— 23 avril 1899 (Ducham-
bon) ; S. 80. 1. 305.
3. C. cass., 10 nov. 1874 (Abrazard) ; D. 75. 1. 71. — 17 nov. 1874 (De-
nizy) ; D. 75. 1. 71. — 23 nov. 1874 (Rousteau) ; D. 75. 1. 71.

inscription si elles n'y résident pas, en déclarant vouloir exercer leur droits électoraux dans la commune.

On portera également sur la liste les membres des familles des électeurs figurant au rôle des prestations en nature, alors même que personnellement ces individus n'y figureraient pas. Cette disposition se comprend très bien, puisqu'en fin de compte ces personnes payent l'impôt quoique ne figurant pas au rôle. La même exception est faite en faveur des habitants qui sont exempts des prestations à cause de leur santé ou de leur âge. Mais ce bénéfice ne s'étend point aux serviteurs à gage, même habitant avec le maître [1].

Trois remarques sont à faire :

1° La loi ne vise que le rôle des contributions directes et des prestations en nature ; par conséquent, l'inscription au rôle d'une taxe assimilée aux contributions directes serait insuffisante pour invoquer le bénéfice de la loi de 1874.

2° Il ne suffit pas d'être propriétaire dans la commune, il faut être inscrit au rôle. L'électeur doit donc poursuivre la mutation de cote à son nom. Ainsi l'on a refusé l'inscription au propriétaire ne figurant pas au rôle et même à l'héritier n'ayant pas fait la mutation de cote à son nom [2].

3° Enfin l'on s'est demandé comment il fallait appliquer les dispositions de la loi de 1874 qui permet d'inscrire sur la liste les habitants sexagénaires ou exempts, pour raison de santé, de l'impôt des prestations ? Ne doit-on inscrire cette personne que si elle a figuré nominativement au rôle avant d'être exempte, ou bien doit-on l'inscrire alors même qu'elle n'eût compté que pour déterminer le nombre de journées dues par le chef de famille, sans figurer personnellement au rôle ? M. Greffier et M. Bavelier s'arrêtent à la première opinion, que la Cour de cassation a

1. Circulaire ministérielle du 12 juillet 1874.
2. C. cass., 8 oct. 1874 (Chemerault) ; S. 75. 1. 33. — 7 mars 1877 (Dumas) ; S. 77. 1. 430.

repoussée [1]. Nous inclinons dans le sens de la jurisprudence en présence de la disposition du même article donnant le droit d'inscription électorale aux membres de la famille des personnes inscrites au rôle, sans que ces individus y figurent par eux-mêmes.

Pour tous les citoyens qui ne se trouvent dans aucun des cas dont nous venons de parler, la loi exige une résidence effective de deux ans pour être inscrit sur la liste municipale. Cependant le délai est réduit à un an pour ceux qui se marient dans la commune, sans distinger si le mariage précède ou non l'année de résidence.

La preuve de la résidence donne lieu aux mêmes questions que lorsqu'il s'agit de la liste politique. Nous n'y revenons pas.

Il peut se faire que la commune soit divisée en sections de communes. Alors de deux choses l'une, ou bien les sections de communes ne forment point des sections électorales et dans ce cas la commune reste une au point de vue électoral, ou bien elles forment des sections électorales et nous tombons dans un cas particulier que nous allons examiner. La situation est absolument la même lorsque, sans comprendre de sections de communes, la commune est divisée en sections électorales, ce qui arrive dans toutes les grandes villes et dans nombre de grandes communes rurales.

Chacune de ces sections peut être appelée à prendre part à des élections distinctes ; aussi dresse-t-on autant de listes que de sections. Ainsi à Paris, où chaque quartier forme une section électorale, il y a quatre-vingts listes.

Chaque électeur doit être inscrit sur la liste de la section où il réside au jour de la confection de la liste, sans tenir compte du temps de sa résidence dans cette section, pourvu qu'il ait dans la commune l'habitation nécessaire pour être électeur municipal. Cette solution, fort logique, ressort clairement de la jurisprudence

1. C. cass., 28 avril 1880 (Segonzac); S. 80. 1. 325. — Voy. Bavelier, *Dict. de droit électoral*, v°. *Liste municipale.*

de la Cour de cassation. Elle a jugé que l'article 13 du décret de 1852 n'exigeait que la résidence dans la commune et que l'on ne pouvait considérer les différentes sections électorales d'une même commune comme des communes distinctes les unes des autres, alors même qu'il y aurait, comme à Paris, des mairies d'arrondissement[1]. En second lieu, on a jugé que, si un électeur changeait de section, il ne pouvait conserver son inscription sur la liste de celle qu'il avait quittée, après la revision annuelle[2]. Par conséquent, on est toujours inscrit dans la section où l'on réside au moment de la formation de la liste. Cependant si l'électeur paye des impôts dans une autre section, on admet qu'il peut demander à être inscrit dans celle-là[3]. Quant à celui qui ne réside pas et n'est électeur dans la commune qu'à raison des impôts qu'il paye, il est inscrit dans la section où se trouve l'intérêt sur lequel se base son droit.

Nous avons vu qu'un citoyen, en changeant de résidence, conserve le droit d'être inscrit sur la liste politique de la commune qu'il quitte jusqu'au jour où il acquiert dans sa nouvelle commune ses six mois de résidence. Il en est autrement s'il s'agit de la liste municipale. L'individu, qui abandonne la commune et ne figure pas au rôle des contributions, est supposé n'y avoir plus assez d'intérêt pour rester sur la liste municipale. La Cour de cassation applique cette règle avec une extrême rigueur[4].

Remarquons, en terminant, que rien ne s'oppose à ce que le même électeur soit inscrit sur la liste politique dans une commune et sur la liste municipale dans une autre, pourvu qu'il réunisse les conditions nécessaires pour y figurer et qu'il ne soit inscrit que sur une seule liste de chaque nature.

---

1. C. cass., 23 mars 1863 (Villette); D. 63. 1. 139. — 3 avril 1866 (Sourd); D. 66. 5. 154.
2. C. cass., 23 mars 1863 (Dréo) D. 63. 1. 140.
3. C. cass., 28 avril 1879 (Aubagnac); S. 80. 1. 319.
4. C. cass., 8 mai 1880 (Brongnon); S. 81. 1. 279. — 29 mars 1881 (Liberati); S. 82. 1. 85. — 6 mai 1878 (Saliceti); S. 79. 1. 38.

III. DISPOSITIONS ÉLECTORALES RELATIVES AUX MILITAIRES
EN ACTIVITÉ DE SERVICE.

La question du vote des militaires est réglée par les textes
suivants :

Loi du 27 juillet 1872 sur le recrutement de l'armée, art. 5 :
« Les hommes présents au corps ne prennent part à aucun
vote. »

Loi du 7 juillet 1874 sur l'électorat municipal, art. 5 *in fine* :
«... L'absence de la commune pour le service militaire ne portera aucune atteinte aux règles ci-dessus édictées pour l'inscription
sur les listes électorales. »

Loi organique du 30 novembre 1875 sur l'élection des députés,
art. 2 : « Les militaires et assimilés de tous grades et de toutes
armes des armées de terre et de mer ne prennent part à aucun
vote, quand ils sont présents au corps, à leur poste ou dans
l'exercice de leurs fonctions. Ceux qui, au moment de l'élection,
se trouvent en résidence libre, en non-activité de service, ou en
possession d'un congé régulier, peuvent voter dans la commune
sur les listes de laquelle ils sont régulièrement inscrits. Cette
dernière disposition s'applique aux officiers et assimilés qui sont
en disponibilité ou dans le cadre de réserve. »

Ces dispositions sont très claires et peuvent se résumer ainsi :
Les soldats ont le droit électoral, ils sont inscrits sur les listes
de la commune où ils habitaient avant de partir sous les drapeaux
et sont supposés y résider pendant tout le temps du service. S'ils
se trouvent en congé dans cette commune, au moment d'une
élection, ils peuvent prendre part au scrutin ; mais, au corps, ils
ne votent jamais.

Notons que si le temps de service n'est pas considéré comme
une absence, il faut néanmoins que la résidence de six mois soit

h

acquise avant le départ pour l'armée, sinon le militaire après son retour ne pourra être inscrit qu'après six mois de résidence effective, car le service militaire ne peut remplacer la résidence effective, ni créer un droit corrélatif [1].

La loi organique sur l'élection des députés semble avoir tranché toute difficulté sur ce qu'on entend par ce mot « militaire en activité de service. » Il faut évidemment appliquer ce qualificatif non seulement aux hommes incorporés dans l'armée active, mais encore aux officiers généraux dans la première section du cadre d'état-major, aux officiers et soldats d'administration, aux officiers et sous-officiers sans troupes, aux intendants et sous-intendants militaires, aux officiers du recrutement et de la remonte, au personnel du service de santé de l'armée, aux vétérinaires militaires, aux interprètes militaires et à tous les employés militaires.

Dans l'armée de mer, l'expression embrasse tous les officiers de la flotte, les mécaniciens chefs et principaux de la marine, les officiers et soldats des usines de la marine, les ingénieurs hydrographes et du génie maritime, les officiers du commissariat de la marine, les inspecteurs des services administratifs et les agents administratifs des directions des travaux de la marine, les chefs ou sous-chefs de manutention, le personnel du service de santé, les aumôniers de la marine.

Bien qu'un grand nombre de ces personnes ne soient pas des militaires à proprement parler, elles leur sont assimilées ; elles ont un état et bénéficient des dispositions de la loi du 19 mai 1834 sur l'état des officiers. Par conséquent, elles sont directement atteintes par la loi du 2 novembre 1875.

Dans la marine, la disposition comprend en outre tous les hommes faisant partie des équipages de la flotte, les hommes qui, dans les cinq ports, font partie du corps des marins vétérans,

1. C. cass., 11 mars 1875 (Eynard); S. 75. 1. 276. — 24 avril 1877 (Labrouve); S. 77. 1. 420.

créé par le décret du 20 novembre 1874, et les hommes du service des chiourmes.

Mais on ne doit pas considérer comme militaires en activité de service :

1º Les jeunes gens qui, appelés à concourir à la formation d'une classe, n'ont point fait partie du contingent pour une raison ou pour une autre.

2º Les hommes de l'armée territoriale, même s'ils sont dans une période de service. Mais au contraire il faut considérer comme en activité de service les réservistes dans une période de manœuvres, car les militaires compris dans la réserve font partie de l'armée active.

Il faut également considérer comme militaires en activité de service, les hommes faisant partie du corps des sapeurs-pompiers de Paris, de la garde républicaine et de la gendarmerie mobile. Mais en est-il de même des gendarmes ordinaires ? Doit-on les considérer comme militaires en activité de service ou comme des fonctionnaires publics ?

Actuellement la question n'est pas tranchée législativement ; elle s'est présentée plusieurs fois à la Cour de cassation sous l'Empire, mais sa jurisprudence ne s'est jamais fixée sur ce point. Jusqu'en 1863, la Cour les considérait comme fonctionnaires [1]. Puis en 1863, dans un arrêt du 22 mars, la Cour les déclara militaires en activité de service [2]. Puis, la Cour revint à son ancienne jurisprudence en 1870 [3].

Nous sommes d'avis que cette dernière interprétation est la bonne. Car si, par leur organisation, les gendarmes appartiennent à l'armée, on ne peut nier que, par la nature de leurs fonctions, ils sont plutôt des fonctionnaires publics chargés du maintien de l'ordre et de l'exécution des lois, que des soldats enrégimentés

---

1. C. cass., 6 mars 1862 (Avrisani) ; D. 64. 5. 118.
2. C. cass., 23 mars 1863 (Joly) ; D. 63. 1. 136.
3. C. cass., 30 mars 1870 (Bequet) ; D. 70. 1. 216.

pour un service militaire. Je pense donc qu'il est abusif de n'autoriser leur inscription que sur les listes électorales de leur domicile d'origine et de la leur refuser sur celles de leur résidence réelle.

# CHAPITRE VI

## DES INCAPACITÉS ÉLECTORALES

La dernière condition imposée aux citoyens pour être électeurs est la jouissance des droits civils et politiques, c'est-à-dire que la loi exige qu'ils ne soient frappés d'aucune incapacité électorale. En principe tous les Français jouissent de leurs droits politiques. Ce n'est que par exception qu'ils en sont privés. Ce sont ces exceptions, qu'il nous faut déterminer.

Les incapacités résultent soit de condamnations judiciaires qui les prononcent à titre de peines, perpétuelles ou temporaires, soit d'un état particulier de la personne qui en est atteinte; dans ce cas, l'incapacité cesse avec l'état qui la cause. Nous avons donc deux sorte d'incapacités à étudier.

1° Les incapacités résultant d'une condamnation judiciaire ;
2° Les incapacités résultant d'un certain état juridique.

### I. INCAPACITÉS RÉSULTANT D'UNE CONDAMNATION.

Toutes ces incapacités résultent de condamnations prononcées par les tribunaux ou d'actes assimilés à des condamnations judiciaires.

L'incapacité étant une peine, on ne peut l'appliquer que lorsque la condamnation devient définitive en acquérant force de chose jugée. Ce principe a été plusieurs fois reconnu par la Cour de cassation [1]. Peu importe, d'ailleurs, que la condamnation soit contradictoire ou par défaut. Cependant si, dans ce dernier cas, un jugement contradictoire intervient, celui par défaut tombe et l'on ne tient compte que du dernier jugement. C'est ce qu'établit l'arrêt Lipmann de 1864.

Il n'est pas nécessaire que l'arrêt prononce expressément l'incapacité électorale, lorsqu'elle est emportée de plein droit par la peine qu'il porte. En vain argumente-t-on de l'article 42 du Code pénal qui, en permettant aux tribunaux de prononcer certaines incapacités, veut qu'ils procèdent par voie de dispositions spéciales. Mais les incapacités de l'article 42 sont des peines particulières qui ne sont pas nécessairement entraînées par l'application d'une autre peine. Il en est autrement, lorsque l'incapacité est la conséquence immédiate et légale de la peine prononcée[2].

Des difficultés peuvent se présenter pour l'application de ces règles. Plaçons-nous, par exemple, dans l'hypothèse du concours de deux lois, l'une ancienne sous l'empire de laquelle un crime ou un délit a été commis, l'autre promulguée depuis et avant qu'un jugement de condamnation définitif soit intervenu. Dans ce cas, suivant les principes du droit criminel, on doit appliquer la peine la moins sévère. Mais comment les accusés peuvent-ils bénéficier de cette loi nouvelle s'il est déjà intervenu un jugement de condamnation frappé d'un pourvoi? La loi du 25 frimaire an VIII prévoit le cas et décide que si la Cour rejette le pourvoi, elle doit renvoyer l'affaire devant le tribunal de police correctionnelle du lieu où l'accusation a été dressée, pour qu'il soit

---

1. C. cass., 9 mars 1864 (Lipmann). — 22 mars 1864 (Bernard) ; D. 64. 1. 240.
2. C. cass., 18 avril 1865 (Lastrajoli). — 15 avril 1868 (Ancelet) ; S, 68. 1. 184.

statué sur l'interdiction du droit de vote. La Cour de cassation a généralisé cette disposition, bien qu'elle ne visât que des cas spéciaux, en décidant « que cette disposition législative était générale comme le principe lui-même ; qu'elle devait être appliquée dans tous les cas où une loi nouvelle, prononçant des peines moins sévères que la loi antérieure, était promulguée avant la décision sur le pourvoi contre l'arrêt ou le jugement de condamnation [1]. »

On a jugé, au contraire, qu'il fallait appliquer la rétroactivité aux lois qui déterminent et règlent la capacité politique. Ainsi le décret de 1852 frappe d'incapacité perpétuelle les individus condamnés pour mendicité; cette disposition atteint les individus condamnés avant 1852 [2].

Il peut encore arriver qu'un même individu soit poursuivi pour plusieurs crimes ou délits. Dans ce cas, si l'accusé est reconnu coupable de tous ou plusieurs chefs d'accusation, la peine la plus forte doit seule être prononcée, conformément à l'article 365 du Code d'instruction criminelle. Par conséquent, l'individu poursuivi pour plusieurs délits, dont quelques-uns seulement entraînent la perte du droit de vote, n'est privé de ses droits électoraux qu'autant que la peine appliquée est précisément celle correspondant au délit entraînant cette privation [3]. Néanmoins, si l'infraction la moins grave est frappée, en dehors de la peine principale, d'une peine accessoire comme les déchéances de l'article 42 du Code pénal, rien ne s'oppose à ce que cette pénalité accessoire soit prononcée en même temps que la peine de l'infraction la plus grave [4].

Quand la condamnation est devenue définitive, les effets de cette condamnation peuvent disparaître en tout ou en partie par

1. C. cass., 14 janvier 1876 (Delbreil); D. 76. 1. 185.
2. C. cass., 22 mars 1876 (Maigne); D. 76. 1. 204.
3. C. cass., 13 mai 1853 (Voirin); S. 53. 1. 461. — 13 mars, 1856 (Lefranc et Relier); S. 56. 1. 625.
4. C. cass., 21 avril 1879 (Dumey); S. 80. 1. 38.

un des événements suivants : l'amnistie, la grâce, la réhabilitation, la prescription de la peine. Quelle est la conséquence de ces faits en ce qui concerne la capacité électorale ?

L'amnistie efface non seulement la condamnation mais, par une fiction légale, elle efface même les faits qui l'ont motivée. Il est donc évident que l'incapacité électorale disparaît avec la condamnation elle-même, c'est un point indiscutable. Il en est autrement de la grâce. Elle dispense le condamné de l'exécution matérielle de tout ou partie de la peine, mais elle laisse intacte la condamnation qui subsiste avec l'incapacité électorale qui en est la conséquence. — Cette solution a toujours été celle de la jurisprudence[1]. Mais il est bien certain que l'amnistie, pas plus que la grâce, ne peut supprimer la matérialité des faits qui ont suivi la condamnation et replacer à cet égard l'amnistié dans la situation où il se trouvait auparavant. Un amnistié, par exemple, revenant s'établir dans la commune où il était avant sa condamnation, doit avoir six mois de résidence effective depuis son retour avant de réclamer son inscription sur la liste électorale[2].

Pour le condamné qui a subi sa peine ou obtenu sa grâce, il est un moyen d'effacer non pas la condamnation, mais les effets subsistants de cette condamnation, et notamment l'incapacité électorale, c'est la réhabilitation. C'est un moyen très utile et très pratique dans une législation, comme la nôtre, qui fait découler des incapacités politiques perpétuelles, de condamnations quelquefois très légères.

Enfin on s'est demandé quelle était la situation des individus qui s'étaient soustraits à l'exécution de leur peine et qui l'avaient prescrite ? Peuvent-ils invoquer ce fait pour être relevés de l'incapacité électorale ? La négative ne peut faire aucun doute. Non seulement les effets de leur condamnation ne disparaissent pas d'eux-mêmes, mais ils ne sont même pas susceptibles de finir par la

---

1. C. cass., 6 mars 1865 (Rocascrra) ; D. 65. 1. 298. — 6 novembre 1872 (Souvielle) ; D. 73. 1. 480.
2. Conseil d'État, 11 juin 1880, aff. Humbert.

réhabilitation, puisque ces individus ne peuvent être réhabilités
(art. 619, C. d'inst. cr.). De plus on ne peut pas être moins sévère
pour le criminel qui a échappé par la fuite au châtiment que pour
celui qui a mérité sa grâce, après avoir payé une partie de sa dette
à la société. Enfin il est bien certain que ce n'est pas l'exécution
de la peine qui entraîne l'incapacité électorale, mais la condamnation elle-même. C'est ce qu'a jugé la Cour de cassation, même
dans les espèces les plus favorables et notamment dans un arrêt
de 1869 où il s'agissait d'un individu frappé d'une condamnation
à deux mois de prison pour abus de confiance remontant à trente-
deux ans [1].

En un mot l'incapacité électorale perpétuelle résultant d'une
condamnation ne peut disparaître que par l'amnistie des faits
qui l'ont motivée ou par la réhabilitation du condamné.

L'incapacité électorale d'un Français pourrait-elle résulter
d'une condamnation par lui subie à l'étranger? La Cour de cassation a décidé la négative avec raison [2]. Dans l'état actuel de la
législation, il est inadmissible en effet qu'une autorité étrangère
puisse apporter une modification quelconque à la composition
d'un corps électoral français. C'est la conséquence nécessaire du
principe de la souveraineté de chaque État sur son territoire.
Mais il est profondément regrettable qu'il en soit ainsi et qu'on
ne puisse rayer de la liste des électeurs un individu qui a pu être
condamné pour assassinat à l'étranger.

D'autre part, que décider dans l'hypothèse inverse? Un étranger est frappé en France d'une condamnation qui entraînerait
pour un Français la perte du droit électoral; postérieurement à
l'exécution de sa peine, cet étranger se fait naturaliser Français.
Peut-il se prévaloir, de ce qu'étant étranger au moment de sa
condamnation, elle ne peut avoir influé sur sa capacité, et réclamer son inscription sur la liste électorale? Nous ne le pensons

1. C. cass., 30 mars 1863 (Bousseau); D. 63. 1. 135.
2. C. cass., 14 avril 1868 (Blanchet); S. 68. 1. 183.

pas ; la naturalisation ne saurait avoir l'effet d'une réhabilitation, elle n'efface que les incapacités résultant de l'extranéité. D'ailleurs il n'y a pas de raison pour traiter ce naturalisé mieux qu'un Français d'origine. Par conséquent il est soumis à toutes les suites de la condamnation qu'il a encourue et se trouve frappé d'incapacité électorale [1]. Quant aux condamnations prononcées à l'étranger contre des étrangers elles n'ont aucun effet sur la capacité de ceux-ci, lorsqu'ils deviennent Français. Cependant on a jugé que les habitants d'un pays annexé à la France étaient assimilés aux Français d'origine pour les effets des condamnations par eux encourues avant l'annexion, pourvu qu'il y ait identité entre les infractions qui les ont motivées et celles prévues par la loi française [2].

Arrivons maintenant aux condamnations qui entraînent l'incapacité électorale. Elles sont énumérées dans les articles 15 et 16 du décret organique du 2 février 1852. Aucune autre condamnation n'entraîne cette incapacité, à moins que cet effet ne lui soit attribué par une loi postérieure à ce décret. Ainsi jugé par la Cour de cassation dans une affaire Léonelli, le 3 juillet 1867. Parmi ces condamnations, les unes ont pour conséquence l'incapacité perpétuelle de l'électeur, les autres ne le frappent que d'une incapacité temporaire. Occupons-nous d'abord des premières.

### A. *Incapacités perpétuelles.*

Ces incapacités peuvent être le résultat de l'un des quatre faits suivants :

1° Un crime ;

2° Un délit rentrant dans les conditions de l'article 15 du décret de 1852 ;

1. C. cass., 1er déc. 1874 (Viviani); D. 75. 1. 301.
2. C. cass., 14 avril 1868 (Montmayeur); S. 68. 1. 184.

3° Un fait délictueux militaire entraînant pour son auteur la peine des travaux publics ou du boulet ;

4° Un fait assimilé à une condamnation judiciaire par le décret de 1852.

*Crimes.* — L'incapacité électorale est entraînée par toute condamnation portant la mort, les travaux forcés à perpétuité ou à temps, la déportation, la détention, la réclusion, le bannissement ou la dégradation civique. Toutes les infractions punies de ces peines sont qualifiées crimes par l'article 1er du Code pénal.

L'incapacité est encourue, même si le fait qualifié crime est puni d'un simple emprisonnement, lorsque cet abaissement de la peine a lieu par l'application de l'article 463 du Code pénal, c'est-à-dire par suite de l'admission de circonstances atténuantes. Cela ne peut en effet changer la nature de l'infraction.

Mais si l'individu poursuivi pour crime n'est condamné qu'à l'emprisonnement, par application de l'article 326 du Code pénal, c'est-à-dire parce qu'il se trouve dans un des cas d'excuse légale prévus par la loi, il n'est pas frappé d'incapacité. Car, dans l'espèce, ce n'est pas le juge qui modère la peine à raison de certaines circonstances particulières, c'est le législateur qui transforme lui-même la nature de l'infraction en ne la punissant que d'une peine correctionnelle [1].

Quant à l'homicide involontaire, il est bien certain qu'il ne peut entraîner incapacité, puisque le législateur n'en fait pas un crime, mais un simple délit et qu'il ne range pas ce délit parmi ceux entraînant l'incapacité électorale.

*Délits.* — Les délits emportant incapacité politique perpétuelle sont assez nombreux. Nous allons en donner l'énumération, telle qu'elle est faite dans l'article 15 du décret de 1852, en tenant compte des dispositions de l'article 22 de la loi du 30 novembre 1875 sur l'élection des députés et de la loi du 29 juin 1881 sur la presse.

---

1. C. cass., 30 mars 1863 (Subrini) ; D. 93. 1. 135.

On peut diviser ces délits en quatre catégories :

1° Les délits entraînant cette déchéance, quelle que soit la condamnation ;

2° Les délits ne l'entraînant que s'il survient une condamnation à la prison ;

3° Les délits ne l'emportant que si la condamnation est supérieure à trois mois de prison ;

4° Les délits n'ayant cet effet que si la condamnation est au moins de trois mois de prison.

1re classe. Ce sont les délits suivants :

1° Délit résultant de la tenue d'une maison de jeu (art. 410 C. pén.) ;

2° Mendicité (art. 274-279, C. pén.) ;

3° Outrages aux bonnes mœurs (art. 28, L. 29 juillet 1881) ;

4° Outrages non publics et violences envers les dépositaires de l'autorité (art. 222-230, C. pén.) ;

5° Établissement, sans autorisation, d'une maison de prêts sur gage (art. 411, C. pén.) ;

6° L'usure (L. 19 décembre 1850) ;

7° Vagabondage (art. 269-271, C. pén.).

2e classe.

1° Abus de confiance (art. 406-409, C. pén.) ;

2° Soustraction de deniers publics par les dépositaires à qui ils sont confiés (art. 169-171, C. pén.) ;

3° Escroquerie (art. 405, C. pén.) ;

4° Falsification de boissons ou de denrées alimentaires ou médicales destinées à la vente. Vente de ces denrées sachant qu'elles sont falsifiées (art. 1er, L. 27 mars 1851) ;

5° Attentat aux mœurs (art. 330-334, C. pén.) ;

6° Fraudes pour se faire omettre sur le tableau de recrutement (art. 60, L. 27 juillet 1872 et 38, L. 21 mars 1832) ;

7° Manœuvres dans le but de se rendre impropre au service militaire et complicité (art. 41, L. 21 mars 1832 ; art. 60, L. 27 juillet 1872) ;

8° Substitution ou remplacement effectué contrairement à la loi à l'aide de manœuvres frauduleuses. Complicité (art. 43, L. 21 mars 1832). Notons que ce délit ne peut plus exister depuis la loi de 1872 sur le recrutement. Mais l'application de la disposition peut être encore faite à ceux qui ont été condamnés pour ce délit, lorsqu'il était possible ;

9° Présents reçus par les médecins des conseils de revision pour faire réformer un jeune homme (art. 66, L. 27 juillet 1872) ;

10° Tromperie sur la qualité de la marchandise vendue (art. 423, C. pén.) ;

11° Vol (art. 379, 388, 401. C. pén.) ;

12° Filouterie (art. 401, C. pén., modifié par la loi 6 juillet 1873).

3ᵉ classe.

Cette classe comprend tous les délits électoraux entraînant une condamnation à *plus* de trois mois de prison.

4ᵉ classe.

1° Arbre abattu, sachant qu'il appartenait à autrui (art. 445, C. pén.) ;

2° Arbre mutilé de manière à le faire périr, sachant qu'il était à autrui (art. 446, C. pén.) ;

3° Vente et débit de boissons falsifiées contenant des mixtions nuisibles à la santé (art. 2, L. 27 mars 1851) ;

4° Destruction d'actes originaux de l'autorité publique, d'effets de commerce ou de banque, contenant ou opérant obligation, disposition ou décharge (art. 439, C. pén.) ;

5° Empoisonnement de chevaux, bêtes de somme ou de trait, bestiaux ou poissons dans les étangs (art. 452, C. pén.) ;

6° Greffe détruite (art. 447, C. pén.) ;

7° Marchandises ou matières servant à la fabrication, gâtées volontairement (art. 443, C. pén.) ;

8° Dévastation de récoltes (art. 444, C. pén.) ;

9° Tromperie sur le prix des matières d'or et d'argent, sur la qualité d'une pierre fausse vendue pour fine (art, 423, C. pén,) ;

En parcourant cette longue énumération, on est frappé des distinctions faites entre tous ces délits et l'on se demande si vraiment elles sont bien justifiées. Le classement me semble absolument arbitraire et je ne vois pas trop pourquoi l'on est plus sévère pour les mendiants et les vagabonds que pour les voleurs, les escrocs ou les falsificateurs de denrées alimentaires. Sans doute on tient plutôt compte de l'indignité de leur état que de la gravité des faits qu'on leur reproche, mais pense-t-on que les autres soient beaucoup plus dignes? Il vaudrait mieux frapper d'une manière générale d'incapacité électorale tous les individus condamnés, pour délit de droit commun, à plus de trois mois de prison.

Quant à l'énumération elle-même, nous n'avons que quelques observations à faire.

1° L'incapacité ne peut découler que des délits expressément visés; l'énumération est de droit strict et ne peut être étendue par analogie. Ainsi la Cour a jugé que l'incapacité n'atteignait pas un individu condamné pour complicité d'adultère, car ce délit, puni par l'article 338 du Code pénal, est distinct du délit d'outrage aux mœurs visé par le décret de 1852[1]. Un arrêt du même jour refusa de voir un vol dans le fait « de prendre et de se faire servir à manger sans payer. » Mais actuellement ce fait entraînerait incapacité, car il constitue le délit de filouterie créé par la loi du 6 juillet 1873 et ajouté à l'article 401 du Code pénal.

La même doctrine a été appliquée pour les délits de maraudage, d'infraction à l'ordonnance de 1681 (art. 5, t. IX, l. IV), de vente d'effets militaires par un militaire, de destruction d'animaux domestiques, de faux témoignage et de concussion[2].

---

1. C. cass., 26 mars 1862 (Richard).
2. C. cass., 3 avril 1866 (Persin); D. 66. 5. 157. — 30 avril 1866 (Lanfranchi). — 26 mars 1867 (Durand). — 2 avril 1867 (Frisoni). — 24 avril 1867 (Martinhengi). — 3 juin 1867 (Leouelli).

2° Le paragraphe 6 de l'article 15 du décret de 1852 est abrogé par la loi du 29 juin 1881, sur la presse, qui ne conserve que le délit d'outrage aux bonnes mœurs, et le § 11 est abrogé par la loi du 30 novembre 1875, en ce qui concerne les infractions à la loi du 21 mai 1836 sur les loteries.

3° Le § 13 vise les délits prévus par les articles 38, 41, 43 et 45 de la loi du 21 mars 1832 sur le recrutement. Ces dispositions ont été reproduites par les articles 60, 63 et 66 de la loi du 27 juillet 1872. Ces délits, existant toujours, continuent à entraîner incapacité. Mais la loi de 1872, dans son article 60, crée trois nouveaux délits et punit la tentative comme le fait même. Conformément à la jurisprudence de la Cour de cassation, il faut décider que ces nouveaux délits, ne figurant pas dans l'énumération du décret de 1852, n'emportent pas incapacité électorale.

4° Lorsque le législateur fixe le minimum de la peine à trois mois de prison, si, par suite de l'application de l'article 463 du Code pénal, le tribunal abaisse la peine à moins de trois mois de prison, alors même que la peine portée au Code pénal serait bien supérieure, l'incapacité n'est pas encourue. Le législateur, en effet, ne s'est pas attaché ici comme pour les crimes à la qualification du fait, mais seulement au quantum de la peine.

*Faits entraînant, pour les militaires, le boulet ou les travaux publics.* — Les condamnations portant cette peine, prononcées contre les militaires, entraînent l'incapacité politique en vertu de l'article 15, § 12 du décret de 1852, lorsque ces militaires rentrent dans la vie civile. Il ne peut y avoir ici aucune difficulté. Le législateur s'attache non pas à la qualification du fait, non pas au quantum de la peine, mais simplement à sa nature. Quant à l'énumération des faits entraînant cette peine, elle est sans intérêt; on la trouve au Code de justice militaire.

Remarquons bien que la déchéance, qui peut frapper un militaire, ne résulte pas seulement de ces sortes de condamnations. Elle est aussi la conséquence de toute condamnation qui entraî-

nerait son incapacité s'il était civil, alors même que cette
condamnation serait prononcée par un Conseil de guerre. En un
mot les militaires peuvent être déchus de leurs droits électoraux
pour les mêmes causes que les autres citoyens, et de plus par
suite de condamnations à la peine du boulet ou des travaux
publics.

*Actes assimilés aux condamnations judiciaires par l'article 15 du décret de* 1852. — ART. 15, § 8 : « Sont incapables
les notaires, greffiers et officiers ministériels destitués en vertu
de jugements ou de décisions judiciaires.

Quoique les décisions judiciaires, prononçant la destitution
d'un officier ministériel, ne soient pas des condamnations au
sens propre du mot en ce qu'elles n'ont qu'un caractère civil,
la loi y attache néanmoins l'incapacité électorale.

Cette conséquence rigoureuse s'explique historiquement par
l'animadversion du législateur de 1852 contre les officiers ministériels, dont la majorité s'était montrée hostile au coup d'État.
Cependant on n'a pas osé aller jusqu'au bout et frapper d'une
telle déchéance les officiers ministériels, notaires et greffiers,
destitués par simple acte du pouvoir exécutif, sous prétexte de
sûreté générale. Le décret de 1852 veut que la destitution soit
prononcée par décision judiciaire. Mais la pénalité peut encore
être hors de proportion avec le fait répréhensible. Un notaire
peut être destitué pour des faits qui non seulement n'ont aucun
caractère politique, mais encore qui n'entachent en rien son
honorabilité, pour de simples manquements à ses devoirs professionnels, par exemple, pour avoir délivré une seconde grosse
d'un acte sans ordonnance du président. On voit ce qu'il y a
d'excessif à frapper d'incapacité électorale un notaire destitué
dans ces conditions. La jurisprudence a cependant encore étendu
le cercle d'application de ces dispositions en décidant que toute
décision du pouvoir exécutif, destituant un officier ministériel
après des poursuites criminelles, correctionnelles ou disciplinaires, était une décision judiciaire, au sens du décret de 1852,

et qu'elle entraînait incapacité électorale, alors même que cette destitution serait contraire à l'avis du juge qui a statué[1]. Un arrêt du 26 mars 1862 frappe de cette déchéance un huissier, dont le tribunal civil avait prononcé la suspension convertie par le ministre en destitution à la suite de poursuites disciplinaires. Un arrêt de 1865 va plus loin ; il atteint un huissier destitué par arrêté ministériel, après un jugement le condamnant à un mois de prison pour outrage public à des fonctionnaires, sans que le jugement prononçât ni suspension ni destitution[2].

Le motif, sur lequel se fonde cette solution, est que la destitution, prononcée par arrêté ministériel à la suite de poursuites judiciaires, constitue un véritable acte de juridiction que le décret de 1852 a visé en parlant de décisions judiciaires, et non seulement de jugements. Une pareille extension donnée à l'expression « décision judiciaire » est évidemment exagérée, et elle l'est d'autant plus que la disposition elle-même est déjà excessive. Néanmoins la Cour a toujours admis que le décret de destitution n'avait le caractère de décision judiciaire qu'autant qu'il intervenait à la suite des poursuites, dont il pouvait être considéré comme le complément. Mais il n'en serait pas de même, si les destitutions étaient prononcées par simple mesure administrative, en dehors de toute poursuite, par exemple, en vertu du droit que l'article 92 de la loi du 27 ventôse an VIII confère au gouvernement à l'égard des greffiers.

Quant à la situation des officiers ministériels ainsi frappés, elle était d'autant plus grave qu'avant 1864, la réhabilitation ne leur était pas applicable, puisqu'en réalité ils n'avaient point subi de condamnation pénale ; ils étaient plus maltraités que des criminels, puisqu'ils ne pouvaient être relevés de leur incapacité.

1. C. cass., 26 mars 1862 (Thuue) ; S. 62. 1. 535. — 26 juin 1871 (Pavy) ; S. 71. 1. 243. — 2 avril 1872 (Baudinant) ; D. 72. 1. 365. — 25 novembre 1874 (Chuhando) ; D. 75. 1. 73. — 19 avril 1880 (Thévenet) ; D. 80. 1. 155.
2. C. cass., 26 mars 1862 (Guyot) ; S. 62. 1. 535. — 1ᵉʳ août 1875 (Gittard).

En 1864, paraît-il, plus de deux mille anciens officiers ministériels se trouvaient dans ce cas. Cette situation devait nécessairement attirer l'attention du législateur. La loi du 19 mars 1864 étendit aux notaires, greffiers et officiers ministériels destitués, le bénéfice des articles 619-643 du Code pénal sur la réhabilitation.

## B. *Incapacités temporaires.*

Ces incapacités résultent toutes de condamnations pour délits; elles se divisent en deux catégories :

1° les incapacités de durée variable (§ 2, art. 15, décret 1852).

2° les incapacités de durée fixe (art. 16, déc. 1852).

1$^{ere}$ classe. — Ces incapacités sont établies par les textes suivants :

Déc. de 1852. Art. 15 § 2. « Ne sont pas inscrits sur les listes électorales, ceux auxquels les tribunaux jugeant correctionnellement ont interdit le droit de vote et d'élection, par l'application des lois qui autorisent cette interdiction. »

Code pénal, art. 42. « Les tribunaux jugeant correctionnellement, pourront dans certains cas, interdire en tout ou partie, l'exercice des droits civiques ou de famille suivants: 1° de vote et d'élection, 2°...»

Code pénal, art. 43. « Les tribunaux ne prononceront l'interdiction mentionnée à l'article précédent, que lorsqu'elle aura été autorisée ou ordonnée par une disposition particulière de la loi. »

Il résulte de ces textes que les tribunaux ne peuvent prononcer cette interdiction que pour les délits pour lesquels la loi l'autorise et pour le temps dont le maximum est fixé au Code. Ces délits sont les suivants:

1° Proposition de complot contre la sùreté du Chef de l'État ou dans le but de troubler l'État par la guerre civile ou le pillage (art. 89 et 91, C. pén.).

2° Obstacles mis à l'exercice des droits civiques des citoyens (art. 109, C. pén.).

3° Coalition de fonctionnaires (art. 123).

4° Faux témoignages en matière correctionnelle ou de police (art. 362).

5° Infractions commises par les débitants de boissons à la loi du 23 janvier 1873, sur l'ivresse publique, dans les conditions des articles 3 et 6 de ladite loi.

6° Affiliation à l'association internationale des travailleurs (L. 14 mars 1872).

7° Contravention à loi du 21 mai 1836 sur les loteries (art. 22 L. 30 novembre 1875).

8° Violences et coups contre un magistrat dans l'exercice de ses fonctions (art. 228. C. pén ).

9° Délit prévu par l'article 6 de la loi du 23 janvier 1873 sur l'ivresse publique.

10° Vol dans les champs, d'animaux, d'instruments agricoles ou de récoltes (art. 388 C. pén.). Si la peine est l'emprisonnement, l'incapacité perpétuelle est de droit. Mais le tribunal peut prononcer toutes les déchéances de l'article 42 comme peine accessoire et par conséquent l'incapacité électorale, bien que la peine principale ne soit que l'amende.

11° Les larcins et filouteries en tout genre pour lesquels la peine de l'emprisonnement n'est point prononcée (art 402, C. pén.).

Cette énumération n'est pas limitative; nous nous abstenons d'y faire figurer un certain nombre de délits, pour lesquels le Code pénal porte une disposition analogue, mais auxquels la loi électorale elle-même attache l'incapacité politique, sans qu'il soit besoin que le juge la prononce [1].

---

1. Tels sont les cas prévus aux art. 288. 388. 400-401. 405. 406-408 et 410 C. pén.

Dans tous les cas, la privation du droit électoral est une peine accessoire que les tribunaux ont la faculté de prononcer ou de ne pas prononcer. Mais il suit de là qu'elle doit toujours être expressément indiquée dans le jugement de condamnation. Cependant, remarquons que dans le cas de l'article 3 de la loi du 23 janvier 1873 (ivresse avec un certain nombre de récidives), la privation du droit électoral est obligatoire et le jugement doit nécessairement la prononcer.

On trouve dans un certain nombre d'articles du Code pénal, la peine « de l'interdiction des fonctions publiques ; » on s'est demandé si elle entraînait la perte du droit électoral. La question est oiseuse. Sous l'empire du régime censitaire, peut-être pouvait-on discuter encore la question de savoir si l'exercice du suffrage est un droit ou une fonction. Avec le suffrage universel, le doute n'est plus possible, le vote constitue un droit pour l'électeur ; il ne peut donc pas être atteint par la peine dont nous parlons.

L'incapacité qui résulte de ces condamnations est temporaire et varie tout à la fois selon les dispositions de la loi et selon l'application que le juge en fait. La première indication se trouve au Code pénal, la seconde varie avec les circonstances.

2ᵉ classe. — Ce sont les délits entraînant la perte du droit électoral pendant une période de temps déterminé. Ces délits sont les suivants :

1° Rébellion envers les agents de l'autorité (art. 211, 212, 214, 215 et 219, C. pén.).

2° Outrages et violences envers les dépositaires de l'autorité et de la force publique (art. 222, 225, 228, 230, C. pén.).

3° Outrages publics à un juré ou à un témoin (L. 25 mars 1822).

4° Délits d'attroupements prévus par la loi du 7 juin 1848.

5° Délit de société secrète prévu par la loi du 28 juillet 1848 (art. 13) sur les clubs, dont les autres dispositions ont été abrogées par le décret-loi du 25 mars 1852.

Pour tous ces délits, la durée de l'incapacité électorale est de cinq ans. A cette liste on peut ajouter :

6° Le délit prévu par l'article 3 de la loi du 23 janvier 1873 sur l'ivresse publique, qui entraîne la privation du droit électoral pendant deux ans.

En dehors de ces cas, le décret de 1852 atteignait encore les infractions à la loi sur les clubs du 28 juillet 1848, abrogée par le décret du 25 mars 1852 et de la loi du 30 juin 1881 sur le droit de réunion. Il prévoyait aussi les délits résultant d'infraction à la loi du 27 juillet 1849 sur le colportage, délits que la loi du 29 juillet 1881 sur la presse a transformés en simples contraventions. Cette loi fait disparaître aussi le délit d'outrage à un juré ou à un témoin par voie de presse, établi par la loi du 23 mars 1822, et ne s'occupe que de l'injure ou de la diffamation envers un témoin ou un juré, délit pour lequel, d'ailleurs, la perte de la capacité électorale n'est pas encourue.

Une autre question s'était posée relativement à l'extension donnée par la loi du 13 mai 1863 à l'article 222 du Code pénal, réprimant les outrages aux magistrats. L'ancien article ne punissait que l'outrage public, le nouveau le punit, même lorsqu'il n'est pas public. L'incapacité électorale est-elle encourue par suite d'une condamnation prononcée en vertu de la nouvelle disposition ? La Cour de cassation a décidé l'affirmative en se basant sur ce que l'article 16 du décret de 1852 prévoit l'outrage aux magistrats sans prescrire la condition de publicité[1]. On a jugé que des injures même publiques ou des menaces de mort ne constituaient pas un outrage aux magistrats, pouvant entraîner la perte temporaire de la capacité électorale[2].

Comme tous les délits, dont il est fait mention dans l'article 10 du décret, sont tous plus ou moins politiques et n'ont pas une grande gravité morale, le législateur a voulu que pour entraîner

1. C. cass., 15 avril 1868 (Ancelet) ; 68. 1. 184.
2. C. cass., 6 mars 1878 (Scelle) ; S. 78. 1. 427. — 29 mai 1878 (Thibou) ; S. 78. 1. 427.

la déchéance des droits politiques, l'infraction fût assez importante pour emporter une condamnation à plus d'un mois de prison. On a formellement jugé qu'une condamnation à un mois
n'entraînait pas privation du droit de vote [1].

Que l'incapacité ait une durée fixe ou variable, elle commence
sans distinction au jour de l'expiration de la peine principale.
Par conséquent, si les cinq ans expirent avant le 31 mars, on
doit inscrire l'intéressé sur les listes électorales de l'année. Ce
point est indiscutable. Si, au contraire, le condamné ne subit
pas sa peine, soit qu'il la prescrive, soit qu'il obtienne sa grâce,
les cinq ans courent du jour où il est libéré, c'est-à-dire du
jour où la prescription est acquise ou sa grâce signée [2]. Cependant dans le cas de l'article 3 de la loi du 23 janvier 1873 sur
l'ivresse publique, la privation de deux ans commence le jour où
la condamnation devient irrévocable.

## II. INCAPACITÉS RÉSULTANT D'UN ÉTAT JURIDIQUE PARTICULIER

Ces incapacités atteignent un citoyen à raison d'un état particulier dans lequel il se trouve. L'incapacité le frappe au moment
même où il tombe et cesse seulement lorsque cet état cesse lui-
même. Ces incapacités, créées par l'article 15, §§ 16 et 17 du
décret de 1852, concernent les interdits et les faillis.

On peut ajouter à ces catégories les personnes indiquées dans le
décret *réglementaire* du 2 février 1852 pour l'élection des
députés, qui, sans être frappées d'incapacité électorale, sont provisoirement déclarées incapables d'exercer leurs droits.

1. C cass,. 10 déc. 1860 (Deluermoz).
2. C. cass , 16 mai 1865 (Colonna d'Istria); L. 65. 1. 238.

## A. *Interdits.*

Ce sont les individus qui, à raison de leur état habituel d'imbécillité, de fureur ou de démence, sont interdits par jugement du tribunal civil, conformément à l'article 492 du Code civil. L'interdiction ne cesse que par un jugement de mainlevée (art. 512 C. civ.). Entre ces deux jugements, l'incapacité politique de l'interdit est absolue ; il ne peut requérir son inscription sur une liste qu'après la mainlevée de l'interdiction.

Cette incapacité ne saurait atteindre ni les individus munis d'un conseil judiciaire, ni les aliénés qui n'ont point été interdits judiciairement [1]. Les incapacités sont, en effet, de droit étroit et ne sauraient être étendues par interprétation.

## B. *Faillis.*

Le décret de 1852 déclare incapables « les faillis non réhabilités dont la faillite a été déclarée soit par des tribunaux français, soit par jugements rendus à l'étranger, mais exécutoires en France. »

Le texte est plus général que ne l'était à cet égard la disposition de la loi du 15 mars 1849. Il comprend tous les faillis, même ceux qui ont obtenu un concordat ou qui ont été déclarés excusables. La réhabilitation seule fait cesser leur incapacité.

La faillite doit toujours être prononcée par jugement, sans distinguer s'il est rendu par un tribunal français ou étranger. Mais dans ce dernier cas, il doit être rendu exécutoire par un tribunal français. Si la faillite est prononcée par un jugement étranger, l'incapacité ne peut cesser que par l'acte qui, dans la

---

1. C. cass., 30 avril 1866 (Olivesi). — 26 avril 1870 (Ferrino); D. 72. 1. 29. — 29 avril 1878 (Paoli et Acquaviva); S. 78. 1. 426.

législation du pays étranger, équivaut à notre réhabilitation, pourvu que cet acte soit rendu exécutoire en France. Cette solution est la conséquence logique de la disposition du décret de 1852.

L'incapacité électorale, ne devant s'appliquer qu'aux cas visés expressément par la loi, n'atteint pas le commerçant en état de cessation de payements, mais dont la faillite n'a pas été déclarée.

Parmi les faillis non réhabilités, il en est cependant qui échappent à l'incapacité électorale. Ce sont ceux qui peuvent invoquer le bénéfice de l'article 1er du décret du 22 août 1848, ainsi conçu : « Les suspensions ou cessations de payements survenues depuis le 24 février jusqu'à la promulgation du présent décret... ne recevront pas la qualification de faillite et n'entraîneront l'incapacité attachée à la qualité de failli que dans le cas où le tribunal de commerce refuserait d'homologuer le concordat ou, en l'homologuant, ne déclarerait pas le débiteur affranchi de cette qualification. »

La déchéance du droit électoral atteint-elle tous les membres d'une société en nom collectif ou les associés solidaires d'une commandite, lorsque la société est déclarée en faillite ? La solution de la question dépend évidemment de celle-ci : la faillite de la société entraîne-t-elle la faillite personnelle des associés en nom collectif ou solidaires ? La jurisprudence semble aujourd'hui admettre l'affirmative [1]. Cependant nombre d'auteurs défendent l'opinion contraire. Toutefois, au point de vue qui nous occupe, je n'hésite pas à partager l'avis de la Cour de cassation et à frapper d'incapacité électorale les faillis en nom collectif ou solidaires. La loi déclare incapable le commerçant qui seul n'a pas su faire ses affaires ; pourquoi serait-elle plus indulgente, parce qu'ils se sont mis à deux ou trois pour arriver au même résultat ?

---

1. C. cass., 23 août 1853 (Rolland) ; D. 55. 1. 59. — 17 avril 1862 (Paul). D. 61. 1. 254.

C. *Personnes pour lesquelles l'exercice du droit électoral
est suspendu.*

Ces personnes sont indiquées dans l'article 18 du décret réglementaire du 2 février 1852 qui complète le décret organique. Ce
sont 1° les détenus; 2° les accusés contumaces; 3° les personnes
non interdites, mais placées dans un établissement public d'aliénés, en vertu de la loi du 30 juin 1838.

La situation de ces personnes diffère essentiellement de celle
des précédentes. Elles ne sont pas frappées d'incapacité; elles
continuent d'être inscrites sur la liste; leur droit existe virtuellement, mais l'exercice de ce droit est suspendu pour elle.

Les motifs de cette disposition se conçoivent facilement. Pour
les détenus la suspension est forcée, puisque matériellement ils
ne peuvent prendre part au scrutin; et si, par hasard, un détenu
venait voter conduit par les gendarmes, la loi suspendant pour
lui le droit de vote, le bureau devrait refuser son bulletin; s'il le
reçoit, ce suffrage devra être enlevé aux candidats élus. Quant
aux accusés contumaces, on les a assimilés aux détenus, parce
qu'en droit leur situation est la même. D'ailleurs les individus
dans cette position présentent en général peu de garanties et l'on
ne risque rien à suspendre pour eux l'exercice du droit électoral
jusqu'à ce que le juge ait statué sur leur cas. Mais la suspension
ne peut atteindre que les individus légalement détenus et l'on
pourrait considérer, avec raison, comme annulable une élection
faite sans le concours d'électeurs inscrits mis illégalement en état
d'arrestation.

Quant aux aliénés, ils ne peuvent émettre un vote conscient
et c'est entendre parfaitement ce qui convient à la dignité du
suffrage universel que de leur refuser le droit électoral jusqu'au
moment où ils recouvrent la raison. Pour le même motif, on
aurait peut-être bien fait d'étendre la disposition aux individus

en état notoire d'imbécillité et à ceux qui se présentent au scrutin
en état d'ivresse. Malheureusement cela exposerait au double
danger de recherches vexatoires et de décisions arbitraires. Aussi
la loi ne l'a pas fait et, dans l'état actuel de la législation, il
serait illégal de refuser le vote d'un électeur, sous prétexte qu'il
est en état d'ivresse.

### III. DE LA PREUVE DES INCAPACITÉS ÉLECTORALES.

Celui qui demande son inscription sur une liste n'a rien à
prouver relativement à sa capacité ; il y a présomption en sa
faveur. Jusqu'à preuve du contraire, tous les Français sont supposés jouir de leurs droits civils et politiques. C'est au défendeur
à la demande d'inscription ou au demandeur en radiation à
prouver que l'intéressé est frappé d'incapacité électorale. En un
mot celui qui allègue l'incapacité doit prouver son dire.

Pour contester utilement la capacité d'un individu il faut
prouver deux choses :

1° Qu'il y a contre lui une condamnation entraînant privation
du droit de vote.

2° Que cette condamnation est passée réellement en force de
chose jugée.

Cette preuve doit être faite d'une façon authentique comme
par la production d'une expédition du jugement de condamnation.
Le juge pourrait refuser d'admettre comme preuve des renseignements purement administratifs. On a notamment jugé qu'une
note de police était insuffisante pour faire la preuve. Il en serait
de même si l'incapacité, au lieu de résulter d'une condamnation,
était la conséquence d'une faillite.

Mais en voulant faire la preuve de l'incapacité ne s'expose-t-on
pas à être poursuivi soi-même pour diffamation ou injure, alors
même que l'on prouverait l'incapacité, car la diffamation est
indépendante de la vérité de l'imputation? Il y a là un danger

sérieux, surtout si l'on ne réussit pas à faire la preuve, qui pourra arrêter un grand nombre de citoyens. Assurément dans l'état actuel de notre législation, il n'existe aucun moyen de parer absolument à ce danger. Mais en cas de poursuite, le juge ne devra condamner que s'il acquiert la conviction que l'on a agi plutôt par mauvaise intention que pour faire un usage légitime de son droit[1].

Depuis 1874, il existe une institution qui permet à l'administration d'exercer, dans la plupart des cas, un contrôle certain sur la capacité des électeurs. C'est le casier administratif électoral organisé par les circulaires ministérielles du 18 décembre 1874 et du 12 juillet 1875.

Les greffiers des tribunaux correctionnels et des cours d'assises, dressent des bulletins semblables en la forme aux bulletins n° 1 pour la constitution du casier judiciaire, contenant la condamnation entraînant privation du droit de vote. Ces bulletins sont adressés à la sous-préfecture de l'arrondissement dans lequel est né le condamné. Les greffiers des tribunaux de commerce transmettent également à la sous-préfecture du lieu de la naissance des faillis, les jugements déclaratifs de faillite. Les commissaires du gouvernement près des conseils de guerre et des tribunaux maritimes et les parquets des juridictions permanentes agissent de même.

La sous-préfecture centralise ainsi dans chaque arrondissement les condamnations prononcées contre les individus qui y sont nés. Le sous-préfet avise le maire de chaque commune du nom des individus, nés dans cette commune, qui sont frappés d'incapacité électorale. Quand les autorités administratives ont des doutes sur la capacité électorale d'un requérant, elles demandent un extrait de son casier judiciaire au sous-préfet de l'arrondissement du lieu de naissance. Entre départements divers, ces demandes se font par l'intermédiaire du préfet.

1. C. cass. 27 janv. 1866 (Danizan); D. 66. 1. 236.

Notons en terminant que l'administration ne peut rayer d'office ou refuser son inscription à l'individu qui la demande. Elle peut seulement se constituer défenderesse à la demande d'inscription ou demanderesse en radiation, sauf à elle à apporter la preuve de l'incapacité du requérant suivant les principes généraux. L'institution du casier administratif électoral n'a pour but que de faciliter cette preuve.

# CHAPITRE VII

DE L'EXERCICE DU DROIT ÉLECTORAL. — FORMATION
DE LA LISTE. — RECOURS CONTENTIEUX

L'exercice du droit électoral est subordonné à l'inscription sur une liste. La liste est la série des inscriptions d'électeurs votant dans la même commune.

Dans chaque commune il y a deux listes ; la première comprend les électeurs appelés à prendre part aux élections municipales, c'est la liste municipale ; la seconde comprend les électeurs politiques, c'est la liste complémentaire qui, réunie à la première, forme la liste politique.

Un citoyen, ne pouvant exercer deux fois son droit, ne peut être inscrit sur la même liste dans deux communes, mais rien dans nos lois ne s'oppose à ce qu'il soit inscrit sur la liste municipale dans une commune et sur la liste politique dans une autre.

Étudions les formalités qui président à la formation des listes.

## I. — FORMALITÉS ADMINISTRATIVES.

La liste électorale est dressée dans chaque commune par une commission, composée du maire, d'un délégué de l'administration choisi par le préfet et d'un délégué du Conseil municipal. Si la commune est divisée en plusieurs sections électorales, dans chacune d'elles, la liste est faite par une commission composée du maire, d'un adjoint ou d'un conseiller municipal dans l'ordre du tableau et deux délégués, l'un désigné par le préfet, l'autre par le Conseil municipal. A Paris, la liste est dressée dans chaque quartier par une commission composée du maire ou d'un adjoint de l'arrondissement, du conseiller municipal du quartier et d'un électeur désigné par le préfet.

Cette commission dresse la liste de tous les électeurs municipaux qui votent dans la commune ou dans la section. Nous avons vu les conditions requises pour être électeur municipal, nous n'y revenons pas. Ensuite le *maire* dresse la liste complémentaire des électeurs habitant la commune, mais qui ne sont pas électeurs municipaux.

Il ne faut pas confondre cette commission dont le rôle est purement administratif avec la commission municipale chargée d'examiner les demandes en inscription et en radiation, dont les attributions sont absolument contentieuses.

La liste électorale, une fois dressée, est permanente, c'est-à-dire qu'elle subsiste indéfiniment, sauf les modifications qu'on lui fait subir lors de la revision annuelle. La liste est publique et communication doit en être donnée à tout citoyen qui la demande (art. 7, Déc. regl. 1852). Par conséquent, tous les citoyens peuvent en prendre copie et la reproduire par l'impression en tout ou en partie. Chaque année la liste est revisée, c'est-à-dire qu'on ajoute tous les électeurs nouveaux et qu'on raye tous ceux qui, pour une raison ou pour une autre, ont cessé d'être électeurs dans la commune. Cette revision est faite annuellement par la commission administrative pour la liste communale, par le maire pour la liste politique.

La commission et le maire tiennent un registre de leurs décisions en mentionnant les motifs et les pièces à l'appui. Tous les changements ainsi apportés à la liste sont résumés dans un tableau destiné à être porté à la connaissance des électeurs. Il comprend deux parties sous les rubriques « additions » et « retranchements » et indique succinctement les motifs des radiations. Ce tableau est dressé du 1er au 15 janvier et doit être déposé au plus tard le 15 janvier au secrétariat de la mairie. Avis de ce dépôt est donné au public par des affiches et chacun peut venir prendre connaissance du tableau.

La copie du tableau et le procès-verbal du dépôt et de l'affichage sont immédiatement transmis au sous-préfet qui, dans les quarante-huit heures, envoie ces pièces au préfet avec ses observations.

Si les prescriptions de la loi n'ont pas été observées, le préfet défère les opérations au conseil de préfecture, qui statue dans les trois jours et fixe, s'il y a lieu, le délai dans lequel ces opérations devront recommencer.

Après la publication du tableau, les citoyens ont un délai de vingt jours pour réclamer les inscriptions ou les radiations. Ce délai était fixé à dix jours par le décret réglementaire de 1852; mais il a été porté à vingt jours par le décret du 13 janvier 1866. La supputation du délai a lieu jour par jour; c'est un délai franc qui expire avec le dernier jour; il expire donc le 4 février à minuit [1].

Le droit de réclamation appartient :

1° A tout citoyen omis sur la liste ;

2° A tout électeur inscrit sur l'une des listes de la *circonscription électorale*. Par conséquent, il faut et il suffit d'être électeur dans la circonscription pour réclamer; il n'est pas nécessaire d'être inscrit dans la commune même [2];

3° Aux préfets et aux sous-préfets. Il est évident que le droit n'appartient qu'au préfet du département ou au sous-préfet de l'arrondissement dans lequel se trouve la commune; mais ils n'ont

---

1. C. cass., 8 août 1860 (Orlandini). — 21 avril 1868 (Skrodzki).
2. C. cass., 13 mars 1865 (Jean); D. 65. 1. 239.

pas besoin d'être inscrits sur une liste électorale de la circonscription.

Une réclamation peut-elle être faite par un citoyen non inscrit
mais qui demande son inscription ? L'affirmative semble certaine, sous cette réserve que sa réclamation restera sans effet, si
son inscription elle-même n'est pas admise.

La réclamation peut avoir pour objet :

1° Une demande d'inscription ;

2° La radiation d'un électeur ;

3° La rectification d'un nom ou d'une autre mention figurant
inexactement sur la liste électorale. Mais, s'il s'agissait d'une
erreur dans l'indication du domicile, que la commune fût divisée
en plusieurs sections et que la modification eût pour résultat de
faire changer le requérant de section, il y aurait plus qu'une
modification. L'intéressé devrait demander sa radiation dans la
section et son inscription dans l'autre.

*Formes de la réclamation.* — Dans chaque mairie, on ouvre
un registre sur lequel les réclamations sont inscrites par ordre
de date. La loi ne dit pas dans quelles forme sera faite la réclamation. En général, la pratique administrative est de faire remplir au réclamant un imprimé dans lequel il indique son nom,
ses qualités et l'objet de sa réclamation. D'ailleurs rien n'est
exigé, à peine de nullité. La jurisprudence veut seulement que
l'individu, dont on réclame l'inscription ou la radiation, soit clairement et nominativement désigné. Ainsi, on a jugé que la
demande de réinscription sur la liste de tous les électeurs inscrits
l'année précédente et rayés depuis comme déménagés avait pu
être écartée comme ne contenant pas une désignation individuelle
suffisante[1]. Cette exigence est peut-être exagérée, car, pour obtenir la désignation individuelle, il suffirait de se reporter à la liste
de l'année précédente, mais elle confirme pleinement le principe
que nous énoncions.

1. C. cass., 16 mars 1863 Portalès) ; D. 63. 1. 140.

Le maire doit donner un récépissé de la réclamation. Ce récépissé est une pièce d'une importance capitale. Elle sert, en effet, à prouver : 1° que la réclamation a été faite; 2° qu'elle a été faite en temps utile, c'est-à-dire dans les vingt jours qui suivent la publication des listes.

Si le maire refusait un récépissé, le réclamant devrait prendre la précaution de faire constater l'existence de sa réclamation par tous les moyens en son pouvoir, et notamment par signification d'huissier. D'ailleurs, l'inscription sur le registre ouvert à la mairie suffit pour prouver et l'existence de la demande et sa remise en temps utile, même en l'absence d'un récépissé[1].

Le citoyen qui réclame une inscription doit établir la nationalité, l'âge et le temps de résidence de celui dont il demande l'inscription. Si, au contraire, il réclame la radiation d'un électeur, il doit prouver l'incapacité électorale de cet électeur, qui, jusqu'à preuve du contraire, est présumé jouir de tous ses droits civils et politiques. C'est l'application du droit commun en matière de preuves. La Cour de cassation a d'ailleurs jugé que l'article 1315 du Code civil s'appliquait en matière électorale[2].

Une manière générale de prouver la capacité, c'est d'établir le fait d'une inscription antérieure dans la commune ou dans une autre commune. Cette preuve acquise, l'inscription ne peut plus être refusée que sur la justification de la défaillance survenue ou restée inconnue de l'une des conditions légales.

Néanmoins si l'inscription est réclamée dans une autre commune que celle où l'on était déjà inscrit, il faudra prouver que l'on a six mois de résidence de fait pour être inscrit sur la liste complémentaire et pour être inscrit sur la liste municipale que l'on est dans un des cas prévus par la loi de 1874 ou que l'on a deux ans de résidence.

L'inscription antérieure, qui prouve à la fois plusieurs des

---

1. C. cass., 6 mars 1865 (David); D. 65. 1. 239.
2. C. cass., 3 juin 1867 (Combes); troisième arrêt de ce nom, le même jour.

conditions de l'électorat, en prouve-t-elle à *fortiori* l'une d'elles prise isolément. Ainsi jugé, pour la nationalité, par un arrêt de 1863 [1].

Du reste, en fait, les preuves ne sont exigées des requérants que s'il y a des doutes sérieux ou si leur situation n'est pas de notoriété publique. Une circulaire ministérielle du 8 mars 1848 recommande aux maires de tenir grand compte de cet élément de preuve. La notoriété publique est un fait qui suffit parfaitement à motiver les décisions de la commission municipale ou du juge de paix. Mais pourrait-on l'invoquer devant la Cour de cassation contre un jugement qui aurait repoussé ce moyen de preuve? Certains auteurs distinguent si la notoriété résulte d'un élément de pur fait, comme l'opinion générale, ou si elle est la conséquence d'une situation régulièrement ou même légalement déterminée. Ils admettent la négative au premier cas, l'affirmative au second. Nous ne partageons point cette opinion. La notoriété publique ne peut être qu'une question de fait dont le juge de paix est souverain appréciateur et sa décision sur ce point ne peut tomber sous la censure de la Cour de cassation. On cite, comme exemple, le fait d'un officier ministériel, dont on refuserait l'inscription, bien qu'il soit de notoriété publique, qu'il est Français, majeur et domicilié depuis plus de six mois. Mais dans ce cas, ce qui fera la conviction du juge, ce ne sera pas l'opinion publique, ce sera la nomination de cet officier ministériel ; la preuve ne sera pas la notoriété, ce sera sa commission pour la nationalité et pour l'âge. Quant à la résidence, c'est une question de fait qui ne peut résulter d'une situation déterminée. Si le juge pense que la notoriété publique n'établit pas suffisamment la résidence de six mois de cet officier ministériel, il pourra parfaitement exiger une autre preuve que la nomination remontant à plus de six mois, et si l'intéressé ne l'apporte pas, le juge est absolument fondé à lui refuser son inscription ; et cette déci-

1. C. cass., 24 mars 1863 (Blanchot) ; D. 63. 1. 137.

sion n'est pas susceptible d'être utilement déférée à la Cour de cassation.

Quant à la preuve isolée de chacune des conditions de l'électorat, nous l'avons examinée en étudiant les conditions elles-mêmes.

Enfin on peut se demander quelle est, en cette matière, l'autorité de la chose jugée? Pour répondre à cette question, il faut distinguer si l'inscription a été refusée pour une cause de droit, comme l'âge ou la nationalité ou pour un motif de fait, comme la résidence. Dans ce second cas, la chose jugée n'est pas opposable au requérant, car la résidence est une condition, de sa nature, temporaire et variable. Mais si l'inscription a été refusée pour une cause de droit, la chose jugée est opposable tant que la cause juridique subsiste. Elle est opposable non seulement entre les mêmes parties, conformément au droit commun, mais encore elle peut être invoquée par ou contre un réclamant quel qu'il soit[1]. Les raisons de cette jurisprudence sont très bien données par M. Bavelier : « L'identité des parties n'est pas nécessaire, dit-il, car le tiers, qui demande une inscription ou une radiation, n'agit pas en vertu d'un droit privé ; il exerce une action publique dans un intérêt public et par suite la question jugée avec ce contradicteur légal, se trouve jugée vis-à-vis de tous. »

Les réclamations doivent, comme nous l'avons dit, être faites dans les vingt jours suivant la publication des listes. Le registre pour les recevoir est donc clos au plus tard le 4 février à minuit. Dès lors, la phase purement administrative est terminée et la période contentieuse commence. Cette période comprend trois phases; la première se passe devant la commission municipale, la seconde devant le juge de paix, la troisième devant la Cour de cassation. Nous allons les envisager successivement.

1. C. cass., 12 avril 1864 (Ruzé).

## II. CONTENTIEUX ÉLECTORAL

### A. *Commission municipale.*

Cette commission, organisée par le décret organique de 1852, est actuellement composée conformément à la loi du 7 juillet 1874. Elle comprend la commission administrative, dont nous avons parlé, à laquelle sont adjoints deux nouveaux délégués du Conseil municipal. A Paris et à Lyon la commission administrative s'adjoint deux électeurs domiciliés dans le quartier et qu'elle désigne elle-même. Dans les autres communes divisées en sections électorales, les conseils municipaux désignent pour chaque section deux délégués qui se réunissent à la commission administrative de la section.

Quant au délégué du préfet, il est choisi sans condition, il n'est pas nécessaire qu'il soit électeur dans la commune ni même dans la circonscription. Notons d'autre part, qu'il n'est pas nécessaire que le conseil municipal choisisse les délégués dans son sein, comme le voulait le décret de 1852 ; la loi de 1874 n'a pas reproduit cette exigence.

Quelle est la sanction de ces dispositions légales ? A vrai dire, il n'y en a pas. De deux choses l'une, ou bien le procès-verbal des opérations de la commission constate la régularité de sa composition, ou bien il peut servir à prouver que cette régularité n'existait pas. Au premier cas la Cour de cassation a décidé que le juge de paix n'avait pas compétence pour informer ni statuer sur la régularité des opérations administratives par lesquelles cette commission avait été constituée et qu'il devait la tenir comme régulièrement constituée [1]. Au second cas, c'est-à-dire si l'on invoque contre la composition de la commission un vice

1. C. cass., 11 avril 1865 (Carles).

de forme dont la preuve résulte du procès-verbal, le juge de paix peut évidemment accueillir ce moyen et réformer la décision même de la commission en évoquant le fond. De cette façon c'est toujours au juge de paix qu'il appartient de statuer. C'est ce qui a été formellement jugé par un arrêt de 1867 [1]. La Cour a considéré que la commission, quoique composée irrégulièrement n'en constitue pas moins un degré de juridiction, dont la décision était susceptible d'appel devant le juge de paix.

D'ailleurs, en pratique, ces irrégularités deviennent de plus en plus rares et les commissions sont régulièrement composées. C'est maintenant d'une importance extrême depuis que le conseil d'État a décidé que l'irrégularité de la composition de la commission pouvait porter atteinte à la sincérité des élections et entraîner leur annulation [2].

Quoique la commission municipale soit un tribunal, elle procède néanmoins à la façon des commissions administratives sans publicité et sans formalités précises.

Nous avons vu dans quelle forme, dans quel délai et par qui la réclamation pouvait être introduite. Nous ajouterons simplement ceci : l'article 23 de la loi du 19 avril 1831 permettait au réclamant de faire sa demande lui-même ou par mandataire spécial. Si cette disposition n'a jamais été reproduite, elle n'a jamais non plus été abrogée. Par conséquent, il n'y a aucune raison de ne pas l'admettre aujourd'hui, surtout après avoir admis que la réclamation pouvait être faite par lettre missive ou même verbalement au maire [3].

La loi n'indique aucun mode de procéder devant la commission ; le décret de 1852 dit seulement qu'on devra avertir l'électeur dont on conteste l'inscription, afin qu'il puisse présenter ses observations. La loi du 7 juillet 1874 reproduit à peu près

1. C. cass., 17 juillet 1867 (Roost).
2. Conseil d'État, 17 juillet 1873. Él. mun. de Ciamanacée.
3. C. cass., 1er octobre 1874 (Viault); D. 74. 1. 491. — 16 novembre 1874 (Vacher); D. 75. 1. 761.

la même disposition. Cet avertissement est envoyé sans frais par le maire et contient l'indication sommaire des motifs de demande d'annulation.

La loi n'exige cet avertissement que pour celui qui est rayé d'office ou dont la radiation est demandée. Dans les autres cas, l'avertissement est simplement facultatif et c'est au maire qu'il appartient d'apprécier si l'on doit ou non appeler les électeurs. Cependant une circulaire ministérielle du 19 mars 1849 recommande aux maires de toujours avertir l'électeur dont l'inscription est réclamée par un tiers. Les décisions sont prises comme dans tous les tribunaux à la majorité des voix et elles sont consignées sur un registre spécial.

Dans quel délai, la commission doit-elle statuer ? Le décret de 1852 est muet sur ce point et les lois postérieures ne sont pas plus explicites. On ne trouve qu'une instruction ministérielle du 18 novembre 1853 qui recommande aux commissions municipales de statuer dans les cinq jours. Ce délai de cinq jours est emprunté au délai légal prescrit pour le même objet par l'article 8 de la loi du 15 mars 1849. Je ne sais trop pourquoi l'on se figure que ce délai est abrogé. Le décret de 1852 abroge les lois du 15 mars 1849 et du 31 mai 1850 sur tous les points où il légifère lui-même, mais, sur tous ceux où il est muet, les dispositions antérieures restent en vigueur. Cette opinion est conforme aux principes de notre droit et j'ai d'autant moins de scrupules à l'admettre que nous avons vu la Cour de cassation décider que le texte si formel du décret du 2 décembre 1851 n'abrogeait pas entièrement la loi du 31 mai 1850. Si, pour respecter l'esprit de la loi, il faut faire de pareilles concessions à son texte, à plus forte raison devons-nous défendre une opinion qui est conforme à l'esprit du droit et qui, au lieu d'être combattue par les textes, est formellement établie par l'un d'eux.

Dans un arrêt du 3 avril 1860 (Caillebotte), la Cour prétend que notre article 8 a été abrogé par les articles 20 et 52 du décret organique de 1852. Or, à la lecture de ces articles, il nous semble, au contraire, qu'il n'en est rien. L'article 52 abroge toutes les lois antérieures contraires aux dispositions du décret. Si l'article 20 est contraire à l'article 8 de la loi de 1849, ce dernier est abrogé en vertu de l'article 52 du décret. Or voici le texte de l'article 20 : « Les réclamations seront jugées par une commission composée à Paris du maire et de deux adjoints ; partout ailleurs du maire et de deux conseillers municipaux. » Est-il question d'un délai dans cet article ? Non, évidemment. Comment pourrait-il alors abroger le délai contenu dans l'article 8 de la loi de 1849 ?

Il est impossible d'ailleurs que la loi ait laissé aux commissions la liberté de statuer, quand bon leur semblerait, alors qu'elle fixe irrévocablement la clôture des listes au 30 mars. Tant d'illogisme serait inconcevable et si le législateur de 1874 n'a pas prévu le cas, c'est parce qu'il a considéré l'article 8 de la loi du 15 mars 1849, comme toujours en vigueur. Par conséquent, les commissions doivent statuer dans les cinq jours qui suivent l'expiration du délai ouvert pour les réclamations.

La décision doit ensuite être notifiée aux intéressés par les soins de l'administration municipale, dans les trois jours (art. 4, 7 juillet 1874). Le décret de 1852 exigeait que la notification fût faite par un agent assermenté, comme un commissaire de police, un garde champêtre ou un gendarme. La loi de 1874 n'a pas reproduit cette disposition et l'administration se considère, à tort selon moi, comme libre de ne point observer sur ce point le décret de 1852. Néanmoins, en pratique, on emploie toujours les agents assermentés afin de donner date certaine à la notification. Ce sont les instructions qui se trouvent dans les circulaires ministérielles des 13 juillet 1874 et 31 décembre 1875.

Les intéressés, auxquels la notification doit être faite, sont ceux qui ont introduit la réclamation et ceux qui en sont l'objet. Quant aux autres électeurs, n'étant pas parties au débat, la décision de la commission leur est notifiée par la publication des listes électorales. L'administration considère cette publication comme suffisante même vis à vis des intéressés et se dispense de leur notifier la décision de la commission toutes les fois que la réclamation a pour objet une simple rectification ou une demande d'inscription personnelle et que cette réclamation est admise. On ne fait les notifications que s'il s'agit d'une radiation ou du rejet de la réclamation.

La notification doit être faite dans les trois jours qui suivent la décision; la date de la notification est très importante, car elle fixe le point de départ du délai pendant lequel on peut faire appel devant le juge de paix. Remarquons cependant que ce délai n'est pas prescrit à peine de nullité [1].

### B. *De l'appel devant le juge de paix.*

L'appel de la décision de la commission municipale est portée devant le juge de paix. Il y a là une profonde dérogation au principe de la séparation des pouvoirs administratif et judiciaire. Il eût été plus conforme aux règles de notre droit public de porter l'appel de la décision de la commission devant l'Assemblée du conseil d'État au contentieux, juge d'appel ordinaire des juridictions administratives, à moins qu'un texte, pour plus de rapidité, ait saisi le conseil de préfecture de cette attribution. La juridiction administrative aurait dû être compétente jusqu'au bout, sauf à renvoyer préjudiciellement devant les tribunaux pour les questions d'âge et de nationalité. Quoi qu'il en soit, la compétence en cette matière appartient aux juges de paix et cela est aujourd'hui tellement passé dans nos mœurs que personne ne songe ni à s'en étonner ni à réclamer.

Le droit d'interjeter appel est non seulement ouvert aux per-

---

1. C. cass., 16 mars 1864 (Benedetti).
2. C. cass., 11 mai 1858 (Maestracci); D. 58. 1. 277. — 22 mars 1870 (Paoli Jacques); D. 70. 1. 174. — 21 avril 1879 (Eude); S. 80. 1. 37. — 11 avril 1881 (Gignoux); S. 82. 1. 85.

sonnes qui ont été parties devant la commission, mais encore à tout électeur inscrit dans la circonscription, car cet électeur aurait pu être partie devant la commission en vertu de l'article 19 du décret de 1852. Ce droit était reconnu aux électeurs avant 1852 et leur a été confirmé depuis par de nombreux arrêts. Mais un électeur, non inscrit sur l'une des listes de la circonscription, ne pourrait appeler alors même qu'il obtiendrait postérieurement son inscription[1]. Le préfet et le sous-préfet, ayant le droit de faire des réclamations devant la commission, ont aussi celui d'interjeter appel.

Cependant on ne reconnaît pas le droit d'appel aux membres de la commission, bien qu'ils soient électeurs inscrits dans la circonscription. Ils ne peuvent être à la fois juges et parties et n'ont pas plus le droit d'appeler de la décision de la commission que celui de se pourvoir en cassation contre la sentence du juge de paix. Cette jurisprudence est établie par un grand nombre d'arrêts; on n'en compte pas moins de trente-cinq de 1855 à 1879. Nous ne citerons qu'un arrêt de 1860, qui considère l'intervention d'un membre de la commission dans le procès d'appel comme une nullité d'ordre public qui peut être présentée en tout état de cause, même devant la Cour de cassation[1].

Cette jurisprudence se trouve très bien résumée dans la circulaire du 21 mars 1865, qui fut provoquée par la fréquence des interventions des membres des commissions dans les procès d'appel. La circulaire dénie formellement aux maires et membres des commissions le droit d'intervenir, même en leur seule qualité d'électeur. Elle reconnaît seulement que le maire pourra intervenir, comme tout électeur, s'il n'a pas fait partie de la commission[2].

D'après l'article 4 de la loi du 7 juillet 1874, l'appel doit avoir lieu dans les cinq jours de la notification au plus tard. Mais il est

1. C. cass., 1 mai 1877 (Beveraggi); S. 77. 1. 380.
2. C. cass., 23 avril 1860 (Chatelain); D. 60, 1, 168. Dalloz le rapporte sous le nom de Coppin.
3. Il y a dans ce sens deux arrêts de Cassation, l'un du 10 décembre 1860 (Allais), l'autre du 23 avril 1877 (Gabicani); S. 77. 1. 380.

bien entendu qu'il pourrait être formé avant la notification.
Toutefois pour les parties intéressées le délai ne court pas avant
la notification et une notification irrégulière serait impuissante à
le faire courir.

Mais à quel moment commence le délai pour les électeurs, auxquels on ne fait point de notification et qui ont le droit d'interjeter
appel? La loi ne fixe ni le point de départ du délai, ni le délai
lui-même. Il est évident que le droit d'appel, pour les électeurs,
ne peut être perpétuel, alors que pour les intéressés il n'est que
de cinq jours. La jurisprudence accorde un délai égal à celui
ouvert pour les réclamations, c'est-à-dire dix jours avant le décret
de 1866 et vingt jours depuis cette époque. Ce délai court du
jour de la décision de la commission[1]. C'est véritablement du
droit prétorien. Cette solution est absolument arbitraire et n'est
inscrite nulle part dans nos lois. Il est faux de dire que la décision
de la commission municipale ouvre à nouveau aux électeurs pour
réclamer un délai semblable à celui qu'ils ont déjà eu et qu'ils ont
laissé passer. Ce second délai n'aurait pas sa raison d'être et je ne
vois pas le motif pour lequel on ne le laisserait pas aussi long à
ceux qui sont les plus intéressés à suivre le procès qu'aux tiers. La
vérité est que la question n'est pas tranchée par la loi et qu'on a
voulu arbitrairement suppléer au silence du législateur. On a
créé un *modus vivendi* que l'administration a accepté, puisque,
par une circulaire ministérielle du 31 août 1872, elle décide que
ses préfets et sous-préfets auront également un délai de vingt
jours pour interjeter appel de la décision.

Nous ne saurions accepter cette solution, qui force le texte de
la loi sans qu'il en résulte en pratique un intérêt appréciable.
La décision de la commission n'est pas notifiée aux électeurs et
elle ne leur sera pas plus connue officiellement le vingtième jour
que le cinquième, puisque la publication de la liste sera toujours

---

1. C. cass., 11 mai 1858 (Maestracci); D. 58. 1. 277. — 15 mai 1870
(Chergé); D. 70. 1. 74.

postérieure à ce vingtième jour. Le seul intérêt pratique est donc que les électeurs auront plus de temps pour apprendre, par hasard, la décision de la commission, en vingt jours qu'en cinq jours ; mais si la décision de la commission intéresse ces électeurs, cinq jours leur suffisent parfaitement pour s'en informer, en prendre connaissance et interjeter appel. Je crois donc qu'il est absolument dans l'esprit de la loi, aussi bien que dans les nécessités de la pratique, de ne point accorder un délai plus long aux tiers qu'aux intéressés. Quant au point de départ de ce délai, il est tout indiqué. Tout le monde sait que la commission a cinq jours pour statuer et trois jours pour notifier sa décision. Il serait parfaitement régulier de faire courir le délai de cinq jours du moment où expire le délai de notification.

Quoi qu'il en soit, le délai légal, imparti aux intéressés pour faire appel, est un délai franc, c'est-à-dire que l'on ne compte pas le jour où il commence, mais il se termine le cinquième jour à minuit, puisque la loi dit que l'appel doit être formé dans les cinq jours.

On s'est demandé si ce délai devait subir l'augmentation des distances de l'article 1033 du Code de procédure. La Cour de cassation a jugé, avec raison, l'affirmative[1]. Cependant elle a jugé depuis, contrairement à l'article 1033, que si le dernier jour est férié, l'appel doit être interjeté la veille[2]. Ce délai est fatal et l'appel interjeté après son expiration n'est pas recevable.

L'appel est porté devant le juge de paix du canton. Le juge ne peut statuer qu'en second ressort ; il ne peut connaître d'une réclamation directement. Par conséquent, tant que la commission municipale n'a pas rendu sa décision, il doit se déclarer incompétent[3]. Mais, dès qu'il y a une décision, portât-elle déclaration d'incompétence ou refus de statuer, le juge de paix devient

---

1. C. cass., 4 mai 1868 (Leloutre) ; S. 68. 1. 308.
2. C. cass., 3 mai 1880 (Minghetti). S. 81. 1. 85.
3. C. cass. 6 mars 1876 (Long) ; S. 76. 1. 383. — 24 juillet 1876 (*intérêt de la loi*) ; S. 77, 1, 32. — 5 juin 1878 (Mattéi) ; S. 80, 1, 274.

aussitôt compétent[1]. Une fois saisi, non seulement il peut statuer, mais il le doit, alors même que la décision de première instance serait irrégulière et ne consisterait même que dans le refus du maire de convoquer la commission[2]. Néanmoins le juge de paix ne peut trancher que les questions soumises à la commission municipale et ne pourrait statuer d'office sur des faits, qui n'ont point été l'objet de réclamation en première instance, ou sur des demandes formées après l'expiration du délai[3].

L'article 473 du Code de procédure sur le droit d'évocation du juge d'appel s'applique à la matière. Par conséquent si le juge de paix annule la décision de la commission pour vice de forme ou pour un autre motif, il peut évoquer l'affaire au fond et substituer sa décision à celle de la commission. Comme elle, il est souverain appréciateur de la valeur des pièces devant lui produites, sans se préoccuper de savoir si elles ont été ou non produites devant la commission[4].

L'article 22 du décret organique de 1852 contient une disposition importante en ce qui concerne la compétence du juge de paix. Il veut que ce juge, s'il rencontre une question d'état, la renvoie préjudiciellement résoudre par le tribunal compétent avant de statuer lui-même ; quelquefois ces questions ont pour objet la jouissance des droits civils, mais on a décidé que le point de savoir, si une condamnation entraîne incapacité électorale, ne constituait pas une question d'état et rentrait dans la compétence du juge de paix[5]. Si le juge était appelé à statuer sur la valeur d'une décision d'une autorité administrative ou à interpréter un acte de l'administration, il cesserait d'être compétent et, suivant les principes généraux du conten-

1. C. cass., 6 avril 1858 (Toche); 58. 1. 685. — 6 mai 1879 (Acquaviva); S. 80. 1. 132.
2. Arrêt Roost déjà cité. — 5 juillet 1880 (Cascioli, Pauzani et Quilichini); S. 81. 1. 370.
3. C. cass., 29 avril 1879 (Albouy); S. 80. 1. 427.
4. C. cass., 10 décembre 1877 (Jacomet); S. 80. 1. 319. — 27 juin 1877 (Rossi); S. 77. 1. 387.
5. C. cass., 31 mars 1879 (Vezin); S. 79. 1. 428.

tieux administratif, il devrait renvoyer les parties se pourvoir préjudiciellement devant la juridiction administrative. On a parfaitement jugé qu'il ne lui appartenait pas d'apprécier la régularité des rôles des contributions directes et que la question de savoir si une personne pouvait ou non y figurer n'était pas de sa compétence [1].

*Procédure.* — L'appel sera formé par simple déclaration au greffe de la justice de paix. La loi ne prescrit aucune forme. Elle peut donc être faite par écrit ou verbalement, en personne ou par mandataire. Mais une déclaration est nécessaire et l'on a décidé qu'une simple lettre missive serait insuffisante [2]. La déclaration doit énoncer nettement l'objet de l'appel ; on doit remettre en même temps, ou du moins en temps utile, au greffe copie de la décision attaquée, sauf au juge de paix à faire vérifier son exactitude par telle mesure qu'il lui conviendra [3].

Le juge, ainsi saisi, doit statuer dans les dix jours sans frais ni formes de procédure et sur simple avertissement donné trois jours d'avance à toutes les parties intéressées. Comme on le voit, on a voulu simplifier autant que possible la solution de ces affaires, qu'il importe de juger rapidement. La seule formalité prescrite est la remise de l'avertissement, mais elle est prescrite à peine de nullité [4]. Cependant la nullité est couverte, si les parties comparaissent devant le juge de paix pour y défendre au fond. C'est, d'ailleurs, l'application de la règle de l'article 479 du Code de procédure qui veut que la nullité d'une procédure soit proposée *in limine litis*.

Les parties intéressées au procès et à qui l'avertissement doit être donné, d'après la jurisprudence, sont :

---

1. C. cass., 5 mai 1875 (Son); D. 75. 1. 302,
2. C. cass., 8 mai 1877 (Nicolle); S. 77. 1. 381. — 12 mai 1880 (Gindicelli); D. 80. 1. 336.
3. C. cass., 1er mai 1877 (Lemaître); S. 77, 1, 381. — 28 avril 1880 (Campanyo); S. 81. 1. 324.
4. C. cass., 26 mars 1866 (Venturini); D. 66. 5. 153. — 15 mai 1872 (élèves du séminaire de Rodez); D. 72. 1. 459.

1° L'électeur qui a interjeté appel;

2° L'électeur dont l'inscription est en cause, pourvu qu'il ait figuré dans l'instance devant la commission municipale, sinon il n'est pas nécessaire de l'avertir[1]. Il en est de même, si le tiers, qui réclame l'inscription, interjette appel seulement après avoir succombé[2];

3° L'électeur dont l'inscription est contestée par un tiers, bien qu'il n'ait pas figuré à l'instance devant la commission. Mais il n'y a pas à distinguer si l'inscription est contestée par la demande primitive ou seulement par l'appel : dans tous les cas il faut faut avertir l'électeur[3];

4° Le tiers électeur qui a demandé, soit une radiation, soit une inscription, alors que la décision de la commission est attaquée par un autre électeur[4].

Le juge de paix doit statuer dans le délai de dix jours. Néanmoins ce délai n'est point prescrit à peine de nullité[5]. Quoique dispensé des formes de la procédure, il doit observer les formes prescrites pour la régularité des jugements, car elles sont d'ordre public. Ainsi il est nécessaire que le jugement soit rendu en audience publique avec l'assistance du greffier et fasse mention de cette publicité. Le jugement doit contenir en outre l'énonciation des qualités des parties, mention de l'avertissement à elles donné et leurs conclusions. La jurisprudence, après avoir un peu hésité sur ce point, est aujourd'hui absolument fixée. Enfin le jugement doit être motivé, comme tous les jugements, c'est une règle générale de droit public.

Après avoir rendu sa décision, le juge de paix doit dans les trois jours donner avis, au préfet et au maire, des infirmations

---

1. C. cass., 21 août 1875 (Grégoire); S. 75. 1. 470.
2. C. cass., 24 avril 1877 (Sicurani); S. 77. 1. 427.
3. C. cass., 19 avril 1880 (Maffie et Manzac); D. 80. 1. 155.
4. C. cass., 19 avril 1880 (Goutelle); D. 80. 1. 155. — 22 janvier 1880 (Léandri).
5. C. cass., 8 décembre 1873 (Blanc); D. 74. 1. 485.

par lui prononcées. Cette notification constitue une simple mesure d'ordre dans le but de permettre à l'administration de faire en temps utile les rectifications nécessaires sur les listes électorales.

Le juge de paix en matière électorale, peut rendre un jugement par défaut, si les parties ne comparaissent pas. Ce jugement est-il susceptible d'opposition? Avant d'examiner cette question, demandons-nous à quelles conditions il y a défaut. Si le jugement a été rendu sans que les parties aient été averties, on ne peut pas dire qu'elles aient fait défaut; le jugement rendu contre elles n'est certainement pas susceptible d'opposition, mais il peut faire l'objet d'un recours en cassation pour violation de l'article 22 du décret organique de 1852.

Si les parties dûment appelées ne comparaissent pas et ne font remettre au juge ni leurs moyens de défense ni leurs conclusions, il y a défaut. Mais le jugement serait contradictoire, si la partie comparaît pour demander un ajournement à l'effet de produire ses pièces, et qu'après elle ne se présente plus.

Le jugement par défaut est-il susceptible d'opposition? Il n'y a aucune disposition particulière à cet égard. En l'absence de texte la Cour de cassation a cru devoir appliquer le droit commun, l'article 20 du Code de procédure. Elle décide donc que l'opposition peut être formée dans les trois jours de la signification du jugement[1]. La signification seule fait courir ce délai, alors même qu'il serait prouvé que la partie en a eu indirectement connaissance[2].

Quant aux recours extraordinaires contre les jugements, la tierce opposition et la requête civile, il ne semble pas qu'ils puissent être admis en matière électorale. La tierce opposition d'ailleurs, ne se comprend pas; on ne voit pas comment un tiers, non appelé au procès, pourrait être atteint dans ses droits par un

1. C. cass., 11 mars 1863 (Breteau); D. 64. 1. 239. — 5 mai 1879 (Paoletti); S. 80. 1. 317.
2. C. cass., 8 juin 1880 (Naudin); 81. 1. 128.

jugement ordonnant une inscription ou une radiation. La requête civile pourrait présenter plus d'intérêt pratique, quoiqu'il ne soit beaucoup la peine de recourir à cette voie extraordinaire pour repousser un préjudice qui ne peut durer plus d'un an et qu'il sera toujours facile de faire réparer par les voies ordinaires, lors de la revision annuelle. L'intérêt a paru si mince au législateur, qu'il n'a jamais songé vraisemblablement à cette voie de recours contre les jugements électoraux. C'est ce qu'a décidé la Cour de cassation [1].

Néanmoins le jugement définitif du juge de paix n'est pas absolument à l'abri de toute critique; il peut en effet être déféré à la Cour de cassation pour vice de forme, excès de pouvoir ou violation de la loi.

### C. *Du pourvoi en Cassation.*

A la différence de ce qui est admis pour l'appel, le pourvoi en cassation ne peut être formé que par ceux qui ont été parties dans l'instance devant le juge de paix. Ce principe ne subit aucune exception, pas même en faveur des agents de l'Administration qui peuvent faire appel de la décision de la commission municipale. Le préfet et le sous-préfet ne peuvent se pourvoir en cassation que s'ils ont figuré dans l'instance [2].

De plus, il ne suffit pas d'avoir figuré dans l'instance pour se pourvoir en cassation, il faut y avoir un intérêt direct [3]. Si, par exemple, un électeur figure comme intimé devant le juge de paix à une décision ordonnant radiation et que le juge de paix substitue un jugement maintenant l'inscription, cet électeur ne peut se pourvoir en cassation contre le même jugement ordonnant la

1. C. cass., 1er avril 1878 (Battut); S. 80. 1. 375.
2. C. cass., 16 mai 1877 (préfet de l'Hérault); D. 77. 1. 388.
3. C. cass., 5 juin 1878 (Mattei); S. 80. 1. 374. — 8 mars 1876 (Piétri); D. 76. 1. 229.

radiation d'autres électeurs. D'une façon générale, tout pourvoi, sans intérêt pour celui qui l'a intenté, n'est pas recevable.

Cependant on reconnaît aux électeurs, qui n'ont point été parties au procès, le droit de se pourvoir en cassation, lorsque le jugement est rendu non sur une décision préalable de la commission, mais sur simple requête adressée directement au juge de paix [1] ; et, en général, lorsque les délais destinés à mettre les tiers en demeure d'intervenir n'ont pas été observés.

Le pourvoi en cassation doit être formé dans les dix jours de la notification (art. 23, décr. 1852). Aucun délai n'est prescrit pour la signification du jugement, mais seule elle fait courir les dix jours dont nous parlons. Néanmoins, le pourvoi peut être valablement formé avant la notification ; mais, formé le onzième jour après cette notification, le pourvoi serait tardif et ne serait plus recevable [2].

Si l'on se trouve dans l'un des cas exceptionnels où un électeur peut se pourvoir sans avoir été partie au procès, le délai court du jour de la décision, d'après la jurisprudence [3]. Dans le cas où le jugement a été rendu par défaut, le délai pour se pourvoir en cassation court de l'expiration du délai d'opposition, c'est-à-dire qu'on a treize jours depuis la notification du jugement. C'est l'application du droit commun [4].

La procédure est réglée par l'article 23 du décret organique. « Le pourvoi est formé par simple requête dénoncée au défendeur dans les dix jours qui suivent ; il est dispensé de l'intermédiaire d'un avocat à la Cour ; il est jugé sans frais ni consignation d'amende. Les pièces et mémoires fournis par les parties sont transmis sans frais par le greffier de la justice de paix au greffier de la Cour de cassation. »

---

1. C. cass., 10 août 1864 (Arrazat); D. 64. 5. 116. — 5 juillet 1865 (Royer); S. 65. 1. 386. — 11 avril 1881 (Gignoux); S. 82. 1. 185.
2. C. cass., 11 mars 1863 (Bernier); S. 64. 1. 520. — 3 mai 1880 (Minghetti); S. 81. 1. 85
3. C. cass., 10 décembre 1860 (Allais).
4. C. cass., 13 mai 1863 (Guyon); D. 64. 5. 117.

Le pourvoi est donc introduit par une requête remise au greffier du juge de paix. On a même jugé qu'une requête verbale était suffisante. Le greffier envoie au greffe de la Cour de cassation le pourvoi et les pièces produites à l'appui, notamment la copie signifiée de la décision attaquée. La production de cette pièce est exigée, à peine de nullité. Toute autre pièce, même équivalente, comme l'analyse du jugement faite par le greffier, ne pourrait remplacer cette copie [1].

Le pourvoi doit contenir l'indication des moyens de cassation ou du moins ils doivent être fournis ultérieurement par une pièce spéciale, à peine de non-recevabilité du pourvoi. La Cour ne peut, en effet, relever d'office que les moyens qui sont d'ordre public.

Les parties peuvent énoncer leurs moyens dans des conclusions jointes au dossier. Ces conclusions doivent absolument être signées des parties, ou du moins de leur avocat, si elles en ont constitué un, car, si le ministère des avocats à la Cour de cassation n'est pas obligatoire en matière électorale, il reste facultatif. Dans ce cas, il est bien certain que les parties ne sont point tenues de déposer leur requête au greffe de la justice de paix et qu'elles peuvent la faire directement déposer au greffe de la Cour de cassation par leur avocat. En cette matière, les avocats plaident sans frais et ne peuvent recevoir que des honoraires.

Le demandeur doit dénoncer le pourvoi au défendeur dans les dix jours suivant son introduction. Cette notification peut être faite par un huissier, comme c'est la pratique, ou par un agent assermenté de l'administration [2]. Dans tous les cas, cet acte est dispensé du timbre et de l'enregistrement. Il est bien évident que, s'il s'agit d'un demandeur en inscription qui n'a pas d'adversaire, aucune notification n'est nécessaire. Mais, si le demandeur a un adversaire, le défaut de dénonciation entraîne la déchéance du pourvoi. C'est ce qui a été jugé par plus de cent

1. C. cass., 1er décembre 1874 (Mazegrat) ; D. 75. 1. 72.
2. C. cass., 23 avril 1860 (Blanc) ; D. 60. 1. 256.

arrêts de la Cour. Il en est de même d'une dénonciation faite après l'expiration du délai.

La notification, pour être régulière, doit être faite à la partie elle-même, sauf, si elle n'est pas à son domicile, à remettre l'exploit aux personnes indiquées dans l'article 68 du Code de procédure. Il n'est pas nécessaire, d'ailleurs, de signifier la copie littérale de la requête ; il suffit d'en notifier la teneur. C'est ce que décide, depuis 1864, la Cour de cassation, revenant sur sa jurisprudence antérieure.

La chambre des requêtes de la Cour de cassation était chargée, par l'article 23 du décret de 1852, de statuer définitivement sur les pourvois en matière électorale. C'était une excellente disposition, qui dispensait ces pourvois de la double épreuve à laquelle sont soumis les pourvois en matière civile. M. Hérold, tout en reconnaissant l'utilité de cette disposition, émettait le vœu, dans l'intérêt de la bonne administration de la justice, que l'on dispensât simplement ces pourvois du préliminaire de l'admission et qu'on les renvoyât directement devant la chambre civile, généralement moins occupée que la chambre des requêtes. La loi du 30 novembre 1875 a donné satisfaction à ce vœu. Actuellement, la chambre civile de la Cour de cassation statue directement sur tous les pourvois en matière électorale.

Comme nous l'avons déjà dit, le juge de paix est souverain appréciateur des points de faits et la Cour ne statue que sur les moyens fondés sur une violation de la loi. Si le jugement est cassé, l'affaire est renvoyée au juge de paix le plus voisin. Les parties, en plaidant devant lui, peuvent fournir de nouveaux moyens, mais elles ne seraient pas admises à former de nouvelles demandes. Si le second jugement est de nouveau déféré à la Cour de cassation pour le même motif, il est statué sur le pourvoi toutes chambres réunies et le troisième juge de paix, auquel l'affaire est renvoyée, doit se conformer à la décision de la Cour de cassation.

Une expédition de l'arrêt de cassation est délivrée gratuitement aux parties, soit au greffe de la Cour, soit au greffe de la justice de paix où il est envoyé.

Il nous reste à dire un mot des pourvois dans l'intérêt de la loi. Aux termes des articles 80 et 88 de la loi du 27 ventôse an VIII, le procureur général près la Cour de cassation peut, sur l'ordre du garde des sceaux ou même d'office, se pourvoir dans l'intérêt d la loi contre un jugement la violant et contre lequel cependant aucune partie n'a réclamé. Cette disposition s'applique en matière électorale comme en toute autre. Mais ce droit n'appartient qu'au procureur général près la Cour de cassation et ne saurait être exercé par un préfet[1]. Ce pourvoi ne peut évidemment être exercé que contre une décision en dernier ressort, alors que les délais pour l'attaquer sont expirés. Il est directement porté devant la chambre civile, mais la décision qui en résulte ne peut nuire ni profiter aux parties.

### III. CLOTURE DES LISTES.

La liste électorale de chaque commune doit être close le 31 mars au soir ; le maire opère toutes les rectifications régulièrement ordonnées et arrête définitivement la liste des électeurs.

Les électeurs inscrits ont seuls le droit de prendre part à toutes les élections du 1er avril au 31 mars suivant. La liste est immuable sauf les dérogations suivantes : le maire doit rayer d'office sur la liste les électeurs décédés ou privés de leurs droits civils et politiques par un jugement passé en force de chose jugée et faire les changements qui auraient été ordonnés par le juge de paix (art.6, Décr. régl. de 1852). D'autre part, en vertu de l'article 19 du décret, « sont admis au vote, quoique non inscrits, les citoyens porteurs d'une décision du juge de paix,

---

1. C. Cass., 10 décembre 1860 (préfet des Ardennes.)

ordonnant leur inscription ou d'un arrêt de la Cour de cassation annulant un jugement qui aurait prononcé leur radiation. »

Ces dispositions ne peuvent évidemment s'entendre que d'un jugement ou d'un arrêt survenu à la suite d'une réclamation faite dans les délais légaux, mais rendu après la clôture des listes. S'il en était autrement, le juge de paix commettrait en statuant un excès de pouvoir, puisqu'il ne peut juger valablement qu'en appel et sur les demandes formées dans les délais. Le maire ne devrait pas tenir compte de sa décision. Il est même surprenant qu'une interprétation contraire ait pu se produire et que de semblables questions soient venues devant la Cour de cassation. La Cour a d'ailleurs repoussé énergiquement cette opinion qui ne tendait rien moins qu'à mettre en tout temps la liste électorale à la merci du juge de paix.

La liste électorale, une fois dressée, est permanente, c'est-à-dire que le travail ne doit pas être fait tous les ans et que l'opération annuelle est une simple revision. La liste est revisée du 1ᵉʳ janvier au 31 mars et elle sert ainsi du 1ᵉʳ avril jusqu'au 31 mars suivant. Les nouveaux électeurs n'acquièrent leur inscription que le 31 mars; par conséquent, si des élections ont lieu dans le premier trimestre, ils ne peuvent y prendre part et ces élections doivent être faites sur la liste électorale de l'année précédente.

# CHAPITRE VIII

DE LA CAPACITÉ ÉLECTORALE DANS LES DIFFÉRENTS ÉTATS
D'EUROPE ET D'AMÉRIQUE [1].

S'il est vrai que les lois ne sauraient prévaloir contre les
mœurs et qu'elles n'en sont jamais que la sanction plus ou moins
tardive, c'est surtout en matière électorale que, derrière le législateur, on trouve cet état d'esprit, ce courant d'opinion qui lui
dicte, pour ainsi dire, la mesure à prendre. La législation électorale s'est développée au fur et à mesure de la diffusion des idées
libérales dans la masse et l'on en a la preuve en comparant à ce
qu'est le droit de suffrage aujourd'hui, ce qu'il était au siècle
dernier, même en Angleterre, ce berceau du parlementarisme.
On ne peut nier que la Révolution française ait soufflé sur le
monde un vent de libéralisme qui a détruit, à peu près partout,
les dernières attaches du régime féodal et qu'elle ait répandu chez
tous les peuples une notion nouvelle de la dignité de l'homme,
de l'importance de ses droits en même temps que de l'étendue de
ses devoirs. Ces idées ont créé un mouvement d'opinion d'où

1. En dehors de quelques indications dues à des relations personnelles, nos
renseignements sur les lois étrangères ont été empruntés soit au *Dictionnaire de
Politique* de M. Maurice Block, soit aux travaux de MM. Charbonnier et Demom-
bynes sur les Lois électorales et les Constitutions étrangères, soit enfin à l'enseignement de nos savants maîtres de l'École des Sciences politiques, MM. Boutmy,
membre de l'Institut, directeur de l'École et Vergniaud, ancien secrétaire général
de la préfecture de la Seine.

sont sorties les constitutions nouvelles, qui ont donné aux peuples
une part plus ou moins large dans leur propre gouvernement.
Cette participation s'est généralement manifestée par voie de
représentation et, par suite, le droit électoral est devenu l'une
des branches capitales du droit constitutionnel de chaque pays et
le terrain sur lequel se sont livrées les grandes batailles politiques. Chaque victoire du droit électoral a été un progrès dans
la marche de l'humanité. Assurément l'évolution est lente, mais
le but, vers lequel elle tend, n'en sera que plus certainement
atteint. Dans tous les pays le nombre des entraves au droit du
peuple diminue chaque jour, partout on élargit le cercle des électeurs en rendant plus facile l'accès de la vie publique et les peuples s'avancent d'un pas plus ou moins rapide vers le suffrage
universel. Mais pour se réaliser utilement, ce mouvement doit
être corrélatif et parallèle aux progrès de l'instruction populaire;
avant d'arriver au suffrage universel, il faut y être préparé par
une éducation politique qui permette de s'en servir efficacement,
sinon c'est un instrument qui peut être dangereux et nuisible au
bonheur du peuple, comme une cartouche de dynamite mise aux
mains d'un enfant. On prétend qu'il est difficile de connaître le
moment exact où une nation est prête pour le suffrage universel;
c'est une erreur, car ce moment s'annonce lui-même. L'opinion publique réclame alors assez haut pour être entendue et si
un législateur maladroit s'obstine à ne pas entendre, malgré ses
habiletés et malgré ses forces, il arrive un instant où le peuple se
passe de lui et prend ce qu'on lui refuse.

On trouve des exemples de cette évolution dans tous les États
constitutionnels, mais nulle part elle n'est mieux caractérisée
qu'en Angleterre. Le droit de suffrage y est plus ancien que partout ailleurs et cependant ce pays n'est pas encore arrivé au
suffrage universel; mais que de progrès faits par la législation
et surtout que de progrès faits par les mœurs électorales! Au
commencement du siècle le corps électoral était encore tel que
l'avait organisé le statut de 1429, sans l'ombre d'une proportion-

nalité entre le nombre des électeurs et celui des élus. Les bourgs, qui représentaient une population moitié moindre de celle des comtés, nommaient 415 députés, tandis que tous les comtés n'en élisaient que 95. Certains bourgs de 1,200 âmes nommaient quatre députés comme la cité de Londres avec ses 500,000 habitants ; Manchester, Birmingham, Sheffield, Leeds n'en nommaient pas un seul. Il y avait donc dans le droit des électeurs une inégalité scandaleuse que de nombreux actes législatifs ont fait disparaître en partie depuis 1832. D'autre part les électeurs, surtout dans les comtés, avaient une origine absolument féodale. C'était autrefois les petits vassaux, qui peu à peu se confondirent avec les propriétaires fonciers ; mais pour leur conférer le droit de vote, le statut de 1429 avait exigé qu'ils fussent propriétaires d'une terre d'un revenu net de 50 francs de notre monnaie. C'était encore la base du droit électoral en 1832. Un propriétaire, ayant 50 francs de rente, était bien pauvre en 1830, en admettant même qu'il fût riche en 1429, et, cependant, il était électeur tandis que le tenancier millionnaire ne l'était pas.

Le statut de 1832 ajouta à cette catégorie d'électeurs les personnes qui, par leur fortune, présentaient des garanties au moins aussi sérieuses que les petits propriétaires. C'étaient : 1° les tenanciers à bail perpétuel d'anciennes terres à vilains ayant 250 fr. de revenu net ; 2° les fermiers ayant un bail de soixante ans et un revenu net de 250 fr. ; 3° les autres fermiers justifiant d'un revenu net de 1250 fr. Cette législation laissait de côté les petits tenanciers, les ouvriers et les citoyens qui n'étaient ni propriétaires ni fermiers. La loi de 1867 vint élargir les cadres de l'électorat. Partout où le statut de 1832 exigeait un revenu de 250 fr., elle ne demanda que 125 fr. et admit au droit électoral tous les Anglais propriétaires ou locataires d'un immeuble présentant une valeur imposable à la taxe des pauvres de 300 fr. Pour se rendre compte du nombre de citoyens que ces dispositions laissent encore incapables, il faut savoir que dans les comtés, sur 12 millions d'habitants, il y a seulement 800,000 électeurs.

Dans les bourgs, c'est-à-dire dans les localités auxquelles un acte du Parlement confère le droit de nommer un ou plusieurs députés, il n'y avait, avant 1832, aucune règle uniforme déterminant la capacité électorale. Assez souvent le corps électoral comprenait tous les contribuables, ce qui, en général, ne représentait qu'une infime partie des habitants ; à Galltown, par exemple, il y avait sept contribuables. Ailleurs, c'était tous les bourgeois ; mais il est vrai qu'à Salisbury, sur 8000 habitants, il y avait 54 bourgeois. Aussi à la fin du siècle dernier, on comptait 125 députés élus par moins de 50 électeurs chacun et la moitié du Parlement ne représentait pas 7000 citoyens. A ce désordre l'acte de 1832 substitua une règle uniforme en décidant que dans les bourgs seraient électeurs les habitants ayant à titre de propriétaire ou de locataire un magasin, un comptoir ou un logement d'un loyer annuel de 250 fr., imposé séparément à la taxe des pauvres. C'était le suffrage censitaire sous l'une de ses nombreuses formes. En 1867, la réforme électorale ne changea pas le système, mais augmenta singulièrement le nombre des électeurs par les deux dispositions suivantes. 1° on supprima le minimum de 250 fr. pour les loyers imposés à la taxe des pauvres, pourvu qu'ils comprissent une maison tout entière. 2° on concéda le droit de suffrage aux personnes occupant un logement meublé, dont le prix non meublé serait de 250 fr. par an. Grâce à ces dispositions, le nombre des électeurs des bourgs est d'environ 1,350,000 sur 20,500,000 habitants. Il y a donc pour toute l'Angleterre 2,150,000 électeurs pour 22,500,000 habitants, soit un dixième de la population ; en France cette proportion est environ le quart.

Mais ce qui est plus curieux à étudier que ces innovations elles-mêmes, ce sont les influences sociales qui les ont déterminées. Au commencement de ce siècle, la Chambre des communes n'était encore qu'un appendice de la Chambre des lords et ne représentait le peuple que par une fiction audacieuse. Le gouvernement était tout entier aux mains de la grande aristocratie foncière dont les chefs formaient la Chambre des lords. La puis-

sance industrielle n'était pas encore assez forte pour lutter contre
l'aristocratie terrienne et balancer son influence. Tous les ouvriers
habitaient les campagnes et il n'y avait pas encore de grandes villes.
Les grandes agglomérations urbaines commençaient cependant
à se former depuis le milieu du dix-septième siècle, depuis le
moment où la fabrication du coton s'était introduite en Angleterre
et où l'on avait commencé à exploiter les immenses richesses de
combustible minéral que renferme le sol. Ce sont les débuts de la
grande industrie, mais il n'y a pas encore de classe industrielle capable de prétendre à une influence politique quelconque. La décou-
verte de Watt et l'application aux métiers à coton qu'en fait Richard
Arkwright, en 1792, donne à l'industrie un développement immense qui fait disparaître les travailleurs de la campagne, avec leurs
métiers à main, et qui réunit tous les ouvriers dans une même usine.
Ainsi se créent les grands centres ouvriers, naissent les grands
intérêts économiques et se forment les grandes réserves de capitaux
sur lesquels s'appuie la grande aristocratie industrielle qui, dans
les premières années du siècle, va, pour la première fois, disputer
le corps électoral à l'aristocratie foncière. Mais la grande lutte
ne commencera qu'après 1820, lorsque les manufacturiers se
sépareront nettement des agriculteurs pour faire la guerre aux
prohibitions d'exportation, pour revendiquer le droit de coalition
au profit des ouvriers, pour réclamer la liberté du commerce.
Les chefs de cette classe nouvelle finiront par arriver à la vie
politique en 1832. Entrés au Parlement, ils continueront la lutte
contre l'aristocratie féodale, ils feront tomber un à un tous ses
privilèges et le dernier disparaîtra, en 1846, avec la proclamation
de la liberté du commerce des céréales. L'agriculture anglaise fut
dès lors soumise à la concurrence étrangère, mais le prix du
pain baissa, ce qui profita beaucoup aux manufacturiers et un
peu aux ouvriers.

Ceux-ci ne marchèrent pas à la suite de la haute industrie.
C'est en vain, qu'à plusieurs reprises, les agitateurs chartistes
essayèrent de les entraîner en faisant miroiter à leurs yeux les

grands mots de démocratie et de suffrage universel. La population ouvrière n'avait alors aucun point d'appui et l'excès inimaginable de sa misère la rendait indifférente aux revendications politiques. Dans aucun pays, ni à aucune époque, l'exploitation du pauvre n'a été aussi odieuse qu'en Angleterre au début du siècle ; mais disons, pour l'honneur de l'humanité, que les infamies du trock-system sont restées propres à ce temps et à ce pays. La vie moyenne des ouvriers était réduite à 19 ans à Manchester et à Liverpool elle était de 17 ans. Depuis une quarantaine d'années, cette misère excessive a diminué peu à peu ; on a protégé les enfants et les femmes contre le danger des travaux nocturnes, prématurés ou exagérés ; on a laissé aux ouvriers le droit de se coaliser pour arriver à des augmentations de salaire. Devenue moins malheureuse, la classe laborieuse eut des aspirations politiques et sut les manifester. C'est, au fond, pour leur donner une certaine satisfaction que fut fait l'acte de 1867. De même que la réforme de 1832 fut faite au profit de la classe industrielle, de même celle de 1867 le fut au profit de la classe ouvrière. Elle ne l'a pas satisfaite entièrement et l'opinion publique tend à l'augmentation du nombre des électeurs ; c'est d'ailleurs le sens dans lequel se développe la jurisprudence électorale. Personne n'oserait dire que l'Angleterre n'est pas au seuil du suffrage universel et que la fin du siècle s'écoulera avant la réalisation de cette grande réforme.

L'Angleterre est sur le point d'achever cette évolution dont le but est d'appeler au droit de suffrage, sur un même pied d'égalité, tous les citoyens qui n'ont pas démérité. Il serait facile de faire une histoire analogue pour tous les pays constitutionnels, car le mouvement est partout le même, quel que soit le point où il en est actuellement. Dans certains pays, comme la France, la Suisse, l'empire d'Allemagne, les États-Unis, la Grèce, le Mexique et la plupart des républiques de l'Amérique du centre et du sud, le but est complètement atteint, soit qu'il ait été du premier coup, soit qu'il ne l'ait été qu'après de longs efforts ; le suffrage uni-

versel est établi. Dans d'autres pays, au contraire, comme la
Russie, l'évolution politique est à peine commencée et le droit
de suffrage n'est que rudimentaire. Mais tous marchent au même
résultat et s'en rapprochent de plus en plus. L'objet de ce chapitre est précisément de constater où en est chaque pays dans sa
progression vers le suffrage universel et le chemin qui lui reste à
parcourir ; en d'autres termes, nous voulons rechercher quels
sont, dans chaque État, les citoyens qui sont encore exclus de la
vie politique et quelles sont les conditions de la capacité électorale
dans chaque législation.

Les conditions de la capacité électorale sont de deux natures
différentes. Les premières ont pour objet de garantir et de mora-
liser le suffrage : telles sont les conditions d'âge, de nationalité,
de jouissance des droits civils et politiques. Il est tout naturel
que le droit électoral ne soit confié ni à des mineurs, ni à des
étrangers, ni à des vagabonds, ni à des fous. Telles sont encore
les causes d'exclusion contre ceux qui ont démérité à un titre
quelconque, comme les individus frappés de condamnations
judiciaires. Ces conditions sont peut-être plus nécessaires encore
avec le suffrage universel qu'avec le suffrage restreint ; aussi
verrons-nous qu'elles ne diffèrent essentiellement dans aucun pays
et que, très souvent, on les rencontre identiquement formulées.

Il n'en est pas de même de la seconde série des conditions qui
ont pour objet de restreindre le nombre des électeurs. Ces entraves sont simplement des étapes, entre l'absence de droit électoral et le suffrage universel ; elles diminuent sans cesse et sont
appelées à disparaître entièrement. Elles sont cependant encore
nombreuses, et c'est par elles que nous allons commencer.

A quelques exceptions près, ces conditions ont toutes le même
caractère, qui est de faire de la fortune une garantie de moralité
et d'indépendance qui permet de donner à ceux qui la présentent le
droit de suffrage, que l'on refuse à la masse des citoyens. Dans
les législations, cette condition, que pour la facilité du langage
nous désignerons par le terme générique de cens, se présente sous

l'une des formes suivantes : Obligation de posséder un immeuble, pour lequel il est souvent fixé un minimum de valeur. — Obligation de justifier d'un certain revenu, dont l'origine varie selon les législations. — Obligation de payer une certaine somme d'impositions. Il arrive très souvent que le législateur établit certaines équivalences entre ces trois modes de justifier de la fortune nécessaire pour être électeur.

Dans certains États, tous les citoyens sont appelés à prendre part à la vie politique, mais avec des avantages marqués pour les plus riches ; ce régime censitaire mitigé est généralement mis en pratique par la constitution de collège spéciaux, qui élisent des députés indépendamment les uns des autres. Enfin il est des pays où le progrès des mœurs électorales est plus considérable et où l'on considère qu'un certain degré de culture intellectuelle donne des garanties au moins équivalentes à celles qu'offre la possession de la fortune requise par la loi électorale ; dans ces États, on dispense du cens ou d'une partie du cens, ceux que l'on appelle ordinairement les capacités.

Passons rapidement en revue les législations qui contiennent ces restrictions au droit naturel des citoyens. A cet égard les États peuvent être divisés en quatre classes :

1° Les pays où le droit de suffrage n'appartient pas à tous les citoyens et où il existe encore des différences entre ceux qui ont la capacité électorale ;

2° Les pays où le droit de suffrage appartient à tous les citoyens mais avec des catégories d'électeurs, ayant chacune une influence inégale ;

3° Les pays où le droit électoral n'appartient qu'à ceux qui justifient d'une certaine fortune, mais appartient également à tous ceux-là. Ce sont les États qui se rapprochent le plus du suffrage universel, puisque pour y arriver, il suffit de baisser le taux du cens. Ce chiffre est si faible dans certains États, que l'on pourrait presque dire qu'ils sont des pays de suffrage universel ;

4° Les pays de suffrage universel.

La première classe comprend l'Angleterre, la Roumanie, la Finlande, la Russie, l'Autriche et quelques États allemands, comme la Saxe royale, la Saxe-Meiningen et les principautés de Reuss.

En prenant l'Angleterre pour exemple de l'évolution des peuples européens vers le suffrage universel, nous avons vu quelles étaient les conditions de la capacité électorale dans ce pays. Nous avons vu que le droit de vote était loin d'appartenir à tous les citoyens et, que des inégalités extrêmes existaient entre les électeurs des bourgs et ceux des comtés, inégalités qui, pour être moindres qu'en 1830, n'en sont pas moins encore excessives[1]. L'Angleterre se trouve d'ailleurs, au point de vue électoral, dans une situation particulière par suite des mœurs du pays qui font que les obstacles, mis à l'extension du suffrage, n'ont pas nui sensiblement au développement des libertés publiques.

En Roumanie, au contraire, le nombre des électeurs est assez considérable, puisqu'il suffit d'être inscrit au rôle des contributions pour avoir le droit de vote. A première vue c'est le principe de la Constitution française de 1791 ; mais on s'en trouve bien loin, quand on examine cette organisation électorale. Les députés sont élus dans quatre collèges différents : 1° les propriétaires, ayant un revenu foncier dépassant 300 ducats (3525 fr.), élisent 33 députés ; 2° les propriétaires, ayant un revenu foncier inférieur à 300 ducats, en nomment le même nombre ; 3° le troisième collège est composé des citadins payant un impôt de 80 piastres (29$^r$,60), des individus exerçant une profession libérale, des professeurs et des officiers en retraite. Il nomme 58 députés ; 4° le reste des électeurs, qui forme la masse, n'élit que 33 députés et,

---

1. Les règles sont à peu près les mêmes en Écosse et en Irlande qu'en Angleterre. L'Écosse compte 262,000 électeurs sur 3,360,000 habitants, dont 181,000 dans les bourgs et 81,000 dans les comtés. L'Irlande en compte 224,000 sur 5,600,000 habitants, dont 5,000 seulement dans les bourgs et 174,000 dans les comtés. — Les gradués des Universités d'Angleterre, d'Écosse et d'Irlande sont dispensés du cens, mais ils votent à part, dans les huit Universités du Royaume-Uni, qui forment des collèges spéciaux et envoient neuf députés aux Communes.

en outre, l'élection se fait au second degré, à raison d'un délégué par cinquante électeurs.[1]

En Finlande, dont le gouvernement est distinct de celui de la Russie, l'organisation est plus démocratique qu'en Roumanie, mais elle est plus féodale. La Finlande a conservé la constitution des ordres, telle qu'elle existait encore en Suède avant 1866 ; il y a l'ordre de la noblesse, l'ordre du clergé, l'ordre des bourgeois et l'ordre des paysans. Chaque ordre envoie au Landtag ses représentants, qui, en principe, doivent siéger séparément. Tous les chefs de familles nobles sont de droit députés de la noblesse[2]. Sont électeurs : dans l'ordre du clergé, les membres du clergé luthérien, les membres de l'Université d'Helsingfors et les professeurs des lycées et écoles publiques ; dans l'ordre de la bourgeoisie, tous ceux qui sont électeurs dans une ville[3] ; dans l'ordre des paysans, les propriétaires fonciers et les fermiers d'un immeuble cadastré ou d'une terre domaniale, pourvu qu'ils n'appartiennent pas déjà à un autre ordre.

Cette organisation féodale et archaïque ne se retrouve même pas en Russie où le droit électoral n'existe qu'à l'état rudimentaire et seulement pour les assemblées de district. Les membres de cette assemblée sont choisis par trois collèges. Le premier comprend les propriétaires fonciers d'une certaine importance ou leurs mandataires ; le second est le collège des électeurs urbains, comprenant les commerçants patentés et les propriétaires d'immeubles urbains d'une valeur imposable variant avec le chiffre de la population de 500 à 3000 roubles ; enfin le dernier collège est composé des représentants des communes rurales. Ces repré-

1. Une loi, actuellement en discussion à la Chambre des députés, réduit à trois le nombre des collèges, en confondant les deux premiers en un seul. M. Rosetti, chef du parti libéral, a vainement proposé la suppression des collèges, le suffrage direct sans distinction pour tous les électeurs, sauf pour les paysans qui auraient continué à voter au second degré, mais dont les représentants auraient été confondus avec les autres électeurs.
2. En 1879, il y avait 230 chefs de famille.
3. C'est-à-dire tous les habitants de la ville, majeurs de vingt et un ans, non déclarés incapables par la loi, y compris les femmes non mariées.

sentants sont choisis par l'assemblée cantonale composée elle-
même : 1° des chefs élus et des fonctionnaires de la commune ;
2° de délégués, à raison de un par dix maisons, élus par les chefs
de famille possédant une maison et qui, à ce titre, font partie de
l'assemblée communale. En dehors de ces élections, placées au
bas de l'échelle administrative et dont les mœurs du pays permettent de soupçonner la sincérité, il n'y a pas de régime électoral
en Russie. C'est une situation unique chez les peuples civilisés[1]
et qui, malgré les résistances de l'autocratie, est appelée à disparaître sous l'agitation violente des idées qui se manifeste dans
l'empire des tzars.

Dans l'Europe centrale, sauf dans l'empire d'Allemagne et dans
quelques petits États allemands, comme le grand-duché de Bade,
la Hesse, Lubeck, le suffrage universel subit partout des restrictions. Dans la plupart des États, la restriction se manifeste simplement par la constitution de catégories d'électeurs; cependant
cette inégalité s'aggrave par la fixation d'un cens dans certains
pays allemands. C'est la Saxe Royale, où l'on n'est électeur soit
dans les collèges urbains, soit dans les collèges ruraux qu'en
payant un impôt de 3 marks. C'est la Saxe-Altenbourg et les
principautés de Reuss, où il faut être inscrit au rôle des contributions, ce qui n'empêche pas la division en collèges des plus imposés, des possesseurs de biens équestres, des habitants des villes
et des électeurs ruraux ; c'est la ville de Hambourg, où il faut
payer la taxe personnelle pour appartenir à l'un des trois collèges,
qui nomment les membres du Bürgerschaft.

Enfin, à la liste de ces pays, il faut ajouter l'Autriche. Les
députés du Reichsrath sont élus par quatre catégories d'électeurs : les grands propriétaires fonciers, les habitants des villes,
les membres des Chambres de commerce et les électeurs ruraux.

---

1. En Europe, il n'y a qu'en Turquie et dans les grands-duchés de Mecklem-
bourg où toute représentation populaire soit complètement absente. Ajoutons que
la Constitution turque, dont la guerre de 1877 a empêché la mise à exécution,
instituait un Parlement représentatif.

Ces derniers votent au second degré, à moins qu'ils ne soient propriétaires fonciers, auquel cas ils votent directement avec les délégués des autres électeurs. Les conditions de cens pour faire partie de l'une ou de l'autre des classes sont les mêmes que celles exigées dans chaque province pour les élections aux diètes locales. Or ces conditions varient de province à province, mais dans aucune le cens, pour être électeur rural, n'est inférieur à 1 florin (2 fr. 59) et parfois il s'élève à 10 florins.

La division des électeurs en catégories et l'inégalité des droits accordés à chaque classe nous semblent plus antidémocratique que le cens lui-même, tel qu'il existe en Belgique ou en Italie. Aussi en admettant même que l'on supprimât la condition du cens et que tous les citoyens du pays appartiennent ainsi à l'une ou à l'autre des classes, si l'on n'abolit pas la division en catégories, ou du moins si l'on ne donne pas à chaque catégorie une égalité de droits absolue, on n'a pas véritablement le suffrage universel, on en a l'image sans en avoir la réalité, on en a une caricature sans franchise et c'est tout. Telle est la caractéristique des États dont nous allons nous occuper et qui sont à peu près tous les États allemands de l'Empire, sans en excepter la Prusse.

Dans un grand nombre de ces États, comme le duché d'Anhalt, la ville de Brême, le duché de Brunswick, la principauté de Lippe, le royaume de Wurtemberg, tous les habitants ou à peu près sont électeurs, mais avec une importance variable. Dans Anhalt, par exemple, les grands propriétaires nomment 8 députés, les industriels 2, les villes 14 et les campagnes 10. Dans le Brunswick, les plus imposés en nomment 21, les villes 10, les campagnes 12 et le clergé 3. A Brême, pour l'élection des 160 membres du « Bürgerschaft, » il n'y a pas moins de huit collèges différents. Dans le Wurtemberg, en dehors des députés des villes et des campagnes, il y a les députés de la noblesse et les députés de droit.

En Prusse et dans le grand-duché d'Oldenbourg, la répartition des électeurs est beaucoup plus simple et ne repose pas, comme

*l*

dans les pays voisins, sur des idées qui nous reportent au moyen
âge. La division est basée sur cette idée qu'on a d'autant plus de
droits au choix des représentants que l'on paye plus d'impôts ; on
ne tient compte ni de la situation sociale, ni de l'origine, ni de
la fortune des citoyens ; on considère seulement le chiffre de leurs
contributions. Le montant des impôts de chaque circonscription
est divisé en trois parts égales ; les électeurs sont aussi répartis
en trois collèges. Le premier comprend tous les plus imposés qu
payent le premier tiers des impôts ; le second, les citoyens, moins
imposés, qui payent le second tiers des impôts, et le troisième,
le reste des citoyens. Les élections se font au second degré, à raison
d'un délégué par 250 habitants ; chaque collège choisit un même
nombre de délégués (le tiers du nombre attribué à la circonscription), quoique la composition numérique du premier
soit incomparablement inférieure à la composition du troisième.
C'est, comme on le voit, une combinaison assez ingénieuse du
suffrage universel avec le suffrage censitaire.

Nous arrivons maintenant aux États où ces classements d'électeurs sont inconnus. Ce sont les pays dans lesquels une certaine
fortune est considérée comme une garantie nécessaire au droit de
suffrage, mais dans lesquels on l'accorde également à tous ceux
qui présentent ce minimum de garantie. Ce sont, à proprement
parler, les pays de suffrage censitaire. Dans quelques-uns, la Norwège, la Suède, la Hongrie, le Portugal, il faut posséder une certaine fortune soit en immeubles, soit en revenus mobiliers, dont
il faut justifier. Dans certains autres, au contraire, les Pays-Bas,
la Belgique, l'Italie, l'Espagne, la Bavière, cette justification se
fait simplement par le payement d'un certain chiffre d'impôts.

En Suède, pour être électeur, il faut, ou bien être propriétaire ou usufruitier d'un immeuble évalué 1,000 couronnes
(1,400 fr.) pour l'assiette de l'impôt foncier, — ou bien tenir à
ferme, pour cinq ans au moins, un bien évalué à 6,000 couronnes,
— ou bien payer à l'État un impôt calculé sur un revenu de

800 couronnes. En Norwège, les conditions sont moins dures; il suffit d'être propriétaire ou fermier d'une terre inscrite au cadastre, d'être bourgeois d'une ville ou propriétaire d'un immeuble évalué à 300 speciesdalers (1,700 fr.). Enfin, la qualité de fonctionnaire ou d'ancien fonctionnaire vous dispense de toute condition de cens.

En Hongrie, la loi de 1874 sur les conditions de l'électorat contient une foule de dispositions peu claires [1] et qu'on peut résumer ainsi : est électeur, tout citoyen qui possède personnellement ou conjointement avec sa femme et ses enfants mineurs un immeuble d'une valeur de 300 florins, ou qui justifie d'un revenu mobilier ou foncier de 105 florins. Sont dispensés de la condition de cens les membres de l'Académie hongroise, les professeurs, les artistes académiques, les docteurs, les avocats, les notaires publics, les ingénieurs, les chirurgiens, les pharmaciens, les agriculteurs, forestiers et mineurs diplômés, les prêtres et vicaires, les secrétaires communaux, les maîtres d'école et les professeurs

---

1. Voici l'analyse des conditions de l'électorat, d'après cette loi hongroise du 22 novembre 1874. Sont électeurs :

1º Tous les citoyens qui, avant 1848, possédaient la capacité électorale. Ce n'est qu'une disposition transitoire.

2º Les habitants des villes royales libres ou des villes ayant une municipalité, à condition de payer un impôt foncier de seize florins ou d'avoir une maison contenant trois pièces d'habitation imposables.

3º Dans les pays de Hongrie, ceux qui possèdent un lot de terre urbarial, c'est-à-dire une terre donnée autrefois par le Seigneur.

4º En Transylvanie, tous ceux qui payent l'impôt foncier à raison d'un revenu net de 84 florins pour une terre, et de 72 florins pour une maison.

5º Dans toute la Transleithanie, les propriétaires, les fermiers, les commerçants, les industriels, les rentiers, les employés, les artisans des villes, etc., qui payent l'impôt, depuis l'année précédente, sur un revenu annuel de 105 florins.

6º Les artisans des campagnes payant l'impôt sur le revenu, comme ayant au moins un compagnon.

7º Les employés de l'État, des comitats, des villes et des communes, payant sur un revenu de 500 florins.

8º Les capacités dont la liste est au texte.

Remarquons que la fortune de la femme ou des enfants mineurs compte au père de famille.

diplômés de crèches. L'admission des capacités au droit de suffrage, en dehors des conditions de cens, est une brèche profonde faite au régime censitaire et qui prépare l'avènement du suffrage universel ; nous en avons déjà vu un exemple en Angleterre ; nous retrouverons la même idée dans plusieurs autres législations.

En Portugal, le droit de suffrage appartient à tout Portugais qui justifie d'un revenu de 100,000 reis (555 fr. 50). Ce cens est d'autant plus modique que l'on ne tient pas compte de l'origine du revenu. La justification était toute faite pour les fonctionnaires ayant un traitement de 555 fr. 50 et on la supposait pour tous les citoyens payant 1,000 reis d'impôt direct et quelques autres catégories. Une loi du 8 mai 1872 a simplifié ces présomptions, établies par un décret de 1852, en considérant comme ayant le cens constitutionnel tous les portugais chefs de famille ou sachant lire et écrire. Cette loi généralise absolument le droit de suffrage et, si l'on fait abstraction des textes pour ne considérer que les faits, on peut dire que le Portugal est maintenant soumis au suffrage universel.

Malgré le développement constant des libertés publiques, on n'en peut pas encore dire autant des pays dont nous allons parler et qui soumettent tous le droit électoral à un cens relativement élevé.

C'est d'abord la Bavière, où le cens est le moins élevé, puisqu'il suffit d'être inscrit au rôle des contributions, quel que soit le quantum de la cote. Ce ne sont d'ailleurs pas les électeurs qui nomment directement les députés, puisque ceux-ci sont élus au second degré. Le système bavarois ressemble donc à celui de la Constituante. C'est aussi la Hollande, où le droit de vote n'appartient qu'aux citoyens payant un cens qui varie, suivant les localités, de 20 à 160 florins (42 à 338 francs). En Belgique, au contraire, le cens est uniforme, c'est la loi électorale qui le fixe, sans pouvoir dépasser le maximum de 100 florins indiqué dans la Constitution ; il est actuellement de 20 florins (42 fr. 50).

En Italie le cens est seulement de 20 lires (20 francs); mais de nombreuses catégories de citoyens en sont dispensés[1]. Il en est de même en Espagne, où, celui qui n'est pas dispensé du cens, doit payer pour être électeur 25 pesetas (25 francs)

1. Sont électeurs en Italie sans condition de cens :

1º Les membres des académies dont l'élection est approuvée par le roi, des Académies royales d'agriculture et de médecine, des Chambres d'agriculture, de commerce et des arts, les directeurs de la société agricole et des comices agricoles.

2º Les professeurs et les docteurs des facultés.

3º Les professeurs des Académies royales de beaux-arts.

4º Les professeurs des écoles publiques d'instruction secondaire et d'enseignement professionnel.

5º Les fonctionnaires civils et militaires de l'État en activité ou en retraite.

6º Les membres des ordres équestres du royaume.

7º Les gradués universitaires.

8º Les avoués, les notaires, les comptables liquidateurs et géomètres diplômés, les pharmaciens et vétérinaires autorisés, les agents de change et les courtiers reconnus.

9º Les citoyens élus conseillers provinciaux ou communaux depuis 1865.

10. Les juges conciliateurs et les directeurs de sociétés financières, industrielles, commerciales, coopératives ou de secours mutuels, ou ceux qui l'ont été.

11º Les décorés de la médaille de la valeur civile et militaire.

12º Les employés (autres que les domestiques et gens de service) de la maison du roi, des ordres, des provinces, des communes, des sociétés scientifiques artistiques ou littéraires, des sociétés financières, commerciales ou industrielles, des caisses d'épargne, des compagnies de chemins de fer, d'assurances et de navigation, ainsi que les directeurs de tout établissement employant au moins trente ouvriers.

13º Les professeurs et maîtres de tout grade des écoles publiques ou privées, ainsi que les directeurs et recteurs de ces écoles.

14º Les individus ayant subi l'examen de première année dans toute école publique ou particulière supérieure à l'école primaire, ou l'examen de quatrième classe élémentaire dans les écoles publiques;

15º Les anciens sous-officiers des armées de terre et de mer;

16º Les fermiers de biens ruraux exploitant eux-mêmes et payant un fermage d'au moins 800 lires;

17º Les métayers exploitant personnellement, quand les biens sont grevés d'un impôt de 160 lires y compris la surtaxe provinciale mais non la communale.

Toutes les dispenses depuis le numéro 9 n'existent que depuis peu de temps. On voit qu'elles comprennent un assez grand nombre de citoyens. En Espagne, les dispenses sont un peu moins nombreuses, mais sont encore très considérables; elles comprennent :

1º Les membres des académies et des chapitres ecclésiastiques;

2º Les curés titulaires, leurs vicaires et coadjuteurs;

3º Les employés des administrations publiques, des Cortès, de la maison du roi, d'impôt foncier depuis un an ou 50 pesetas d'impôt industriel depuis deux ans.

La Belgique, l'Italie et l'Espagne sont certainement les trois pays qui, par leurs dispositions politiques, sont les mieux préparés pour le suffrage universel. Déjà la Constitution de 1869 l'avait établi en Espagne, mais, à l'avènement d'Alphonse XII, le parti triomphant revint au régime censitaire malgré les efforts des libéraux constitutionnels et républicains pour conserver le suffrage universel. Les libéraux, vaincus en 1878, n'ont pas perdu courage et récemment encore cette question a été cause d'une crise ministérielle qui a failli avoir des conséquences plus graves. Les résistances sont vaines et ne sauraient retarder bien longtemps le triomphe définitif du suffrage universel. Des efforts dans le même sens sont faits en Belgique [1] et en Italie; dans ce pays une loi électorale récente abaisse le cens et augmente considérablement le nombre des citoyens qui en sont dispensés. Cette législation fait assez prévoir que l'Italie, comme l'Espagne, est au seuil du suffrage universel et qu'il ne tardera pas à s'y implanter comme il l'est déjà en France, en Suisse et dans l'empire d'Allemagne.

Si d'Europe nous passons en Amérique, nous voyons que le suffrage universel est pratiqué dans le plus grand nombre des États.

---

des députations et des municipalités, touchant 2000 pesetas d'appointements ou retraités sur ce chiffre ;

4° Les officiers généraux de terre et de mer retirés du service, les chefs et officiers militaires ou marins, retraités ou pensionnés, enfin les porteurs de la croix pensionnée de Saint-Ferdinand ;

5° Les diplômés académiques qui justifient d'une résidence de deux ans dans une municipalité ;

6° Les peintres et sculpteurs ayant obtenu une médaille de première ou de deuxième classe aux expositions nationales ou internationales ;

7° Les greffiers, les notaires, les procureurs et les agents d'affaires agrégés ayant un diplôme académique ;

8° Les professeurs de tout enseignement donné par l'État, et les maîtres et professeurs diplômés de l'enseignement primaire et secondaire.

1. Une loi récente de 1883 dispense du cens en Belgique tous ceux qui subiront avec succès un examen dont le programme est fixé par la loi et suppose une instruction élémentaire assez étendue.

Cependant au Canada, colonie anglaise, le droit de suffrage est soumis à des conditions de cens très élevées, puisqu'il faut être propriétaire d'un bien-fonds libre d'une valeur de 6000 dollars (30,000 fr.) ou justifiés d'un revenu de 360 dollars (1800 fr.) Dans un certain nombre de pays de l'Amérique centrale et méridionale, on trouve bien un léger cens, mais, à notre avis, il faut le considérer moins comme une garantie demandée à la fortune que comme une légère condition de stabilité dont l'objet est surtout d'exclure les vagabonds étrangers dans des pays où il n'est pas toujours facile de vérifier la nationalité des individus. C'est ainsi qu'au Brésil, où le suffrage est au second degré, l'électorat primaire est subordonné à la justification d'un revenu de 300 fr. qu'elle qu'en soit l'origine, fût-ce même le travail manuel de l'électeur. De même en Bolivie, où pour être électeur il faut posséder un immeuble ou justifier d'un revenu de 200 piastres (1000 fr.) provenant d'une profession quelconque, celle de domestique exceptée. Il faut encore ranger dans ces États, le Chili, où l'électeur doit posséder une propriété immobilière, dont la valeur toujours minime est fixée tous les dix ans par une loi, ou bien un capital équivalent appliqué au commerce ou à l'industrie, à moins qu'il n'exerce une industrie, un art, ou ne jouisse d'un revenu équivalent à celui du capital fixé par la loi ; le Pérou, où l'électeur doit posséder un immeuble ou payer une contribution à moins qu'il ne soit chef d'atelier; la république Dominicaine qui a le suffrage à deux degrés et où l'électorat primaire est subordonné à la condition d'être propriétaire d'un immeuble, fonctionnaire, officier, industriel ou commerçant patenté, fermier pour six ans au moins d'une grande culture, ou bien d'exercer une profession scientifique ou un art libéral. Ce sont certainement les États américains où il existe le plus de restrictions au suffrage universel. Dans le pays voisin de la république Dominicaine, à Haïti, il suffit ou bien d'être propriétaire foncier ou fermier pour cinq ans, ou bien, ce qui comprend à peu près tout le monde, d'exercer une profession, un emploi public ou une industrie quelconque. Dans

la république de l'Équateur, il faut posséder, en rente ou en biens-
fonds, un capital de 200 piastres. Enfin dans le Guatemala, il
suffit de jouir d'un revenu assuré et indépendant provenant d'une
profession ou d'une industrie quelconque; la justification de ce
revenu n'est pas demandée aux chefs d'ateliers, aux membres des
municipalités et à tout possesseur d'un immeuble d'une valeur
de 1000 piastres. On voit que, dans tous ces pays, la capacité électorale est généralement facile à acquérir et que dans certaines
républiques, comme l'Equateur et le Guatemala, la condition de
cens n'est qu'un faible obstacle au suffrage universel.

Ce mode de suffrage est d'ailleurs adopté dans tous les autres
États américains [1].

Jusqu'ici nous avons essayé d'établir que toutes les nations
libres, ou qui aspirent à l'être, tendent au suffrage universel qui
est l'expression du droit naturel en matière politique. Nous avons
dit qu'en général les nations n'atteignent ce but qu'après une
évolution qui commence au jour où les peuples ont la conscience
vague de leur souveraineté et qui dure plus ou moins longtemps,
suivant que la propagation de cette idée dans les masses et sa
mise en pratique rencontrent plus ou moins de résistances dans
les intérêts des classes privilégiées, dans les traditions monarchiques ou dans les habitudes mêmes du peuple. Nous avons
montré en Angleterre comment cette évolution s'accomplissait
parallèlement à l'évolution sociale. Cette histoire est la même
pour tous les pays constitutionnels et nous aurions pu la refaire
pour chacun d'eux. Nous avons dû nous borner à rechercher le
point où en est actuellement chaque nation dans son évolution
politique, en étudiant les conditions auxquelles la porte de la vie
politique est ouverte aux habitants de chaque pays.

Nous avons indiqué les restrictions mises dans la plupart des
États au droit des citoyens. Toutes reposent ou sur cette idée

____

1. Ces États sont les suivants : Confédération Argentine, Uruguay, Paraguay,
Colombie, Salvador, Honduras, Venezuela, Costa-Rica, Mexique, États-Unis et
tous les États de la Confédération, sauf celui de Rhode-Island.

féodale que celui qui possède la terre a seul le droit de s'occuper du gouvernement des hommes qui sont dessus, ou sur cette idée ploutocratique, plus fausse et plus contestable encore, qu'une certaine situation sociale tenant quelquefois à la profession, mais le plus souvent à la fortune, est le gage de l'indépendance, de la moralité et de la capacité qui doivent être la base du droit électoral. Presque partout on exclut les pauvres et, dans la plupart des États, l'exclusion atteint tous ceux qui gagnent leur vie par un travail manuel, tous les ouvriers et tous les petits employés. La loi les frappe d'une présomption de vénalité et d'inintelligence, sans qu'il leur soit permis de faire la preuve du contraire ; au point de vue politique, on les déclare tous *a priori* esclaves, malhonnêtes ou imbéciles. La pensée du législateur qui prononce l'exclusion ne va certainement pas aussi loin, cependant c'est à peu près la conséquence à laquelle on est conduit. Tous les citoyens ayant les mêmes devoirs doivent avoir les mêmes droits, tous étant tenus d'obéir aux lois, tous doivent contribuer à leur confection. Est-ce à dire qu'il faille admettre au vote les voleurs et les idiots? Non certainement, mais il ne faut jamais qu'un citoyen soit présumé voleur ou idiot. Il importe, au contraire, que dans tous les pays le législateur écarte des urnes les individus qui ne présentent point les garanties de maturité nécessaire, comme les hommes trop jeunes, ceux qui n'ont point un intérêt suffisamment marqué aux destinées du pays, comme les étrangers, ceux qui se sont rendus indignes, comme les condamnés, mais l'exclusion ne doit jamais frapper un homme suffisamment mûr qui n'a jamais démérité. Il est inutile de soumettre le droit électoral à des conditions de situation, d'éducation ou de fortune ; il suffit de l'entourer des garanties de maturité et de moralité, qui le rendent efficace et honorable.

Nous avons dit, dans notre premier chapitre, quelles étaient, selon nous, les conditions auxquelles devait être attaché le droit de suffrage. Nous allons maintenant examiner comment les législateurs étrangers ont entendu ces conditions et comment elles ont été réglementées tant dans les pays de suffrage restreint que dans les pays de suffrage universel.

La première condition nécessaire pour avoir le droit de vote est de faire partie de la grande famille nationale. Doit-on faire une différence entre celui qui acquiert sa nationalité par la naissance et celui qui ne l'acquiert que par naturalisation? La plupart des législations n'en font pas et, si toutes exigent la nationalité pour être électeurs, toutes en général accordent le droit de suffrage à tous leurs nationaux sans distinction. Il n'y a guère à cette règle qu'une exception et quelques restrictions. L'exception est en Belgique; la loi belge exclut du droit électoral tous les citoyens qui n'ont acquis la nationalité belge que par naturalisation, à moins que ce ne soit par la grande naturalisation conférée dans la forme d'une loi. Quant aux restrictions, elles ont pour objet de n'accorder le droit de vote aux naturalisés qu'après un certain temps. En Europe, nous en trouvons plusieurs exemples; la Russie, où un étranger ne peut prendre part aux élections pour les assemblées de district à moins d'avoir prêté serment comme sujet russe depuis trois ans, la Prusse, où les naturalisés ne deviennent électeurs qu'après trois ans, la Bavière, où ce droit ne leur est accordé qu'après six ans; enfin dans la République d'Andorre où l'on n'est admis à l'électorat qu'après trois ans de résidence, « pendant lesquels on n'a manifesté ni indifférence, ni mépris pour les institutions de la République.» En Amérique, nous trouvons également plusieurs législations qui contiennent une restriction analogue. Dans le Honduras, par exemple, l'étranger naturalisé n'acquiert ses droits politiques qu'au bout d'un an; en Bolivie et dans la République d'Haïti, ce n'est qu'après cinq ans. Ces restrictions qui, à la rigueur, peuvent être utiles en Amérique où la naturalisation est particulièrement facile, où souvent même on l'acquiert sans s'en douter, me paraissent absolument inutiles en Europe, où les gouvernements ne confèrent leur nationalité qu'aux étrangers ayant fait suffisamment preuve d'attachement à leur nouvelle patrie pour être mis au même rang que les citoyens originaires du pays. Aussi cette disposition est-elle assez rare et les législations se bornent-elles à exclure les étrangers, sans faire la moindre réserve pour les naturalisés.

De même que tous les pays refusent aux étrangers les droits politiques, de même ils les refusent aux citoyens qui ne sont pas encore assez mûrs pour s'en servir avec dignité pour eux-mêmes et avec profit pour la patrie. Partout on exclut les mineurs; mais l'époque de la majorité politique, difficile à déterminer théoriquement, varie d'un pays à l'autre. Nous avons vu qu'en France même on a plusieurs fois varié. L'âge fixé est nécessairement le résultat d'une moyenne. En Europe, on s'arrête en général soit à 25 ans, soit à 21 ans. Il y a cependant des exceptions; c'est ainsi qu'en Autriche la majorité politique est fixée à 24 ans, dans les Pays-Bas à 23 ans. En Suisse, en Hongrie et en Prusse, on devient électeur à 20 ans, mais par contre en Danemarck on ne l'est qu'à 30 ans[1]. La législation portugaise contient à cet égard un principe remarquable; après avoir fixé d'une façon générale la majorité politique à 25 ans, elle l'abaisse à 21 ans pour tous les individus qui sont dans une situation présumant une maturité plus précoce que celle de la masse des citoyens; ce sont les prêtres, les fonctionnaires civils ou militaires, les gradués universitaires et les hommes mariés.

Si la disposition se comprend bien pour les fonctionnaires et les gradués, elle est plus singulière pour les hommes mariés, puisqu'on n'exige pour le mariage aucune garantie intellectuelle. Cependant cette disposition, qui est propre au Portugal en Europe, est presque générale en Amérique. Dans certains pays, la majorité politique est bien fixée d'une manière uniforme pour tous les citoyens, soit 25 ans comme au Brésil, soit 21 ans comme aux États-Unis, soit même 18 ans comme au Paraguay, mais dans la plupart des États, le mariage a pour effet soit d'abaisser l'âge

---

1. En Danemarck, on est éligible à vingt-six ans. C'est le seul exemple, que nous connaissions, d'un âge d'éligibilité inférieur à l'âge d'électorat.

de la majorité électorale, soit même de vous rendre absolument
majeur au point de vue politique. C'est ainsi qu'en Bolivie et au
Pérou on est électeur à 21 ans, dans les Républiques de l'Équateur et de Costa-Rica on l'est à 20 ans, au Guatemala à 18 ans,
mais, dans tous ces États, le mariage émancipe l'homme sous le
rapport électoral sans condition d'âge ; d'autre part, la majorité
de 25 ans est abaissée au Chili à 21 ans pour les hommes mariés
et celle de 21 ans à 18 au Mexique et dans l'Uruguay ; dans le
Honduras, on va même plus loin et la majorité de 21 ans est
abaissée à 18 pour tout citoyen émancipé par mariage ou autrement. Cette disposition me semble plus rationnelle que celle qui
se borne aux hommes mariés, en ce qu'elle fait d'une façon
générale de l'émancipation l'équivalence de la majorité. Dans
tous les cas, elle est impossible à justifier par une différence de
maturité qui pourrait exister entre les hommes mariés et les
célibataires ; il ne faut voir là qu'un moyen pour encourager le
mariage, ce qui explique bien et sa fréquence dans les pays
jeunes de l'Amérique et sa rareté dans les États de la vieille
Europe.

Nous comprendrions beaucoup mieux une loi qui abaisserait
l'âge de la majorité politique au profit de ceux qui, par une certaine culture intellectuelle, sont présumés avoir acquis, plus
vite que leurs concitoyens, l'expérience nécessaire pour faire un
électeur. Aussi sommes-nous disposés à approuver les dispositions qui, comme à Costa-Rica, donnent le droit électoral aux
professeurs d'une science quelconque à partir de 18 ans, comme
au Salvador, abaissent la majorité de 21 ans à 18 pour les gradués, ou comme celle que nous avons rencontrée en Portugal,
concernant les gradués universitaires, les fonctionnaires et les
prêtres[1].

1. Tableau indiquant l'âge de la majorité électorale dans tous les États.
Danemarck : 30 ans.
Italie. — Espagne. — Suède. — Norwège. — Russie. — Empire d'Alle-

Est-ce à dire qu'il faille aller plus loin et exiger de tous les électeurs, sinon un diplôme, au moins les connaissances élémentaires de lecture et d'écriture? Nous nous sommes déjà expliqué sur ce point et nous avons dit pourquoi, selon nous, ces connaissances ne donnaient aucune garantie ni du jugement des électeurs, ni de la sincérité des élections et nous avons ajouté qu'un honnête homme illettré, au jugement sain et droit, nous semblait un meilleur électeur qu'un imbécile qui signe péniblement son nom. Nous avons conclu, que s'il fallait donner au suffrage universel par une diffusion aussi rapide que possible de l'instruction primaire, la possibilité de raisonner et de s'instruire, il n'était pas nécessaire, dans l'état actuel des choses, de faire de la connaissance de la lecture et de l'écriture une condition *sine quâ non* de l'électorat. Je comprends que, dans les pays de suffrage censitaire, on fasse de cette instruction élémentaire une dispense du cens, parce qu'il me semble bon de multiplier ces dispenses, mais je trouve excessif d'en faire une condition absolue de l'électorat, comme en Italie. C'est le seul État européen où existe cette condition, mais on la retrouve dans la plupart des républiques américaines [1].

Que dirons-nous des restrictions au droit de suffrage basées

magne. — Grand-duché de Bade. — Duché d'Odembourg. — Luxembourg. — Confédération Argentine. — Brésil : 25 ans.

Portugal. — Chili : 25 ans avec abaissement à 21 pour certaines catégories. Autriche : 24 ans.

Pays-Bas : 23 ans.

France. — Belgique. — Angleterre. — Grèce. — Roumanie. — Serbie. — Finlande. — Bavière. — Hesse. — Saxe Royale et duchés de Saxe. — États-Unis. — République Dominicaine. — Haïti : 21 ans.

Bolivie. — Pérou. — Mexique. — Uruguay. — Honduras. — Salvador : 21 ans avec abaissement à 18 pour certaines catégories.

Suisse. — Prusse. — Hongrie. — Bulgarie. — Équateur. — Costa-Rica : 20 ans.

Guatemala. — Paraguay : 18 ans.

1. Pays où savoir lire et écrire est une condition de l'électorat : Italie. — Bolivie. — Chili. — Pérou. — Uruguay. — Salvador. — Guatemala. — Équateur. — On la trouve aussi dans quelques législations particulières, aux États-Unis : Connecticut, Massachussetts et Missouri.

sur la nature des croyances? Évidemment nous ne pouvons que
les déplorer ; ce sont des questions d'un autre âge et dont les
législations du dix-neuvième siècle ne devraient point se préoccuper. Il n'en reste d'ailleurs que peu d'exemples et ils tendent
à disparaître. Déjà en Suède, il n'est plus nécessaire d'être
luthérien pour être électeur, mais il faut encore pratiquer cette
religion pour être éligible. Pourquoi faut-il professer une religion
chrétienne pour être électeur dans le duché de Saxe-Altenbourg?
Pourquoi cette exclusion arbitraire, qui vise certainement les
israélites? Pourquoi, d'un autre côté, en Grèce, les prêtres sont-
ils chassés du corps électoral en tant que prêtres? Ces restrictions
devraient-elles exister? Il est vrai qu'on en trouve d'analogues
dans certains États d'Amérique, cette terre classique des libertés
échevelées. Dans la république de l'Équateur, on n'est citoyen
que si l'on est catholique et l'on y fait une cause d'incapacité de
l'affiliation à une société prohibée par l'Église, ce qui vise certainement la franc-maçonnerie et les sociétés internationales de
travailleurs. Dans l'empire du Brésil et dans la république de
Bolivie, les membres du clergé régulier sont privés du droit de
vote. Cette dernière exclusion est peut-être plus explicable que
la précédente, mais elle n'est pas bien nécessaire et les esprits
libéraux ne peuvent que souhaiter la disparition de toute restriction de ce genre [1].

Dans aucun État, les conditions de domicile ne sont plus minu-
tieusement fixées qu'en France. La plupart des législations en ce
qui concerne le domicile portent simplement que les citoyens sont
électeurs dans la circonscription où ils sont domiciliés, sans s'inquiéter de la durée de leur résidence; sur ce point la loi se contente généralement du temps qui s'écoule entre leur arrivée dans
la circonscription et le moment où ils réclament leur inscription

1. On rencontre, paraît-il, des dispositions dans le même ordre d'idées, dans
les législations particulières des États de New-York et de la Caroline du Sud, où
l'on prive du droit électoral ceux qui nient l'existence de Dieu. Voy. Charbonnier,
*Organisation électorale*, p. 398.

sur la liste électorale que l'on revise ou que l'on dresse annuellement à peu près partout. Il est cependant un certain nombre
d'États qui font d'une certaine résidence une condition de l'électorat; c'est la Norwège, où il faut avoir résidé dans le pays pendant les cinq années qui précèdent l'élection ; c'est le Danemark
où l'on doit avoir une année de résidence dans le district électoral ;
c'est la Suisse et la Prusse où, comme en France, il faut avoir
résidé six mois dans la commune où l'on veut être inscrit. Nous
trouvons encore cette condition aux États-Unis, où elle varie avec
les provinces ; la résidence doit être habituellement d'un an ou de
six mois dans l'État et de six mois ou de trente jours dans la circonscription [1]. On voit donc qu'en général on ne fait pas de la
résidence une condition absolue de l'électorat; le législateur, dans
ces États, n'a pas pensé qu'il y eût là une garantie de stabilité et
de fixité utile à la moralité du suffrage. La raison en est peut-être
que dans la plupart de ces pays, le droit électoral trouve déjà une
garantie de ce genre dans la condition de cens à laquelle est
subordonné le suffrage. Nous pensons toutefois que cette condition doit exister dans les pays de suffrage universel ; elle est utile,
tant pour empêcher la création de majorités factices au grand
détriment des populations réelles que pour écarter des urnes les
nomades et les vagabonds qui changent de résidence continuel-

---

1. Pour être inscrit sur la liste des électeurs aux États-Unis, il faut remplir
deux conditions de domicile :

*A.* — Avoir résidé sur le territoire de l'État auquel appartient la circonscription.

Une année dans : Floride, Illinois, Indiana, Massachussets, Minesota, Missouri,
New-Jersey, Ohio, Rhode-Island, Caroline du Sud, Vermout, Virginie-Occidentale,
Wisconsin, Kentucky ;

Six mois dans : Alabama, Californie, Connecticut, Delaware, Géorgie, Kansas,
Mississipi, Nevada, Caroline du Nord, Orégon, Iowa, Maine ;

Trois mois dans le Michigan.

*B.* — Avoir résidé dans la circonscription électorale :

Dix jours dans le Michigan ;

Trente jours dans : Alabama, Californie, Connecticut, Delaware, Géorgie,
Kansas, Mississipi, Nevada, Caroline du Nord, Orégon ;

Soixante jours dans l'Iowa et le Maine.

Six mois dans les autres États.

lement et qui ne se souviendraient de leur titre de citoyen qu'aux jours d'élection. Mais s'il est utile d'imposer une certaine résidence, il importe qu'elle ne soit pas de trop longue durée, d'abord pour ne pas priver trop longtemps un citoyen de son droit électoral dans la commune où il vient de se fixer, ensuite pour ne pas exclure les ouvriers que la précarité de leur situation et la nécessité de trouver du travail forcent souvent à changer de domicile malgré eux. En un mot, il ne faut pas faire ce qu'a fait la loi française du 31 mai 1850, chasser du corps électoral un tiers des électeurs par une condition exagérée de résidence et réduire ainsi le suffrage universel dans des proportions telles qu'on pût le regarder comme supprimé, et que l'abrogation de la loi pût être considérée comme le rétablissement du suffrage universel. Entre ces extrêmes, il y a un juste milieu que la loi française me paraît avoir à peu près rencontré.

Si une certaine stabilité est nécessaire pour le bon fonctionnement du suffrage universel, il importe à sa moralité et à l'honneur du corps électoral, que les individus qui ont démérité gravement à un titre quelconque soient exclus. Toutes les législations prononcent ces exclusions nécessaires et n'admettent à l'électorat que les personnes jouissant de tous leurs droits civils et politiques. Si nous exceptons quelques exclusions se rattachant à des idées politiques, comme celle qui frappe les membres de la Chambre des seigneurs en Bavière, comme celle qui atteint les lords en Angleterre, ou qui, dans le même pays, frappe un certain nombre de fonctionnaires dans le ressort où ils exercent leurs attributions, toutes les incapacités reposent sur une idée de déchéance. Elles sont à peu près les mêmes dans toutes les législations. Partout, on exclut les individus qui ont été condamnés soit à une peine d'une certaine gravité, soit pour un délit déterminé. Le quantum de la peine et la nature des délits entraînant incapacité électorale varient avec les législations, mais l'idée est partout la même; il est des délits, entre autres, qui, à peu près dans tous les États, entraînent privation du droit de vote

pour peu qu'ils aient quelque gravité; ce sont les délits électoraux. De même partout comme en France, on exclut du corps
électoral, comme indignes, les individus en faillite ou en état de
cessation de payements à moins qu'ils n'obtiennent leur réhabilitation conformément à la loi du pays en payant tous leurs
créanciers. Enfin partout également on écarte, comme incapables,
les personnes en état d'interdiction. Quelques législations vont
même plus loin et, d'une façon générale, privent du droit de vote
tous ceux qui n'ont pas la libre disposition de leurs biens; telles
sont, par exemple, les lois de Danemark, de Prusse ou de
Roumanie.

En France, les incapacités ne vont pas plus loin; il n'en est pas
de même ailleurs. Il est toute une classe d'individus que très souvent
les lois électorales, à l'instar de la Constitution de 1791, privent du
droit de vote. Ce sont les domestiques et serviteurs à gage. Nous
trouvons cette exclusion en Prusse et dans la plupart des États
allemands, en Danemark, en Hongrie, en Roumanie, en Portugal; nous la rencontrons encore en Amérique, au Brésil, au
Chili, au Guatemala, à Haïti, au Mexique et dans l'Uruguay.
En Angleterre, les domestiques ne sont pas exclus, cependant
sont privés du droit de vote les citoyens qui, dans les six mois
précédant l'élection, ont été employés comme agents salariés du
candidat. Ces incapacités ont naturellement un caractère sus-
pensif et doivent nécessairement cesser avec l'état qui les motive,
en admettant que rationnellement l'état de domestique puisse
être une cause de privation du droit de vote.

Nous ne regrettons pas que, depuis 1791, la loi française n'ait
point reproduit cette incapacité. Mais peut être aurions-nous
mieux fait d'imiter les lois étrangères qui, presque partout, frappent d'incapacité électorale les mendiants et les individus secourus
par l'assistance publique[1]. On peut véritablement dire que ces

---

1, On trouve cette cause d'incapacité en Angleterre, Autriche, Espagne, Danemarck, Pays-Bas, Roumanie, Luxembourg, Prusse, Bavière, Saxe et la plupart
des États Allemands, États-Unis.

électeurs ne présentent point une garantie d'indépendance suffisante pour prendre part au scrutin. Cette incapacité, comme la précédente, ne doit être que suspensive et elle doit cesser lorsque l'indigent recouvre des moyens d'existence propres; peut-être n'est-il pas mauvais d'ajouter, comme en Angleterre ou en Autriche, que l'incapacité frappe aussi ceux qui ont reçu des secours dans la période de douze mois qui précèdent l'élection. Mais on va trop loin, il me semble, en Danemark en exigeant que, pour recouvrer sa capacité, l'indigent rende ce qu'il a reçu de l'Assistance publique. En Amérique, les lois électorales ne prévoient pas cette cause d'incapacité et nous ne connaissons guère que les États-Unis où l'on éloigne les mendiants des urnes. En revanche nous trouvons en Bolivie, au Chili, au Salvador et dans le Honduras une disposition qui frappe d'incapacité électorale les citoyens en retard pour payer l'impôt ou qui, pour une raison ou pour une autre, sont les débiteurs du fisc. Une telle exclusion ne s'explique guère que par les mœurs du pays et nous semblerait assez singulière en France.

Certains États chassent du corps électoral des individus qui sans avoir précisément commis de délits, se sont rendus coupables d'actes réprouvés par les mœurs et la conscience publique. Dans cette ordre d'idées, nous citerons la Belgique, la Roumanie et le Luxembourg, qui frappent d'incapacité politique les individus tenant des maisons de débauche, la Norwège, le Mexique et l'État du Salvador qui déclarent incapables les gens ayant une mauvaise réputation avouée ou une conduite notoirement vicieuse, la Bolivie, Costa-Rica et l'Uruguay qui excluent les vagabonds et les ivrognes. Citons aussi la loi Équatorienne qui atteint les citoyens convaincus de paresse, de vagabondage, de proxénétisme ou d'avoir tenu des maisons de jeux. Rappelons enfin l'article de la constitution de Costa-Rica qui punit de la perte du droit de vote « l'ingratitude envers les parents ou l'abandon notoire et scandaleux des devoirs de chef de famille. » Tous ces individus sont certainement peu intéressants et personne ne protesterait

contre leur exclusion, si elle pouvait se faire aisément. Mais la
pratique se heurte à une double difficulté, à celle de trouver la
formule qui embrasse toutes les dégradations morales, et, lorsque
la formule serait trouvée, à celle d'en faire application aux individus sans arbitraire, avec mesure et équité. En présence de ces
difficultés, peut-être vaut-il mieux s'en tenir au système de la loi
française qui fait de la plupart de ces dégradations un délit sanc-
tionné par une peine, dont l'application entraîne presque toujours
la perte de la capacité électorale.

L'évolution politique, qui mène les peuples au suffrage universel, doit elle aller plus loin, et continuer jusqu'au jour où,
comme dit Stuart-Mill, « l'accident du sexe pas plus que celui de la
couleur de la peau, ne sera regardé comme un motif suffisant pour
dépouiller un être humain de la sécurité commune et des justes privilèges d'un citoyens? » En un mot, le progrès doit-il aller jusqu'à
donner le droit de suffrage aux femmes? Dans l'état actuel des
mœurs politiques, rien ne le fait sérieusement prévoir ; d'ailleurs
nous ne voyons pas que cette solution soit nécessaire aux libertés
d'un peuple, ni qu'elle soit désirable pour les femmes d'une nation. Quoi qu'il soit de l'avenir réservé à cette question, le
droit de suffrage reste l'apanage du sexe mâle et les rares exceptions faites à cette règle ont un caractère qui les ferait repousser
par les plus ardents défenseurs de la thèse.

Actuellement, les femmes n'ont quelques droits en matière
d'élections politiques qu'en Autriche, en Russie et en Finlande.
En Autriche, les femmes peuvent prendre part à l'élection des
députés dans le collège des grands propriétaires fonciers, à condition de remplir personnellement les conditions prévues par la
loi dans chaque province pour en faire partie, c'est-à-dire qu'elles
doivent posséder la quantité de terre exigée par la loi pour être
rangées parmi les grands propriétaires. Elles peuvent voter elles-
mêmes, mais, en fait, toutes celles qui prennent part au scrutin,
le font par procuration. Ce mode de votation par mandataire est
obligatoire pour les femmes en Russie, où elles peuvent aussi par-

ticiper aux élections pour l'assemblée de district dans le collège de la grande propriété foncière, lorsqu'elles réunissent personnellement les conditions nécessaires pour y appartenir. On voit donc que si les femmes votent en Autriche et en Russie, c'est qu'elles sont propriétaires et que les députés, qu'elles contribuent à élire, représentent plutôt la terre que les électeurs; aussi sont-ils choisis par tous ceux qui détiennent la terre, sans distinction de sexe. Ce droit est purement et simplement un reste de la féodalité, qui doit disparaître plutôt que servir de modèle à une institution démocratique.

En Finlande, la forme est plus démocratique. Les députés de l'ordre des bourgeois sont élus dans chaque ville par le « Rhadusstämma, » c'est-à-dire l'assemblée générale des citoyens. Cette assemblée comprend tous les habitants ayant le droit de bourgeoisie et payant l'impôt, majeurs de vingt-cinq ans, y compris les femmes séparées, veuves ou célibataires. On en exclut simplement les femmes mariées qui sont représentées au « Rhadusstämma » par leur mari. C'est une vieille pratique qui était assez générale au moyen âge et qui s'est conservée, à travers les siècles, dans le seul pays d'Europe qui ait gardé la division en ordres, avec des privilégiés. C'est une institution féodale qui détonne, quoi qu'on en dise, à notre époque, et dont l'esprit moderne n'a pas encore fait justice. Il ne viendra à l'idée de personne de considérer ces exemples isolés comme des conquêtes faites par l'idée de l'admission des femmes aux droits politiques.

En Angleterre, où cette thèse a été défendue par d'éminents publicistes, on vit apparaître, il y a quelques années, une motion tendant à accorder le droit de vote aux femmes veuves et aux filles majeures non mariées, qui n'ont point de représentant naturel, comme les femmes mariées. Cette motion fut présentée plusieurs fois de suite au Parlement. En 1875, le courant d'opinion était tel que le bill ne fut repoussé que par 180 voix contre 152; lord Beaconsfield vota pour, et M. Gladstone s'abstint. L'idée ne fit plus dès lors aucun progrès, et, en 1877, le bill fut repoussé à une grande majorité. Aussi les promoteurs de la proposition paraissent-ils avoir perdu courage et n'a-t-on pas vu revenir la motion depuis cette époque. Cependant l'Angleterre pouvait invoquer un précédent, puisque, dès à présent, les femmes sont admises à prendre part à certaines élections d'un caractère local, comme les élections au comité scolaire et au bureau de l'assistance. Mais cette brèche faite, dans l'ordre administratif, aux principes relatifs au droit des femmes, ne paraît pas devoir se généraliser de sitôt sur le continent. Nous ne sommes pas près, je crois, de voir en Europe le triomphe des doctrines de Saint-Simon et de Stuart-Mill, et les femmes abandonner le rouet pour le bulletin de vote.

Tel est, dans son ensemble, l'état actuel de l'Europe au point de vue des conditions de l'électorat [1]. Ces conditions doivent se ramener toutes à celles qui sont strictement nécessaires pour assurer la sincérité, la moralité et l'efficacité du suffrage. Toutes les autres sont appelées à disparaître à mesure que les nations avanceront dans l'évolution qui les mène au suffrage universel, seule forme rationnelle du droit électoral dans une véritable démocratie. Tous ceux qui appartiennent à la même patrie, qu'ils

1. Au point de vue de l'extension du suffrage, on pourrait ranger les nations de la façon suivante :

Pays où le suffrage universel n'est soumis à aucune restriction en dehors des conditions d'âge, de nationalié et de domicile. — Ce sont la France, la Suisse, l'Empire d'Allemagne, le Danemarck, la Grèce, la Confédération Argentine, les États de Colombie, la République de Costa-Rica, du Salvador, de Honduras, de Venezuela, de l'Uruguay, du Paraguay, le Mexique et les États-Unis, (cependant dans l'État de Rhode-Island, il y a un léger cens).

Pays où le suffrage universel est soumis à quelques restrictions : Ce sont le Portugal, la Bavière, la Prusse, la Saxe, la Serbie, la Bulgarie, le Brésil, le Chili, le Pérou, la République de l'Équateur et la République d'Haïti.

Pays de suffrage restreint dans lesquels il existe simplement un cens fiscal. Ce sont la Belgique, les Pays-Bas, le Grand-duché de Luxembourg, l'Italie et l'Espagne.

Pays de suffrage restreint dans lesquels on requiert des conditions de propriété, de revenu ou de cens, ou dans lesquels il y a différentes catégories d'électeurs. — Ce sont l'Angleterre, le Canada, la République Dominicaine, l'Autriche, la Hongrie, la Roumanie, la Norwège, la Suède, la Finlande et la Russie.

soient riches ou pauvres, capitalistes ou travailleurs, doivent être égaux devant la loi ; tous ont les mêmes devoirs, tous doivent avoir les mêmes droits. Qu'on exclue de la partie saine de la nation, les indignes qui seraient mal venus à réclamer les droits lorsqu'ils n'ont pas su remplir les devoirs, que l'on écarte de la masse intelligente ou simplement judicieuse les incapables qui ne sauraient user utilement de leur droit, mais qu'on n'aille pas plus loin, qu'on ne viole pas le droit naturel en privant sans motif des citoyens du droit de suffrage qui leur appartient, en faisant ainsi des parias politiques. C'est d'ailleurs, comme nous l'avons montré, la voie dans laquelle, sous la pression des idées et de l'opinion, sont entrés les États modernes. Beaucoup sont loin d'être encore au but, d'autres sont sur le point d'y arriver, quelques-uns seulement l'ont atteint. Dans l'Europe occidentale, la France et la Suisse ont le suffrage universel, le Portugal y est insensiblement arrivé, l'Espagne, après l'avoir eu, l'a perdu, mais espère bientôt le reconquérir ; en Belgique et en Italie, c'est la revendication constante des partis libéraux et les concessions, qu'on leur a déjà faites, laissent suffisamment prévoir leur victoire définitive. Dans un avenir qui n'est peut-être pas aussi éloigné qu'on le pense, toutes les nations de race latine de l'Europe occidentale auront conquis le suffrage universel. Il importe aux peuples de notre race, dont les intérêts nationaux ne sont point opposés, de s'entr'aider le plus efficacement possible pour activer et assurer le triomphe définitif des idées libérales. Lorsque ce résultat sera atteint, lorsque les peuples seront en possession d'eux-mêmes, lorsque les intérêts dynastiques ne pourront plus dans aucune mesure faire contrepoids aux intérêts véritables d'une nation dans la balance de ses destinées, il sera bien difficile de faire obstacle à l'action de tous ceux qu'uniront et le souvenir de leur origine commune et le sentiment des luttes soutenues pour la liberté et la similitude des intérêts nationaux. De ces idées communes ou parallèles, qui guident et animent les peuples d'occident, pourront naître des unions fécondes. Quelle que

soit la situation actuelle, peut-être sommes-nous appelés à voir
encore une fois le monde latin uni dans une action commune pour
résister au vieil ennemi de Rome, pour repousser l'invasion des
barbares, Ostrogoths d'Alaric, Huns d'Attila ou Germains de
Rhotaric.

# NOTE

## RELATIVE A LA LOI MUNICIPALE DU 5 AVRIL 1884

La nouvelle loi municipale vient d'être promulguée, pendant
l'impression de cette étude. Cette loi supprime les conditions
spéciales, établies par la loi du 7 juillet 1874, pour l'électorat
municipal; la section relative à cette question n'a donc plus
qu'un intérêt historique. L'article 14 de la nouvelle loi est ainsi
conçu :

« Sont électeurs tous les Français âgés de 21 ans accomplis et
n'étant dans aucun des cas d'incapacité prévus par la loi. — La
liste électorale comprend : 1° tous les électeurs qui ont leur
domicile réel dans la commune ou y habitent depuis six mois au
moins; 2° ceux qui y auront été inscrits au rôle de l'une des
quatre contributions directes et au rôle des prestations en nature
et, s'ils ne résident pas dans la commune, auront déclaré vouloir
y exercer leurs droits électoraux. Seront également inscrits, aux
termes du présent paragraphe, les membres de la famille des
mêmes électeurs compris dans la cote de la prestation en nature,
alors même qu'ils n'y sont pas personnellement portés et les
habitants qui, en raison de leur âge ou de leur santé, auront cessé
d'être soumis à cet impôt; 3° ceux qui, en vertu de l'article 2 du
traité du 10 mai 1871, ont opté pour la nationalité française et
déclaré fixer leur résidence dans la commune, conformément à la

loi du 29 juin 1871 ; 4° ceux qui sont assujettis à une résidence
obligatoire dans la commune en qualité soit de ministres des cultes
reconnus par l'État, soit de fonctionnaires publics. — Seront
également inscrits les citoyens qui ne remplissant pas les conditions d'âge et de résidence ci-dessus indiquées, lors de la formation des listes, les rempliront avant la clôture définitive. —
L'absence de la commune résultant du service militaire ne portera aucune atteinte aux règles ci-dessus édictées pour l'inscription sur les listes électorales.

La loi n'exige donc plus, pour être électeur municipal, des
conditions autres que pour être électeur politique. Remarquons
néanmoins que certains citoyens peuvent être électeurs municipaux dans une commune sans y être électeurs politiques. Ce sont
ceux qui, n'habitant pas la commune, mais y étant inscrits au
rôle des contributions, demandent à exercer leur droit électoral
dans cette commune. Dans l'espèce, ce droit ne concerne évidemment que les élections au conseil municipal et celles qui se faisaient autrefois sur la liste municipale, et ne comprend en
aucune façon les élections politiques pour prendre part auxquelles
il faut toujours six mois de résidence dans la commune. Il peut
donc y avoir plusieurs citoyens ne figurant pas sur la liste politique d'une commune et qui néanmoins pourront prendre part
aux élections communales. Quand le cas se présentera, il faudra
dresser une sorte de liste complémentaire pour ces citoyens.

# TABLE DES MATIÈRES

---

# PROPOSITIONS

— — —

## DROIT ROMAIN

I. — La *deductio in domum mariti* n'était pas indispensable pour la validité des *justæ nuptiæ*, qui se formaient *solo consensu*.

II. — Le droit accordé par la loi *Ælia Sentia* aux créanciers de faire annuler les affranchissements faits en fraude de leurs droits n'était pas illimité quant à sa durée.

III. — Le donateur à cause de mort pouvait renoncer au droit de révoquer sa libéralité.

IV. — Il n'appartenait pas au juge de fixer suivant son gré la durée de la *quasi possessio longi temporis* nécessaire pour établir une servitude, selon le droit prétorien ; elle était de dix ou vingt ans conformément au droit commun.

V. — La loi 12 *De pign. et hyp. Dig. XX*, 1, qui permet d'hypothéquer une servitude rurale, parle d'une servitude préexistante et non d'une servitude à créer.

VI. — Le contrat *litteris* n'opère pas la novation de la créance.

## DROIT PUBLIC ROMAIN

VII. — Les plébéiens n'ont jamais fait partie des comices par curies.

VIII. — Les chiffres du cens de Servius, tels qu'ils nous sont rapportés par les auteurs, sont exprimés en as d'une livre et non en as de deux onces.

IX. — Le testament *calatis comitiis* n'était possible que pour les patriciens. Le testament *in procinctu* se faisait devant les comices par centuries et était accessible aux deux ordres.

X. — Il n'y eut jamais à Rome deux assemblées légales du peuple des tribus, dont l'une eût été les *comitia tributa* et l'autre les *concilia plebis*. Les *comitia tributa* sont la suite et la transformation des *concilia plebis*.

## DROIT CIVIL FRANÇAIS

XI. — L'enfant légitime né de parents de nationalités différentes doit suivre celle de son père.

XII. — L'enfant suit toujours la nationalité qui appartient à son père au moment de sa naissance, alors même que son père aurait changé de nationalité dans la période légale de la conception.

XIII. — L'enfant naturel suit la condition de son père si ses deux auteurs le reconnaissent simultanément, sinon il suit toujours la nationalité de celui qui l'a reconnu le premier.

XIV. — La disposition de l'article 9 du Code civil n'a pas d'effets rétroactifs.

XV. — Le bénéfice de l'art. 1$^{er}$ de la loi du 7 février 1851 n'est pas applicable à l'enfant né en France d'un Français qui lui-même y est né, mais qui a perdu sa qualité.

XVI. — Les aliénations consenties par un héritier apparent ne sont pas opposables à l'héritier véritable.

XVII. — La prescription de la faculté d'accepter une succession ou d'y renoncer, prévue par l'article 789, C. civ., consolide seulement la situation de fait prise par l'héritier.

XVIII. — L'héritier condamné par un jugement passé en force de chose jugée, comme héritier pur et simple, est héritier pur et simple *erga omnes*, en d'autres termes, l'art. 800 contient une dérogation à l'art. 1351.

XIX. — L'usufruit légal du père ou de la mère établi par l'art. 384, C. civ., n'est pas susceptible d'hypothèque.

XX. — L'hypothèque de l'art. 2121 ne s'applique pas au tuteur officieux.

### DROIT INTERNATIONAL PRIVÉ

XXI. — La majorité dont il est question à l'art. 9, C. civ., est la majorité telle que la fixe la loi étrangère.

XXII. — La femme qui épouse un étranger ayant des immeubles en France peut réclamer le bénéfice de l'*hypothèque légale* sur les immeubles français de son mari.

XXIII. — Le jugement rendu par un tribunal étranger est toujours revisable par le tribunal français qui doit lui donner la force exécutoire.

### DROIT CRIMINEL

XXIV. — Lorsqu'un jugement de condamnation prononce une peine entraînant la privation du droit électoral, il est inutile que le dispositif fasse mention de cette peine accessoire.

XXV. — Après la mort du mari, le ministère public peut continuer à poursuivre la femme adultère dénoncée par son mari.

XXVI. — La prescription de l'action pénale n'entraîne pas celle de l'action civile.

XXVII. — La tentative d'avortement, non suivie d'effet, n'est pas punie par le Code pénal.

## DROIT ADMINISTRATIF

XXVIII. — Les ministres statuant en matière de liquidation de dettes de l'État ou de difficultés relatives à l'exécution des marchés de fournitures ne font pas actes de juges, mais d'administrateurs. Le conseil d'État au contentieux, si la décision ministérielle lui est déférée, juge en premier et dernier ressort.

XXIX. — L'autorisation donnée par l'administration de créer un établissement insalubre, dangereux ou incommode, n'empêche pas les tiers lésés de poursuivre devant les tribunaux civils la réparation des dommages qui leur sont causés

XXX. — Dans un marché de travaux publics, l'État n'est responsable des dommages causés par son exécution que subsidiairement et seulement en cas d'insolvabilité de l'entrepreneur.

XXXI. — Le dommage permanent causé par l'exécution de travaux publics ne peut être assimilé à une expropriation et la compétence appartient au Conseil de préfecture.

XXXII. — Dans le règlement de l'indemnité pour dommages causés à un immeuble pour l'exécution des travaux publics, on doit tenir compte de la plus-value directe et immédiate que peut procurer à l'immeuble l'exécution des travaux.

XXXIII. — Lorsqu'en fixant la limite du domaine fluvial, un préfet empiète sur la propriété privée, il n'y a d'autres recours légal contre l'arrêté préfectoral que le pourvoi pour excès de pouvoir devant le conseil d'État.

XXXIV. — Les petits cours d'eau n'appartiennent à personne.

Les riverains ont simplement un droit de jouissance, mais l'État seul peut se les approprier, en vertu de son droit de souveraineté, en les déclarant navigables ou flottables.

XXXV. — Si un particulier construit sans autorisation un établissement sur un petit cours d'eau, le préfet ne peut le faire démolir sans indemnité, à moins que l'intérêt public ne l'exige.

XXXVI. — Un membre du Parlement ne peut être poursuivi sans autorisation de la Chambre à laquelle il appartient, même si son élection n'est pas encore validée, même si elle est soumise à une enquête parlementaire.

## DROIT ÉLECTORAL

XXXVII. — Les six mois de résidence exigés pour l'inscription sur une liste électorale doivent être consécutifs et précéder immédiatement la clôture des listes.

XXXVIII. — Le domicile est une condition de l'électorat au même titre que l'âge et la nationalité et non une simple condition de l'exercice du droit électoral.

XXXIX. — Les membres du Parlement peuvent se faire inscrire sur les listes électorales de Paris, bien que n'y remplissant pas les conditions de résidence, en vertu de l'art. 5 de la loi du 31 mai 1850 qui n'est pas abrogée sur ce point.

XL. — Les ministres des cultes, qui n'ont pas le caractère de fonctionnaire public, ne peuvent invoquer l'art. 6 de la loi du 7 juillet 1874 pour se faire inscrire sur la liste municipale.

XLI. — Les individus exemptés de la prestation en nature, à raison de leur âge ou de leurs infirmités, peuvent invoquer la loi de 1874 pour être inscrits sur la liste municipale, alors même qu'ils n'auraient jamais figuré nominativement au rôle des contributions.

XLII. — Le délai de cinq jours, ouvert pour réclamer après la clôture des listes, est légal ; il est établi par l'art. 8 de la loi du

15 mars 1849, que le décret de 1852 n'a pas abrogée sur ce point.

XLIII. — La notoriété publique est une question de fait que, sans distinction, on ne peut invoquer dans un pourvoi en cassation.

XLIV. — Les condamnations prononcées contre un Français à l'étranger ne peuvent motiver sa radiation des listes électorales.

XLV. — Au point de vue de l'inscription électorale, les gendarmes devraient être considérés comme des fonctionnaires publics et non comme des militaires en activité de service.

XLVI.—Le délai de cinq jours, ouvert aux électeurs de la circonscription pour interjeter appel de la décision de la commission administrative, lorsqu'ils n'ont pas été parties devant cette commission, part de l'expiration du délai de trois jours accordé à l'administration pour notifier aux intéressés la décision de la commission.

*Vu par le Président de la Thèse,*

PH. JALABERT.

*Vu par le Doyen de la Faculté,*

CH. BEUDANT.

*Vu et permis d'imprimer :*
*Le Vice-Recteur de l'Académie de Paris,*

GRÉARD.

Paris. — Imp. E. CAPIOMONT et V. RENAULT, rue des Poitevins,